U0580024

明远教育基金
MING YUAN EDUCATION FOUNDATION

『四有』好老师系列丛书

顾明远 总主编

经历即成长

卜国超 等 著

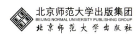

北京师范大学出版集团
BEIJING NORMAL UNIVERSITY PUBLISHING GROUP
北京师范大学出版社

特别感谢顾明远教育研究发展基金

对丛书的大力支持！

总序："四有"好老师引领教师成长

　　2024 年是习近平总书记提出"四有"好老师 10 周年。10 年前的教师节前夕，习近平总书记来到北京师范大学考察，与师生代表座谈。会上，他勉励师生从事教师这一崇高的职业，论述了教师的作用："教师是人类历史上最古老的职业之一，也是最伟大、最神圣的职业之一。"①习近平总书记引用人们常说的一句话："教师是太阳底下最崇高的职业。"并提到，自古以来，中华民族就有尊师重教、崇智尚学的优良传统，"国将兴，必贵师而重傅；贵师而重傅，则法度存"。中华民族 5000 多年文明发展史上，英雄辈出，大师荟萃，是与一代又一代教师的辛勤耕耘分不开的。教师之所以重要，是因为教师的工作是塑造灵魂、塑造生命、塑造人的工作。习近平总书记说："一个人遇到好老师是人生的幸运，一个学校拥有好老师是学校的光荣，一个民族源源不断涌现出一批又一批好老师则是民族的希望。"继而，他希望教师在科技进步日新月异、国际竞争日趋激烈的形势下，认

---

① 习近平：《做党和人民满意的好老师——同北京师范大学师生代表座谈时的讲话》，载《人民日报》，2014 年 9 月 10 日。

清肩负实现"两个一百年"奋斗目标、中华民族伟大复兴中国梦的使命和责任，努力为发展具有中国特色、世界水平的现代教育，培养社会主义事业建设者和接班人作出更大的贡献。

怎样才能成为好老师呢？习近平总书记提出了四条标准。

第一，做好老师，要有理想信念。习近平总书记从我国历史上对教师的理解一直谈到今天对教师的要求，提出教师应是"经师"和"人师"的统一。他说，正确的理想信念是教书育人、播种未来的指路明灯。教师要始终同党和人民站在一起，自觉做中国特色社会主义的坚定信仰者和忠实实践者，忠诚于党和人民的教育事业，自觉把党的教育方针贯彻到教学管理工作全过程，严肃认真地对待自己的职责。

第二，做好老师，要有道德情操。习近平总书记说："老师的人格力量和人格魅力是成功教育的重要条件。"合格的老师首先应该是道德上的合格者，好老师首先应该是以德施教、以德立身的楷模。他希望老师把正确的道德观传授给学生。好老师的道德情操还包括师德。习近平总书记说，师德是深厚的知识修养和文化品位的体现，师德需要教育培养，更需要老师自我修养。习近平总书记非常关心教师，他说："现在，很多地方做老师还比较清苦，特别是农村基层小学老师很辛苦，收入不高，物质生活不是很宽裕，有些家庭负担较重的老师生活还比较困难。"他要求各级党委和政府都要关心广大老师的生活。同时，教师要有"衣带渐宽终不悔，为伊消得人憔悴"的精神，兢兢业业做好工作。做老师最好的回报是学生成人成才，桃李满天下。

第三，做好老师，要有扎实学识。习近平总书记说，扎实的知识功底、过硬的教学能力、勤勉的教学态度、科学的教学方法是老师的基本素质，其中知识是根本基础。所谓学识，不仅要有学问，还要有见识。习近平总书记认为，在信息时代做好老师，不仅要有胜任教学的专业知识，还要有广博的通用知识和宽阔的胸怀视野。他要求老师始终处于学习状态，站在知识发展前沿，刻苦钻研、严谨笃学，不断充实、扩展、提高自己。

第四，做好老师，要有仁爱之心。习近平总书记说："教育是一门'仁而爱人'的事业，爱是教育的灵魂，没有爱就没有教育。"他说，教育风格可以各显身手，但爱是永恒的主题。爱心是学生打开知识之门、启迪心智的开始，爱心能够滋润浇开学生美丽的心灵之花。他特别强调，老师要有尊重学生、理解学生、宽容学生的品质。老师要热爱每个学生，不能因为有的学生不讨自己喜欢、不对自己胃口就冷淡、排斥，更不能把学生分为三六九等。他说，老师在学生心目中具有重要地位，老师无意间的一句话，可能造就一个天才，也可能毁灭一个天才。这些讲话都具有很强的针对性，值得老师们认真思考。

习近平总书记所述好老师的标准，既有理论的论述、历史经验的解释，又有对现状的分析和具体的要求，具有很强的针对性和现实性。"四有"好老师一直引领着我国教师队伍的建设。

这十年来，习近平总书记到学校考察时，都要提到教师，提出对教师的要求。2016 年 9 月 9 日，习近平总书记在与北京市八一学校师生座谈时，再一次提到教师的重要，他鼓励教师做学生锤炼品格的引路人、学习知识的引路人、创新思维的引路人、奉献祖国的引路人。① 同年 12 月，习

---

① 《全面贯彻落实党的教育方针　努力把我国基础教育越办越好》，载《人民日报》，2016 年 9 月 10 日。

近平总书记在全国高校思想政治工作会议上强调，教师是人类灵魂的工程师，承担着神圣使命。[①] 2021 年，习近平总书记在视察清华大学时提出教师要做"大先生"。在党的二十大报告中，习近平总书记进一步强调："加强师德师风建设，培养高素质教师队伍，弘扬尊师重教社会风尚。"上述讲话为教师的培养和专业成长指明了方向。2022 年 9 月 8 日，习近平总书记给北京师范大学"优师计划"师范生回信，希望他们努力学习，毕业以后到祖国和人民最需要的地方去，努力成为党和人民满意的"四有"好老师。2023 年 9 月 9 日，在第三十九个教师节到来之际，习近平总书记致信教师代表时又提出了"教育家精神"。

从"四有"好老师、"四个引路人"、大先生，再到教育家精神，习近平总书记关于教师的一系列论述，形成了对广大教师思想、道德、学识、能力、作风、纪律等方面全方位的系统要求，赋予了人民教师崇高的地位和神圣的职责使命，是新时代进一步打造高素质教师队伍，推进教育高质量发展的行动指南。学习好、领会好、贯彻好、落实好习近平总书记关于教师队伍建设的重要论述精神，对于全面提升教师队伍质量和水平、加快推进教育现代化、建设教育强国具有重大而深远的现实意义。

顾明远

2024 年 6 月

---

① 《把思想政治工作贯穿教育教学全过程　开创我国高等教育事业发展新局面》，载《人民日报》，2016 年 12 月 9 日。

目　录

第一章

理想信念是教师成长的明灯

1

党员教师的坚守与成长：以理想信念为航标，插上专业发展的翅膀

在教育的神圣殿堂里，党员教师身份如同一股清新的风，让我以坚定的理想信念为航标，以不懈的学习为翅膀，乘风破浪，勇往直前。多年来，每一次努力、每一次进步，都源于我内心深处那份对教育事业的热爱和对理想信念的坚守。这份初心，不仅让我在专业上取得了进步和成绩，而且让我成了学校数学组引领团队发展的中坚力量。

一、理想信念，照亮前行的道路

我出生在一个教师家庭，从小听了很多教育故事，这让我对教育事业充满了向往。我认为，教师是一个了不起的职业。教师不仅能传授知识，

而且能塑造灵魂、引领未来。因此，我立志成为一名教师，为学生的成长和未来贡献自己的力量。这个理想信念像一盏明灯，照亮了我前行的道路，也给了我无尽的动力和勇气。

在填报大学志愿的时候，我义无反顾地选择了教育技术专业，后又考入首都师范大学攻读现代教育技术学硕士学位。我深知，一名教育工作者必须具备扎实的专业知识和卓越的教学能力。因此，我每天都前往图书馆，汲取知识的养分，不断丰富自己的学识。在学习的过程中，我也遇到了许多困难和挑战，有时是难以理解的复杂理论，有时是繁重的学习任务。但我从未放弃过，我总是坚定地相信，自己一定能够克服困难，实现成为教师的梦想。正是这份坚定的信念和不懈的努力，让我在读书期间不仅掌握了扎实的专业知识，而且积累了丰富的实践经验。

我深知，实习是连接理论与实践的桥梁，是提升自我、锻炼能力的宝贵机会。因此，我格外珍视每一次实习的机会，用心去感受、去体验、去学习。在实习的过程中，我全身心地投入教育实践，用心倾听学生的声音。渐渐地我发现自己在理论知识和教学技能方面还存在诸多不足，有时是在处理教学问题时显得捉襟见肘，有时是在引导学生时感到力不从心。这些不足让我深感焦虑，但也激发了我更加努力学习的决心。为了弥补这些不足，我开始了艰苦的查漏补缺之旅：利用课余时间，广泛阅读教育类书籍，汲取他人的智慧；积极参加各种教育培训活动，提升自己的教学技能；主动向导师和同事请教，虚心接受建议。经过一段时间的努力，我逐渐能够熟练地处理各种教学问题，也能够自信地引导学生走向知识的殿堂。我深知，这只是成长道路上的一小步，我还需要继续努力，不断追求更高的境界。我明白，这种磨炼不仅让我学会了如何教学，而且让我学会了如何用理想信念引领自己的教育实践。我坚信，只有拥有坚定的理想信念，才能成为一名真正的教育者。

二、践行理想，用爱引领教育

毕业后，我如愿成为海淀区红英小学的一名数学教师。面对一群活泼好动、充满好奇心的学生，我始终坚守自己的教育理想，用心倾听每一个学生的声音，为他们提供最适合的教育。我坚信，每个学生都是一块独特的璞玉，只要用心去雕琢，他们就一定能绽放出独特的光彩。

刚上班的时候，我想更深入地了解学生，就在班会课上开展了两个心理游戏。第一个游戏是"帮词语找家"，意在通过游戏结合自评与互评了解学生性格；第二个游戏是房树人测验，意在通过图画来分析学生的原生家庭环境。

我认真分析与记录了每个学生的情况，并以"默默耕耘　静待花开"为主题，在三年级家长会上分享了家庭教育的重要性。我的表现得到了家长们的一致认可。从那天开始，我消除了家长心中对新教师的顾虑，拥有了一个新的"标签"——专业教师。

后来，我还陆陆续续地帮助过很多孩子跟他们的家庭，昊昊就是其中的一个。他聪明伶俐，成绩优异，是同学们眼中的"小学霸"。然而，昊昊有一个让人头疼的问题——说话太过直接，常常不顾及他人的感受，因此在人际关系上屡屡碰壁。我注意到昊昊在课间时总是独自一人，很少与其他同学一起玩耍。发现这个现象后，我先是侧面找学生了解昊昊的情况，学生们的反馈是昊昊说话伤人。后来我又向昊昊的妈妈了解情况，她说昊昊平时在家说话也比较直接。听到孩子因为这个问题而在学校没有朋友、很孤单的时候，昊昊的妈妈流下了心疼的眼泪。我决定帮助昊昊，让他融入集体。我抓住了一次他为同学仗义执言的机会，本来应该是大家都觉得他助人为乐，结果却是大家都觉得他说话太过分。事后，我找到他，先肯定了他的热心肠和仗义执言的行为，然后反问他，为什么他做了好事却得不到大家的认可？他想一想，摇摇头说："陈老师，我觉得我说的都是实话，可为什么大家都不喜欢我呢？"看着昊昊一脸的困惑，我微笑着拍了拍他的肩膀，耐心地解释说："昊昊，你说的是实话，但有时候太过直接会伤害到别人。我们要学会站在别人的立场上思考问题，体会他们的心情。这样我们才能更好地与人相处。"我又给他举了很多我跟学生对话的例子，他若有所思地点了点头。我鼓励他试着改变一下自己的说话方式，多考虑一下别人的感受。昊昊接受了我的建议。在接下来的日子里，昊昊开始努力改变自己。他学会了在说话前先思考一下，尽量用委婉的方式表达自己的观点。当发现同学们有困难时，他还会主动关心并帮助他们。渐渐地，昊昊发现同学们对他的态度有了明显的改变。有一天，在课间休息时，昊昊看到一群同学正在玩一个有趣的游戏。他犹豫了一下，但还是鼓起勇气走了过去。同学们看到他，纷纷热情地邀请他加入。昊昊惊喜地发现，原来自己也可以融入这个大家庭。从那以后，昊昊变得更加开朗和自信。他不仅在学业上取得了更好的成绩，还收获了友谊和快乐。昊昊发现，与人相处并不是一件难事，只要用心去体会别人的感受，站在别人的立场上思考问题，就能建立起和谐的人际关系。

我把昊昊的进步告诉了他的妈妈，昊昊的妈妈激动地握着我的手说："陈老师，总觉得您年轻，没有经验。但现在我相信，您是一位专业的教师。"教师不仅要传授知识，还要培养学生的人际交往能力。当学生学会站在别人的立场上思考问题时，他们就能更好地理解他人、关爱他人，从而营造更加和谐的班级氛围。这是我坚定的信念，也是我不断努力的方向。

三、追求卓越，让理想照进现实

我对教学的追求从未停止。我深知，一名党员教师不仅要有坚定的理想信念，还要有过硬的专业素养和不断学习的精神。因此，我积极参与学校的教研工作，与其他教师一起探讨教育教学问题，分享教学经验和方法。我还利用业余时间阅读教育类的书籍和专业方面的报刊，以不断丰富自己的知识储备。

我忘不了参加海淀区第九届"世纪杯"小学青年教师教学基本功展示活动的经历。我选了北师大版数学四年级上册第三单元的"有多少名观众"一课。第一次试讲，我查阅了大量的经典课例，最终确定了一节进行模仿。由于对教案理解不够深入，所以课堂呈现的效果很不理想。第二次试讲，我认真地分析每一个教学环节的设计意图，没想到问题出在抓不住学生课堂生成情况的不同层次，所以不能按照一定逻辑处理学生作品及问题上。第三次试讲，我吸取了前面两次的教训，课虽然上得很顺利，但没有想到的是听课教师觉得这节课设计得太传统了，发挥不出学生的自主性与创造性。他们给我分享了海淀区当前最新的研究课的教学设计。第四次试讲，我借鉴了一节大师展示课的教学设计中的一个环节，但忽略了学情的差异，导致课堂难度过大，一半学生都处于迷茫状态。第五次试讲、第六次试讲、第七次试讲……怎么这节课上得越多、研究得越深反而越上不好呢？我陷入了深深的自我怀疑中。

主管领导焦校长看出了我的焦虑。他对我说："一千个读者就有一千个哈姆雷特。每个人对每节课的认识与理解不同就会产生不同的意见，你想用一节课得到所有人的认可是不可能的，你只会在别人的意见中走入旋涡。想要跳出来，就别想太多，按照你的理解来上这节课，并坚定地去完善它。"

后来，我查阅了很多关于这节课的资料，观看专家对这部分知识的深刻剖析。每次快要崩溃的时候，我都安慰自己，专业成长之路不可能一帆风顺，只有经历风雨，才能知道自己的问题所在，才能不断进步，进而成为拥有独立见解的优秀教师。如果一遇到困难就放弃，怎么对得起自己想要成为优秀教师的誓言。终于，在第八次试讲的时候，我确定了最终的教案。后来在比赛中我得到了专家的认可，并获得了一等奖的好成绩。经历了这节课的磨炼，我的讲课能力也逐步得到同事们的认可。回首这段经历，我感谢那个敢于面对不足、不断寻找解决问题的方法和途径的自己。每一次试讲，都是对自己的挑战和超越，都是向更高目标迈进的步伐。正是这次赛课的经历使我的教学更加得心应手。我始终相信，只有不断挑战自我、不断追求进步，才能在专业发展的道路上越走越远。

从那之后，在教育教学实践中，我不断尝试新的教学方法和手段，更加关注学生的全面发展。我注重培养学生的自主学习能力和合作精神，让他们在轻松愉快的氛围中茁壮成长。同时，我还关注学生的学习状态和心理变化，并及时给予关心和帮助。最终，我得到了学校领导和家长的高度认可，我所带班级学生的综合素质也得到了全面提升。

四、坚守初心，勇担使命

面对荣誉和成绩，我始终保持谦虚的态度。我坚信，只有不忘初心、牢记使命，才能让理想照进现实，才能为培养更多优秀人才、推动教育现代化作出更大的贡献。

在未来的日子里，我将继续在教育的海洋中航行。我将以更加坚定的理想信念、更加不懈的努力、更加卓越的专业素养，为教育事业的发展贡献自己的力量。我相信，只要心中有信念、脑中有知识、脚下有力量，就没有克服不了的困难。

同时，我还要时刻保持党员的先进性，积极发挥党员的模范带头作用，带领身边的同事一起进步。我通过向年轻教师分享自己的教学经验和方法，帮助他们快速成长，和他们一道积极参与学校的志愿服务活动，为社会贡献自己的力量。

五、不断学习，永葆教育热情

作为一名党员教师，我深知学习的重要性，只有不断学习、不断进步，才能跟上时代的步伐，才能满足学生的需求。因此，我要始终保持对教育的热情，不断拓宽自己的知识面。

除了参加学校组织的培训和学习活动外，我还利用业余时间自主学习，不断提升自己的专业素养；关注教育领域的最新动态和研究成果，及时将其应用到自己的教学实践中；积极参与教育科研工作，为推动教育教学的创新和发展贡献自己的力量。

六、总结与展望

回望自己的成长之路，也不是无迹可寻。入职后，从学生转变成教师，很多事情没有经验，磕磕绊绊，这很正常。只要根据自己的专业特长，稳扎稳打地做好本职工作，获得认可是迟早的事。

当前教育教学活动都以学生为中心开展，贴近学生生活的知识才是学生感兴趣、想学习的知识。这就要求我们在深挖教材的同时也要跟当下的生活接轨。面对课堂教学过程中的问题与困惑，我们要勤于思考，找寻源头，如此才能找到解决之道。

在教学中最快的成长方式就是学会钻研。所以，我通过网络或者现场听课的方式，跟很多同行前辈学习，向有经验的老教师请教。例如，知识点如何定位、重难点如何突破、教学活动如何开展、学生情况如何把握等问题都可以在向优秀同伴的学习中得到解决。

学校会为我们搭建很多平台。虽然参加活动比较辛苦，但是我们也会有满满的收获。所以，千万别退缩，别放弃展示自己的机会。我们要把握这些机会，努力呈现自己的最好状态。

成长一定要有目标，这样我们才不会在徘徊中失去方向。目标可以是具体的，比如跟一个学生谈心、听一节老教师的公开课、写一篇教学论文……目标可以是长期的，比如入职一年希望能有教师的样子，上完每一节课都有收获；入职三年能规范自己的教学，做到有条不紊；入职五年能稳定教学，形成独特的教学风格……这些目标与计划能帮助我们坚定自己的发展方向，为自己的成长奠定基础。

我的坚守与成长就是永远保持对教育的热情和信念。未来，我将继续坚守初心、勇担使命，在教育的道路上不断追求卓越、实现自己的理想，为自己热爱的教育事业贡献自己的光和热。

（北京市海淀区红英小学　陈曦供稿）

2

理想信念引领成长：团员教师到党员教师的蜕变之旅

引 言

青春是一段充满探索和不断成长的旅程，对于我来说，从一名团员教师到党员教师的转变，正是这段旅程中最宝贵的经历。在这段蜕变之旅中，我深刻感受到理想信念对于个人成长的巨大影响，也深刻认识到党的思想在塑造我成为一名合格的教育工作者时所起的关键作用。

在党组织的培养下，我逐渐坚定了自己的共产主义信念，明确了作为一名党员教师的责任和使命。在理想信念的支撑下，我克服了许多困难和挑战。面对教学中的种种困难，我始终坚持党的教育方针，不断探索适合学生的教学方法；面对生活中的种种诱惑和干扰，我始终坚守党的信念和宗旨，保持清醒的头脑和坚定的立场。

回顾自己的成长历程，我深感自己是在理想信念的驱动下不断前进的。正是党的思想引领和信念支撑，让我在教育的道路上越走越坚定，也让我更加明白自己的使命和责任。

一、人生启航：初心指引成长之路

我出生在燕赵这片拥有丰富历史底蕴的土地上，成长在一个教师家庭。从小，我就被母亲的言行深深影响。记得在我很小的时候，母亲总是非常忙碌：清晨在我沉睡时，她早已抵达教室陪伴学生早读；中午的饭桌前也经常见不到母亲的身影，她总会因为给学生讲题而耽误回家吃饭；到了晚上，我入睡前也经常见不到她的身影。虽然她很忙碌，但是每当提及自己的学生时，她总是神采飞扬，满脸骄傲。

小时候虽然不明白为什么，但是我总能够感受到母亲在提及她的学生时的那份幸福感与成就感。我想也许就是从那时候开始，从成就他人中收获幸福的信念已在我的心中悄然生根。

初中时，我加入了中国共产主义青年团。那一刻，我倍感光荣与自豪，同时逐渐明确了自己肩负的责任与使命。在团组织的熏陶下，我逐渐在帮助他人中体会到幸福感与成就感。记得有一次，团组织带领我们去敬老院进行志愿服务活动，我们为老人们提供了一些力所能及的帮助。看到他们满意的笑容，我深刻体会到了奉献与付出的意义。

进入大学后，生活变得丰富多彩，但团组织始终是我的重要引路人。

记得有一次，团组织带领我们前往一所乡村小学进行支教活动。在那里，我看到了孩子们渴望知识的眼神，也看到了他们纯真无邪的笑容。短暂的周末，孩子们一直问着这样那样的问题，当得到满意的答案后，他们的脸上绽放出灿烂的笑容。看到他们对外面的世界充满了憧憬，我的内心被深深地触动了。离开时他们满脸的不舍，更是让我体会到教育者的重要性。从那以后，做一名能够引导学生去探索世界的教师，成了我的理想。

正是因为这些经历，我坚定了自己从事教育事业的决心，也明确了自己的教育理想——用爱和智慧去点亮每一个孩子的未来。

二、团员岁月：砥砺前行的探索之路

2016 年，于我来说注定是不平凡的一年，我怀揣着梦想走出学校的大门，踏上向往已久的三尺讲台，我的教师梦终于实现了！

记得在入职的第一年，我参加了学校举办的"韶韶杯"综合学科青年教师展示课活动。那是一次至今都让我难以忘怀的经历。在备课过程中，我看到了党员教师在工作中对青年教师竭尽所能的帮扶以及他们的引领示范作用。

在我们学校，新老教师"传帮带"是一直以来的传统。我永远忘不了在那次的备课过程中，我的师傅赵老师，一位具有十七年教学经验的党员教师反复研读课文，翻看课标，针对每一个有可能出现的问题进行多种预设，帮我不断修改完善教学设计。还有另一位帮助我备课的孟老师，一位年近五十的老党员教师，仍会认真听我每一次试讲，并在试讲结束后，对课上出现的问题环节反复进行修改。从她的眼神里，我看不到丝毫疲惫，散发着的尽是对教育的执着与对教师这份职业的热爱。虽然那次的展示不尽如人意，但是我收获了比奖状、名次更为珍贵的东西——对教师这份职业的热爱与坚定的信念。这些具有丰富教学经验的党员教师在备课过程中仍坚持不懈地学习、反思、改进的精神让我感动，这才是教师对学生、对三尺讲台最大的敬畏与热爱。他们的实际行动，对我们这些青年教师起到了引领示范作用。

在之后的工作中，我以他们为榜样，虚心学习，夯实教师基本功，提升教学质量。我反复研读教材，认真复备，及时反思；踏实进取，阅读专业书籍，遇到不懂的问题积极请教。每次遇到困难，寻求帮助时，总会有很多的教师倾囊相助，悉心指导。党员教师在团队中发挥着模范带头作用，他们对工作的热情以及对学生的那份无私付出，也是我们努力的方向。

三、蜕变之旅：从团员教师到党员教师

在党员教师的影响下，我逐渐领悟到一名教育工作者的责任与担当。我渴望成为这样的教师。于是，我郑重地向党组织递交了入党申请书。

我认真梳理了自己的思想历程，深入反思了自己的优点和不足。我坦诚地向党组织汇报了自己的想法和感受，表达了自己对党的忠诚和对人民的热爱。在生活与工作中，我也开始以一名党员的标准来严格要求自己，不断提升自己的思想政治素质。

在学校党组织的引领下，在党员教师的带动下，我积极参加各种党课和学习活动，不断充实自己的理论知识。我认真学习了党的理论、基本路线和方针，深入了解了党的历史和优良传统。通过学习，我更加坚定了自己的理想信念，更加明确了自己的奋斗目标。

在工作中，我始终保持着对党的深厚感情和无限敬意，兢兢业业做好本职工作。我根据工作需要和自身实际，坚持阅读教育学、心理学、科学技术、文学等方面的书籍，以丰富自己的知识，开阔自己的视野，努力提高自身的业务素质和教学水平。

在工作的第三年，我又一次参加了"韺韶杯"。我的师傅，一名老党员牛校长，一直在鼓励我将这三年的历练与经验，融入自己的教学设计与实践过程之中，这样，我才能够在不断的磨炼、改进之中形成自己的教学风格。于是，在那次的展示课准备过程中，我便尝试将自己的教学思考付诸实践。一开始，也是各种问题频出：学生实际反馈并未达到预期效果，课堂环节推进不下去……就在我焦头烂额的时候，牛校长出现在了我的课堂上。听完课后，他结合我的教学设计与实施过程，详细地指出了其中存在的问题，并顺着我的教学思路给出了修改建议。那时我才明白，原来他早已认真翻看过我的教案，希望我能够在不断实践之中发现自己的问题，改进自己的教学。

记得在一次磨课后，牛校长告诉我："作为教师，一定要谨记我们面对的是学生，我们备课所有的核心都是为了学生，提升他们的核心素养，培养他们面对未来社会的能力！"这段话，让我看到了这位老党员对自己教育工作的坚定信念。到现在我仍记得展示课那天，牛校长微笑着对我说：

"将你对教学、对课堂的思考，自信地展示在大家面前，享受带着学生
一起学习的这段旅程！"

从以牛校长为代表的党员教师的身上，我更加明白了党员所肩负的责
任与使命。我深知，党的教育事业是为了培养德智体美劳全面发展的社会
主义建设者和接班人，是为了实现中华民族伟大复兴的中国梦而努力奋斗
的伟大事业。我们除了要具备扎实的专业知识外，更需怀有强烈的责任感
和使命感，以身作则，为学生树立榜样，引导他们树立正确的世界观、人
生观和价值观。

四、党员使命：担当与奉献并重

当我戴上那枚庄严的党员徽章，成为一名真正的党员时，我深知这不
只是一份荣誉，更是一份责任与担当。党员身份如同一盏明灯，照亮了我
的教育之路，指引我不断前行。

在教育工作中，我时刻牢记党员的使命，发挥先锋模范作用。我深
知，作为一名党员教师，我要以身作则，为学生们树立榜样。因此，无论
是日常教学还是班级管理，我都以党员的标准严格要求自己，以高度的责
任心和敬业精神对待每一项工作。

记得在一次主题班会中，我结合党的教育方针，设计了一场关于"新
时代小学生的使命与担当"的讨论会。在讨论的过程中，我组织学生们积
极分享自己的理想和抱负，分享自己的成长经历，鼓励他们勇于承担责
任。通过这次活动，学生们不仅增强了责任感和使命感，也对我这名党员

教师更加信任和尊敬。

党员身份为我的教育事业增加了力量，它使我的理想信念更加坚定、奋斗目标更加明确。我深知，只有不断学习和进步，才能更好地履行党员的责任和使命。因此，我积极参加各种培训和学习活动，不断提升自己的专业素养和教育能力。

在实践过程中，我注重将党的教育方针融入教育教学中，通过丰富多样的教学手段和方法，引导学生全面发展。在语文教学实践中，我尝试将优秀传统文化与现代教学技术相结合，利用多媒体手段展示古代诗词的魅力，引导学生感受中华文化的博大精深。在学校举办的"诗文诵读大会"上，我精心设计了丰富的展现形式，让学生沉浸在诗文的世界中，增强其文化自信。同时，我也注重培养学生的批判性思维和创新能力，鼓励他们发表自己的观点和看法。例如，通过开展"辩论会"和"未来领袖者"演讲活动，引导学生成为观察生活、积极思考、勇于发表观点与看法的人。

此外，我还积极参与学校的课程改革和教育教学研究工作。我与同事共同探讨教育教学的新理念和新方法，努力提升学校的教育教学质量。通过这些实践，我深刻体会到了党的教育方针在教育实践中的指导意义和重要作用。

未来，我将继续以党员的标准严格要求自己，不断提升自己的教育能力和教学水平。我将继续贯彻党的教育方针，为培养更多优秀的时代新人而努力奋斗。我相信，在党的领导下，我们一定能够书写更加辉煌的教育新篇章！

五、回首与展望：信念引航，成长不止

作为一名从团员成长为党员的教育工作者，我深知自己的责任和使命。我将继续坚定理想信念，在党的思想的引领下，为培养德智体美劳全面发展的社会主义建设者和接班人贡献自己的力量。同时，我也将不断提升自己的专业素养和教育教学能力，为学生的成长和社会的进步贡献自己的智慧和力量。我相信，在党的思想的引领下，我将在教育的舞台上绽放出更加绚丽的光彩！

展望未来，我将继续在党的引领下，不断成长、不断进步。我会更加深入地学习党的理论知识，不断提高自己的思想政治素质；我会更加注重德育工作的开展，努力培养学生的道德品质和社会责任感；我还会积极参与学校的各项活动，为学校的发展贡献自己的力量。我相信，在党的引领下，我会在教育的道路上越走越远，越走越坚定。我也相信，通过自己的不懈努力和追求，我会成为一名更加优秀的党员教师，为教育事业的发展贡献更多的力量。

（北京市海淀区红英小学　栾虹供稿）

3

心中有光，追梦前行

牛建宏，男，中共党员，高级教师，北京市小学语文学科教学带头人。1994 年 9 月参加工作，2005 年加入中国共产党，三十年来，一直坚守在海淀北部从事小学语文教学工作。他的梦想是成为一名优秀的、受到所有学生认可的专业化小学语文教师。这条践行的道路是坎坷的，但是他心中有光，追梦前行，义无反顾。

一、梦想起航，乡村教育的呼唤

乡村振兴是当前国家发展的重要战略，教育则是乡村振兴的重要支撑。20 世纪末，我国乡村教育面临着诸多挑战：资源匮乏、师资力量薄弱、教学环境落后等。这些困难和挑战制约了乡村教育的发展。

1994 年，刚刚从北京第三师范学校毕业的牛建宏，怀着满腔热忱，站在了冷泉小学的大门口，踏上了这片充满挑战与机遇的土地。然而眼前的景象，让牛建宏心中涌起一股复杂的情感。

低矮的平房，简陋的教室，黄土飞扬的操场……还有懵懂的孩子。这些孩子大多是外来务工人员的子女，他们的父母为了生计而四处奔波，没有时间和精力再去关注他们的学习。

面对这样的教育环境，牛建宏心中五味杂陈。他知道，这里的孩子需要更多的关爱和支持。他也知道，想要发展，并非一蹴而就，需要长期的努力和坚持。然而，正是这些困难和挑战，让牛建宏更加坚定了自己的信念。于是，牛建宏开始了他的乡村教育之旅。

二、磨炼自身，梅花香自苦寒来

刚步入教师行列的牛建宏，也曾有过困惑：课要怎么上？学生要如何带？如何与家长沟通？在他迷茫的时候，学校的老教师和老党员为他拨开了迷雾，也在他的心中埋下了一颗追求进步的种子——"我也要入党，向那些优秀前辈看齐"。

每天，牛建宏都会认真研读课文，一丝不苟地备课、上课、反思。他深知，只有准备充分，才能确保课堂教学质量。因此，他总是提前规划好每一节课的教学内容和教学方法，确保每一个环节都尽善尽美。同时，他也非常注重教学反思，不断总结经验教训，以提高自己的教学水平。短短几年间，牛建宏已经写下了好几本教学思考。这些教学思考记录了他在教学过程中的点点滴滴，也见证了他的成长和进步。这些教学思考不仅是他个人智慧的结晶，还是他对教育事业的热爱和执着的体现。

在那个网络还不发达的年代，教学资源和经验的获取并不像今天这般便捷。牛建宏深知，一名教师要想在教育的道路上走得更远，学习是永恒的主题，不断提升自身的专业素质更是刻不容缓的使命。于是，他时常沉浸在书海中，研读教育教学的相关书籍和刊物，用心体会先进的教育理念和教学方法，不仅将其内化于心，而且勇于将其付诸实践。每一次课堂上的尝试、每一次与学生的互动，都成为他反思与成长的契机。

然而，牛建宏并未满足于现状。为了更好地提升自己，牛建宏报名参加了夜校学习。每当夜幕降临，他便踏上求知的征程，与志同道合的同学一起探讨教育的奥秘。后来，为了进一步拓宽视野、提升能力，他又踏上了前往北京教育学院的进修之路。在那里，他遇到了更多志同道合的教育工作者，他们共同探讨教育的未来，分享彼此的教学经验。这段经历不仅让牛建宏的专业素质得到了进一步提升，而且让他对教育事业有了更加深刻的理解。

除了在教学方面不断锤炼与提升自身，在教育学生方面，牛建宏也不断向老教师请教学习。从老教师传授的经验中，他知道了教育工作不仅是传授知识，还在于锤炼学生的品质与意志。因此，他从学生思想品德的培育入手，引导他们成为热爱学习、坚韧不拔的人。在课前，他精心备课，深思熟虑，不断探索学生学习中的短板与盲点，力求使每一堂课都更具针对性和实效性。对于班级中学习困难的学生，牛建宏在辅导学生的同时坚持与其家长保持密切沟通，建立起良好的家校合作机制。针对学生在学习过程中遇到的难题，他耐心细致地指导，帮助他们逐一解决，纠正他们在学习上的偏差，促进全体学生共同进步。

在教研方面，他积极参与各级各类语文教研活动，在这些活动中，他见识了更多优秀的教师，聆听了许多党员教师的教诲，学到了很多宝贵的教学方法。在活动中，他积极思考、虚心请教，勇于表达自己在教育教学方面的见解。此外，他还积极参加各类培训，不甘人后，力求上进。他曾参与海淀区名师工作站组织的学习，并在读书、写作和课堂教学方面取得了优异的成绩，赢得了导师们的一致好评。

正是凭借着这种不懈的学习精神和勇于进取的态度，牛建宏逐渐从青涩走向成熟，成为一名备受尊敬的教育工作者。他的教学成绩显著，赢得了学生和家长的广泛赞誉。就这样，在参加工作的第十一个年头，党组织终于通过了对他的考核，牛建宏成为一名光荣的中国共产党党员。

三、不惧挑战，将困难化为成长的阶梯

在牛建宏同志的角色身份悄然转变的时刻，海淀区北部乡村地区也迎来了前所未有的发展机遇。冷泉小学成为红英小学教育集团的重要一员，开启了崭新的发展篇章。与此同时，牛建宏也站在了新的起点上，担任两个校区的语文教学主任。这一转变，对他来说既是荣誉，也是挑战。他深知，新的岗位意味着更高的标准和更重的责任，他必须以更加饱满的热情和更加坚定的信念迎接未来的挑战。

面对新的挑战，牛建宏也曾有过短暂的忐忑和迷茫。毕竟，新的岗位、新的环境、新的任务都需要他去适应和熟悉。然而，他很快便调整好了心态，因为他知道他是一名共产党员，在困难面前，要充分发挥党员的先锋模范作用，带领团队迎难而上。他告诉自己，一名共产党员就是要敢于面对挑战，敢于承担责任。

于是，牛建宏积极学习新的教育理念和管理方法，与团队成员深入交流，了解他们的需求和困惑，共同寻找解决问题的办法。牛建宏还积极组织各类教研活动。他借助参与市区级教研活动的机会，将先进的教学理念、教学方法带到两个校区，并邀请专家到学校进行专题讲座，走进课堂对教师进行有针对性的指导，推动教师团队的专业成长。

同时，牛建宏也非常关注学生的素养发展。在牛建宏的带领下，两个校区的语文教学工作逐渐步入正轨，教学质量稳步提升，学生的语文素养也得到了明显提高。牛建宏也因此赢得了广大师生和家长的高度评价。牛建宏用实际行动诠释了一名共产党员的责任和担当，用实际成果证明了自己的能力和价值。

一路走来，牛建宏同志在困难的磨砺中越发坚韧，并取得了诸多成绩。他曾获得北京市骨干教师、海淀区育人先进个人、海淀区学科教学带头人等荣誉称号，被聘请为上庄西北旺学区语文学科教研基地首席教师、海淀区北部地区小学语文学科研修工作室首席教师，参与海淀区五年级、六年级学业测评命题工作。在海淀区教育委员会组织的学术交流活动中进行"唤醒专业自觉，共享成长自定义""自主导航，点亮线上学习"等主题发言，参加各类讲座交流10余次。撰写的论文多次获得国家、市、区级奖项，习作课程被收录在《海淀区"十三五"校本培训精品课程集》中。主编教材1部，参编教材1部，在各级杂志上发表文章4篇。主持省部级课题2项、市级课题2项、区级课题2项，参与省部级课题3项、市级课题1项、区级课题3项，均取得优异成绩。获国家级评优课一等奖6节，参与录制《同上一堂课》3节，获北京市评优课一等奖3节、海淀区评优课一等奖3节。

回首这段历程，牛建宏感慨万分。他深知，是党的培养和组织的信任给了他机会和平台，让他能够在更大的舞台上施展才华、贡献力量。他也深知，未来的路还很长，他将继续砥砺前行，将挑战化作成长的阶梯，为实现教育强国的梦想而努力奋斗。

四、传递理想，引领教师队伍成长

随着海淀北部地区的快速发展，乡村学校的环境、师资等都有了翻天覆地的变化——新的教学楼拔地而起，各种新媒体设备装进了宽敞明亮的教室，一流大学毕业的本科生、研究生成为学校的新教师……红英小学也进一步扩大了规模，成为拥有四个校区、一个联盟校的大型教育集团。牛建宏知道，教育的发展归根结底还是人的发展。他认为在乡村教育的广袤天地里，一名优秀的党员教师不仅是学生心中的灯塔，还是教师队伍中的灵魂人物。他们不仅业务精湛、素质过硬，而且承担着引领和带动整个教师团队共同发展的重任。

多年的经历让牛建宏深深地认识到，学校的持续发展离不开高素质、专业化的教师队伍。因此，他积极投身于教师团队的打造工作，致力于提升教师的专业素养和教育教学能力。他充分利用各种教研活动和比赛机会，为教师们搭建交流学习、展示自我的平台。牛建宏参与每一次赛课的准备工作，他与教师们一起打磨教案、探讨教学方法，甚至精细到教态中的每一个动作、板书上的每一个字，以确保每一堂课都能达到最佳的教学效果。他的辛勤付出和无私奉献，不仅激发了教师们的教学热情，也提升了整个团队的教学水平。

在牛建宏的引领下，红英小学的教师队伍焕发出勃勃生机。近几年，小学语文学科的教师们在各类比赛中屡获佳绩，近 10 人获得了北京市海淀区竞赛一等奖的好成绩。同时，还有近 20 人参与了全国、北京市、海淀区的各级各类展示课、研究课活动，并获得了广泛的好评。语文学科团队更是多人次承担了北京市、海淀区的重点课题研究工作，研究成效突出。教师们的论文获奖率也显著提升，许多教师都成长为海淀区的骨干教师。

牛建宏深知，个人的优秀固然重要，但更为关键的是整个教师团队的协同进步。他坚守着作为一名党员教师的理想信念，深信只有当整个团队心往一处想、劲往一处使，共同追求教育教学的高质量目标时，才能收获更加丰硕的成果。因此，他始终身体力行地诠释着一名优秀党员教师在教育事业中的责任和担当。用自己的实际行动，将党员的理想信念传递给每一位教师，激励他们共同为乡村教育的繁荣和发展贡献力量。

五、坚守信念，乡村教育之光永不熄灭

过去的辉煌，不过是岁月长河中的一瞬，那份坚守的信念，才是牛建宏在红英小学这片土地上永恒不变的烙印。多年的辛勤耕耘，让他的信念如同磐石般坚不可摧。他深信只要心中有光，便能照亮自己前行的道路，同时也能为身边的人带来温暖和希望。

在未来的日子里，牛建宏将继续坚守在乡村教育的阵地上，用信念和行动诠释一位乡村教师的责任和担当。他愿意和自己的团队、和自己扎根的这片土地一同成长，共同进步，为实现自己心中的梦想而砥砺前行。

（北京市海淀区红英小学　戴聂瑞　牛建宏供稿）

4

为孩子的一生打好底色

党的十八大第一次提出"把立德树人作为教育的根本任务",党的十九大进一步强调"要全面贯彻党的教育方针,落实立德树人根本任务"。立德与树人不是两个并列的概念,而是科学统一的,树人是立德的目标和价值旨归,立德是树人的要求和前提。树人是在德育目标指导下的教育行为,涵盖比较广泛,是全方位的素质、知识、能力的培养。习近平总书记在党的二十大报告中明确指出:"教育是国之大计、党之大计。培养什么人、怎样培养人、为谁培养人是教育的根本问题。育人的根本在于立德。全面贯彻党的教育方针,落实立德树人根本任务,培养德智体美劳全面发展的社会主义建设者和接班人。"

素质教育是培养学生全面发展的重要途径,提倡"以人为本",把人作为教育的中心，关注学生作为一个活生生的人在教育过程中所应该具备的各种品质，即关注学生自我意识、积极心理品质、合作意识、创新精神等综合素质。小学阶段是培养学生综合素质的奠基阶段。小学教育对于提升学生的综合素质有着极为重要的意义，要为孩子的一生打好底色。

一、眼里有孩子

2016 年 8 月，我从石景山区古城中心小学调到海淀区红英小学六里屯校区，先后任学校党政办公室主任、校区党支部书记等，负责校区德育工作。初到红英小学，写在学生校服上的"心中有阳光"这几个字一下就印刻在了我的心上。世界上还有什么比阳光更无私、更普惠吗？阳光会温暖每一个人，那时的我觉得，红英小学的阳光教育是有温度的。校长告诉每一位教师都要做到"眼里有孩子"。

那时的我一直在想，一个新建的校区、一个全新的团队、一群刚刚踏入小学的孩子，如何开展德育工作，才能给予他们最好的支持，促进他们的发展。德育工作非常琐碎，但十分重要。针对新建校区年级少、学生年龄小的现状，学生良好精神面貌的形成以及常规习惯的养成是关键，也是我们校区可持续发展的关键。

我们有计划地将德育和教学工作融合，发挥先锋引领示范作用。校区德育处和教学处一起制订工作计划，把德育和教学活动有机融合。领导干部、学段组长、党员先锋勇挑重担，作为引领，有效地为学生发展提供支持。学段组长于春燕和张容燕老师组织开展的"汉字英雄""疯狂算手"等活动既促进了学生学业质量的提升，又关注了他们的行为习惯。党员先锋胡艺禾老师组织的班级合唱比赛，设计了每班演唱一首英文歌曲的环节，在加强班风班貌建设的同时检验了校区英语教学的效果；党员先锋陈亚飞老师在四校区范围内开展了低段常规展示交流课活动，在这个过程中，德育常规管理和教学得以融合，为更好地提升学生的学习效果和促进教师教学的实效性做了一个很好的铺垫。

红英小学的阳光教育理念，细化为三个核心理念：每一个人都不是旁观者，每一个人都是与众不同的，每一个人都能获得成功。在落实小干部培养，实现教育教学互促方面，我们形成了小干部梯队式发展的格局，即1～2年级双手扶、3～4年级单手扶、5～6年级达到教师监督小干部以大带小自行运转，采用"5050"模式，50％人员固定化，50％人员一学期一更换。其中，我们采取了将所谓"问题生"作为小干部培养这一举措，使这些孩子旺盛的精力得到合理释放。每个周一，先锋双岗亮身份，小干部亮身份，党员教师亮身份，树立模范作用。在使命的影响下，小干部们的责任意识、规则意识、社交能力和学习主动性得以提升。这也越发让我们意识到，没有"问题生"，只有与众不同的孩子，只要因材施教，每个人都能获得成功。

二、心中有教师

2018年，我被调入上庄西北旺学区管理中心工作。上庄西北旺学区地处海淀北部高科技产业园区，跨越海淀北部城镇、农村和城乡接合部，生源结构复杂，学校发展水平尚不均衡。随着北部新区经济格局和社会功能的转变，上庄西北旺地区的经济、文化环境和入住人群都急剧变化，对优质教育资源的需求越来越强烈，教育内涵建设成为该区域教育工作的重点。

随着角色的转变，我开始更多地关注区域教育发展水平，以助力教师发展，打造优秀教师团队。我以为学生健康发展提供助力为出发点，在加强班主任队伍建设过程中积极创新实践。

2014年，教育部明确提出建构中国学生发展核心素养。学生发展核心素养的形成离不开教师的引导与帮助，尤其是班主任。班主任是沟通学校教育、家庭教育、社会教育的桥梁，是学校管理和德育工作的骨干力量，是学生德智体美劳全面发展的引路人。班主任的品格魅力、业务水平和工作能力直接关系到学生的健康成长、班集体良好氛围的形成，乃至整个学校的教育质量。

(一)找出班主任工作中的"真需求"

为进一步了解班主任实际需求，学区面向辖区内各中小学校班主任展开调研，针对班主任在班级建设中最需要的支持和帮助、最突出的困惑、三年成长目标、对班主任培训的想法和建议等问题进行了认真梳理。通过调研，我们发现，随着新教师资源的加入，学区各校班主任队伍相对年轻化，很多班主任没有经过系统培训，亟须提高实践智慧与育人能力。学区的班主任队伍中普遍存在两个问题：其一，具有一定经验的班主任容易固守陈规，在已有思维模式下持续原有经验，难于创新；其二，工作不久的年轻班主任有热情，但缺乏方法策略和带班经验，工作中找不到抓手，工作进展困难。

(二)研究班主任工作发展的"新路径"

基于上述调研，学区确立了"校际联动—交流互助—有效整合—共同发展"的工作模式，以满足班主任实际需求、促进班主任发展为原则，借力学区教育发展共同体，建构学区和学校德育干部、班主任团队共研、共享、共进的运行机制；成立班主任工作坊，借助专家力量，发挥优秀班主任的引领和帮带作用，助力年轻班主任成长。

创新和完善班主任培养机制，努力创设有利于班主任成长的环境，如在校际和学区层面搭建平台，强化人才培养，促使中青年优秀班主任脱颖而出。

针对班主任成长需求，开展多形式、多层次的班主任培训活动，促进班主任转变教育思想和观念、掌握现代教育理论、增强角色意识和责任意识，提高班主任队伍的专业化水平，力争锻造一支拥有较强实践能力、创新能力和教育研究能力的高水平班主任队伍。

(三)助力班主任专业成长的"真作为"

为真正提升班主任专业化水平和教育智慧，围绕"和而不同，合美之韵"的文化理念，学区建立了教育发展共同体——班主任工作坊，以借助专家资源，汲取先进教育理念和实践智慧，带领班主任深入工作研究和实践，通过系统研修，提升班主任工作实践能力和学习研究能力，促进班主任团队由经验型向研究型转变。

根据学区班主任的现状和愿望需求，班主任工作坊呈阶梯状推进。首先，将第一期工作坊成员吸纳范围确定为从事班主任工作3年以内的年轻教师，此群体的班主任工作经验欠缺，工作实践找不到抓手，班主任工作较难推进，学校对这部分班主任加强培训的愿望较为强烈。其次，将班主任工作年限为4~9年的教师吸纳为第二期工作坊成员，此群体有一定的班主任工作经验，但对工作缺乏系统的思考，尤其在专业理论水平提升方面更需要指导和帮助。学区意在通过工作坊的培训，促使这部分班主任加强理性思考，使其实践更具系统性和科学性。最后，将陆续吸纳学校年轻优秀班主任成员，在专业理论、实践智慧和教育情怀方面着力培育青年班主任骨干力量，逐步带动区域班主任队伍专业化水平的整体提升。

针对班主任实际需求，学区以班主任工作坊为平台，依托专业团队，以"专家引领、同伴互助、自主成长"为路径，提升班主任对实践问题的理性反思和智慧解决能力。班主任工作坊研修课程基于现实，且超越现实，选取班主任工作中的实际困惑作为切入点，通过成员与专家、同行的对话，探讨问题背后蕴含的教育理论，从而提高成员对问题的敏锐性、思考能力和解决能力（见表1-1）。

表1-1 班主任工作坊课程主题

第一期课程主题	第二期课程主题
不会开班会，怎么办？	如何召开有意义、有意思的主题班会（班级突发事件的处理）
遭遇逆反心理较强的学生，怎么办？	带班经验的总结与梳理

续表

第一期课程主题	第二期课程主题
班级奖励措施失效，怎么办？	班级活动的设计与组织
学生缺乏良好的学习习惯，怎么办？	问题学生的教育与转化
与家长沟通不畅，怎么办？	如何撰写教育案例
班规形同虚设，怎么办？	班级日常管理中的"非教育性"防范
面对学生欺凌事件，怎么办？	班主任与学生有效沟通的技巧
班级文化建设从何入手？	家校协同育人的理念与策略

班主任工作坊的最大收益就在于"敦促成文"。从课程前自我认知思考到课程中实践与理论的"双峰"指导，再到课程后对问题的重新认识和提升，每一次课程，每一名工作坊成员都经历了从感性认知到理性思考的提升。

借海淀区先进班集体评选之机，学区组织各校推荐的优秀班主任结合自身在班级文化建设、学生行为习惯培养、班级教育活动等不同方面的典型做法进行经验分享，诠释自己对班级构建的理解、对班主任工作所投入的情感和智慧。此次交流，不只是班主任个人对自身工作的梳理，更是有效地促进了校际和学区层面班主任工作的经验分享，尤其在班级建设的个体与整体发展以及独特性内涵建设与校园文化建设相关联方面，促进了班主任对自身工作的整体性思考，助力其学习从专业角度对自身工作进行梳理和分析。

此外，学区还组织了工作坊成员赴南京学习交流。2018年11月，班主任工作坊成员随德育干部前往南京航空航天大学附属初级中学和南京外国语学校仙林分校，围绕"体验式班会"和"班主任与任课教师协同育人"两个主题进行了现场学习交流。附属初级中学的德育名师罗京宁讲授了"体验式班会"的设计理念和实际案例；南外仙林分校的两位主任和两位班主任带头人现场分享了学校协同育人理念和具体实施策略。此次学习交流，是班主任工作坊学习的延展，教师们收获颇丰。

学区教育发展共同体——班主任工作坊所走过的历程令人欣慰，我们看到了班主任在专业实践中的理性思考，他们向着研究型、智慧型班主任迈进。学区致力于打造一支具有理性思维，在班主任工作理念和实践中有独到做法和成果，深受学生喜爱、家长爱戴、同行敬佩的优秀班主任队伍，以推动区域内班主任队伍专业水平的整体提升。我们深知，我们所有的努力，最终受益的都将是每一位班主任带领的可爱的孩子们。

三、胸中有丘壑

2021年，我又回到了熟悉的红英校园，站在新的起点，以党委书记和执行校长的身份重新审视红英教育集团。学校地处海淀北部高新区，北邻全球硬科技创新中心中关村壹号，南邻中关村软件园，属中国（北京）自由贸易试验区科技创新片区辐射区域。红英复杂的样态充分体现了学校的地缘性特点，本部校区原是部队子弟学校，学生包括一部分军人子女，还有一部分本地村民子女；冷泉校区学生几乎都是外来务工人员子女；六里屯校区伴随着城镇化发展的进程，学生以当地居民子女为主；唐家岭校区周边高科技人才汇集，学生以科研人员子女为主。面对这种复杂的样态，如何运用学校的力量打造高质量的基础教育？答案是课程。

课程是促进学生可持续发展的重要载体。无论社会如何快速迭变，教育的根本属性都不会变，那就是坚定"以学生为中心"的信念，以及培养一个完整的、立体的、丰盈的人的终极目标不会变。红英阳光岛课程体系建构始终关注一个完整的人所必备的素养：独立的生存能力、健全的人格、持续的学习能力，最终指向培养"德智体美劳全面发展的社会主义建设者和接班人"，培养"有理想、有本领、有担当"的立体的丰盈的人。

习近平总书记提出，要加快发展伴随每个人一生的教育。让每个孩子都能享有公平而有质量的教育！让每个人都有人生出彩的机会！红英的教育理念就是这样关注"人人"。

我们将红英阳光岛课程体系中的必修课程延展为基础课程、拓展课程、活动课程三个层次。基础课程是基石，夯实学业基础；拓展课程是延伸，为学生应对未来的多元变化提供支撑；活动课程为学生提供多元化的实践平台。

学校开设礼乐、箜篌、古琴等国学类课程，用中华优秀传统文化为学生培根铸魂；开设网球、击剑、高尔夫、皮划艇等身体运动类课程，奠定学生健康与社交的基础；开设 KOOV、Python、STEAM 等创新实践类课程，赋予学生改变世界的可能；开设包含科普、科研和科创三个维度的科技教育课程，为未来人才奠基。

活动课程是整个课程体系的综合，通过输出将知识内化为素养，涵盖了学科实践活动，如班级合唱节、班级舞蹈节、美术双年展等；主题类实践活动，如"感恩月"活动、"今天我 100 岁"活动等；生存力课程，如一元钱城市生存、陆地营、冰雪营等。

基础课程、拓展课程和活动课程三者互相促进、互为支撑，既注重知识传授和能力培养，又关注学生的兴趣爱好和个性发展，实现学生德智体美劳全面发展。

教育从来不是说教，而是身体力行。红英阳光岛课程体系构建的初心在于学生的发展。令人欣慰的是，教育一直在静悄悄地发生。

2008 年开始的经典诗文诵读课程，至今已开展 16 年，这一课程旨在增加学生的诗文积累，涵养学生的文化底蕴。从一开始学生每年完成 3000 字的诗文积累，到如今每年完成 10000 字的诗文积累；从一开始各年级围绕课本适度拓展古诗文，到如今发展为 1～6 年级有层次、有主题的积累提纲，课程的关注点也从单纯的诵读走向理解下的诵读，经典诗文诵读课程正在发挥越来越大的育人功能。

基于统编版语文教材口语表达主题而诞生的"未来领袖者"演讲，促使每个学生将自己的发现、思考、探索在舞台上和大家分享。因为学生年龄不同、主题策略途径不同，所以我们又构建了整个六年的体系，体现积累、体现成长、体现递增，体现教育的美学。1～2 年级学生处于语言发展时期，但识字量有限，模仿他人讲故事；3～4 年级学生求助家长、教师找观点，借助故事找发现；五年级学生独立发现，批判思考，大胆表达；六年级学生通过小课题、项目式学习解决问题，实现知识的综合、内化和迁移，强化社会责任感。这一体系推动了学生思维的进阶。每个学生每学期都拥有属于自己的 5 分钟，从 2019 年到现在，累计有 3 万多人次登上舞台进行演讲，时长达到 15 万分钟。

生存力课程让学生学会在陆地、冰雪、海岛、沙漠环境中解决问题，学生的领导能力、组织能力、团队协作意识、规则意识等都得到了显著增强。在海岛生存特训过程中，学生们就"规则"开展了一场头脑风暴，第一个学生说，规则是我们共同遵守的行为准则；第二个学生说，规则是不能跨越的红线；第三个学生说，规则将会成为我们一生的习惯；最后一个学生说，规则是牺牲个人部分的利益。他们的深入思考和高阶思维，让所有人感到惊喜，这就体现出一种积淀和成长。

红英始终关注每一个生命个体，当家长看到孩子的成长和变化时，就能真切感受到学校为孩子倾注的情感与关注。让教育成为一场建立在信任基础上的双向奔赴，最终实现家校社共育的彼此成就。

在红英小学教育集团不断发展的同时，我校于 2022 年踏上了教育联盟办学的"快车道"，与海淀区翠湖小学成立了以"共治、共享、共赢"为宗旨的教育联盟，探索联盟办学模式的有效路径。2023 年又与昌平区崔村中心小学、张家口经济技术开发区第二小学成为姊妹校。我们期待通过这种方式，统筹资源，优势互补，搭建多元交流平台，推进教研深入融合，强化教师队伍建设，提升教育教学水平，助力学生健康成长，努力打造高质量教育联盟，形成优质学校发展共同体。

红英的故事还有很多很多，红英会不断为孩子而改变，但始终不变的是为党育人、为国育才的初心使命。红英人将坚定"向上生长"之志，笃行"向下扎根"之责，永葆"向阳而行"之态，在火热实践中绽放绚丽之花，为基础教育高质量发展贡献更多更大的红英力量！

（北京市海淀区红英小学　卜国超供稿）

5

向阳而生，一生向阳

扎根海淀北部 32 年，担任小学校长 23 年。

32 年来，在海淀北部这片充满活力和创新精神的土地上，我似乎做了许多事：带领红英小学从一所仅有 300 多名学生的农村小学，成长为一个有 4000 多名学生、"一校四址两园"的优质教育集团，2022 年，还携手海淀区翠湖小学，共同踏上联盟式办学发展的"快车道"，在不断发挥区域优势的过程中，又与昌平区崔村中心小学联盟办学，还将优质教育资源辐射到张家口、沧州……32 年来，我好像又只做了一件事，那就是用"阳光"赋能，让每个孩子像种子一样，向阳而生，一生向阳。正是对党的教育事业始终保持初心，始终坚守对于教育的理想信念，我和学校才能克服困难，一路向阳而生。

一、积极构建学校办学理念——阳光教育

担任校长以来，在党的教育政策的指引下，我结合本校的发展需求，提出了"阳光教育"的办学理念和"为孩子的一生打好底色"的教育理念。为此，我和全体教职工开始了 23 年的变革与探索：我把个人的成长与干部教师团队发展融为一体，把自己的理想信念与红英小学的阳光教育理念深植于心，改革创新，大胆探索。我和所有红英人一起，不忘教育初心，坚守立德树人的使命担当，走出了一条属于红英人的发展道路。

在我的心目中，理想的学校教育应像太阳一样公平，尊重一切生命，尊重每一个渴望求知的孩子，无论他是来自繁华的都市还是偏僻的乡村，无论他是聪慧还是愚笨，绝不厚此薄彼，冷暖各异。教育应像太阳一样温暖、纯净而又博大，抵达每个学生的心灵。

在教育理念践行中，我与教师们达成了共识，形成了学校的核心理念——"每一个人都不是旁观者，每一个人都是与众不同的，每一个人都会成功"；建构了"学生发展需要、学科发展需要和未来社会生活发展需要"的红英阳光岛课程体系。

红英阳光岛课程体系从培养"健康、尚学、明理"，适应未来社会的阳光少年的育人目标出发，依据加德纳多元智能理论，将必修课程、选修课程和自修课程作为梁架，以语言领域、逻辑与推理领域、科学领域、艺术领域、运动领域及生活实践领域为桁架，梯度提升学生的核心能力。

我们借助课程体系的建构，不断为孩子的成长搭建平台：为孩子的社

会交往搭建平台，为孩子的心理健康搭建平台，为孩子面向未来的学习能力搭建平台……于是，我们于 2010 年建设了中华优秀传统文化中心——"优游谷"，名称取自陆机《文赋》"颂优游以彬蔚，论精微而朗畅"一句，希望师生在中华优秀传统文化的浸润下从容洒脱。此外，我们还开设了以礼乐、箜篌、古琴等为代表的国学类课程，用中华优秀传统文化为学生培根铸魂；开设了网球、击剑、高尔夫、皮划艇等身体运动类课程，不只是让学生掌握体育技能，更是倡导一种生活方式，为学生提供了更多元的社交方式与载体；开设了 KOOV、Python、STEAM 等创新实践类课程，为培养面向未来的创新型、探索型人才奠基……

2023 年 12 月 1 日，北京市中小学课程整体育人工作会在红英小学举办，从演讲到班级舞蹈等学科实践类活动，从"聆听城市的声音"小课题研究到"未来企业家"商业策划案的研究性学习，从自主导航的"数学家课堂"到学生担任"大项目操盘手"等学习方式的变革，从丰富的"生存力课程"到"家校课程"中的"勇士家庭会议"……现场的展示受到与会嘉宾的高度评价，北京市教育科学研究院基础教育课程教材发展研究中心主任杨德军赞扬道："让所有人看到了红英小学将学科教学与特色实践活动有机融合，关注学生适应未来的能力培养，感受到了红英在不断尝试新的学习方式，探索高质量'五育并举'的育人模式。"

二、创造属于每个孩子的精彩经历——阳光学生

让每个孩子都能享有公平而有质量的教育，让每个人都有人生出彩的

机会的教育理念，指向如何深入挖掘课程的育人功能并有效落实。那么学校该如何深化"人人观"，将思想转化为行动；该通过什么样的路径实现思想刻痕、行动刻痕；该如何让每一个孩子都是与众不同的；该如何在办学中贯彻党的教育方针，践行教育的理想信念……

我始终认为，教育不仅要关注一群人，而且要关注一个人。教育的高质量发展应当给予每一个孩子丰富的成长体验。在长期的实践和创新中，学校构建起"学中做，做中学"的课程实践模式，即通过实践活动，关注学生的体验、经历及成长。

于是，在红英小学，每一名学生每学年都会参加班级美术展、舞蹈展演、合唱活动、经典诗文诵读活动，每一名学生每学期都会参加"未来领袖者"演讲，每一名学生都会将自己的发现、思考、探索和大家分享，每学期都有 3000 多人次进行演讲，从 2019 年到现在，累计 3 万多人次参与演讲，时长达到 15 万分钟。经过六年的学习，红英小学的每一名学生都能掌握一种民族器乐、至少两种特色体育技能，有担任升旗手、主持人的经历……在红英，学生们还可以参与"冰雪奇缘""极目海洋""沙漠之舟"等"生存"挑战，担任"首席阳光少年"，参与"金牌主持人"竞选，参演"毕业大戏"……我总是微笑着站在学生们的身后，让他们在每一次的体验中去观察、去思考、去创造、去成长。

我们不断地为孩子们搭建平台，将学校最好的资源留给孩子，将困难的工作留给自己。每次孩子们离开学校去参加生存力课程，我的心也仿佛跟着孩子们飞了去，我时刻关注他们的情况，几乎不眠不休，直到孩子们回到校园的怀抱。有人劝我，年龄大了，别给自己这么大压力，可我自嘲一番后，依旧坚持——我执着地为孩子们赋能，让他们在实践中体验喜忧酸甜，在体验中获得德智体美劳全面发展，在未来的人生道路上走得更远。

2022 年 4 月，北京市海淀区委教育工委、区教委举办红英小学办学实践研讨会，对红英小学的办学实践成果给予充分肯定。北京师范大学资深教授、博士生导师顾明远先生在了解了我们的办学实践后，深情地对我说："你是在带领教师寻找阳光，带领学生寻找阳光"，肯定了学校丰富的课程和活动"让学生生动、活泼、主动地发展……五育并举地发展"。北京师范大学的余楷教授称赞道："有阳光教育这样宏大的教育理想，同时在办学细节上也有令人感动的精细，致广大而尽精微……"他感动于我做面向生活的教育、面向未来的教育、面向世界的教育的拳拳之心。

三、多途径培养教师队伍——阳光教师

教师培养是学校管理工作的重要一环，因此我尤其重视借助多种途径培养教师队伍。一是借助"首席教师制""项目制"的管理模式提升干部教师课程领导力，促进教师专业化发展。二是采用"师徒制""捆绑制""班主任工作室"的方式建构红英教师学习发展共同体，开展校本研训，提高教师持续的学习力。三是关注过程管理，强化干部的问题解决能力。四是通过督导评估机制，借助"优质示范课"、"青年展评课"及"'韺韶杯'青年教师赛课"活动，促进教师成长。五是结合"教师自愿，校区需要"的原则，实施教师"流动"教学。五年来校区、联盟间干部流动 10 人次，骨干教师流

动18人次，骨干教师参与轮岗比例达到70％，为实现校区均衡发展提供了人才保障。此外，我们还定期开展"校区联查""联盟校联查"，促进区域教育的优质均衡发展。

北京师范大学教授张东娇曾在发言中说："红英小学本身的环境和学生都不是最好的，但它比起'山前'的学校一点不逊色，可以说为北部农村学校树立了一个管理的标杆和样板。这代表了海淀区，也使北京市教育优质均衡发展达到了一个新的高度。"

中关村第三小学原校长、特级教师刘可钦这样评价："红英小学的师生创造了学校高质量发展的实践典范。每个人都是参与的实践者，同时也都是受益者。红英很好地诠释了教育价值，激励、召唤、守望。我想这就是阳光教育的终极目标，用教育的力量一同去塑造未来。"

作为校长，我一直贯彻党的教育方针，坚守教育的理想信念，恪守对社会的责任、对教育的坚守、对未来的敬畏和对自我的信心。我希望在未来，红英可以一如既往地心怀"阳光"般的公正、博爱，奔向"为孩子的一生打好底色"的教育愿景。向阳而生，一生向阳！

（北京市海淀区红英小学　陈淑兰供稿）

第二章

理想信念是学生教育的灵魂

1

育人基石：理想信念教育

任何一种教育行为的背后都有教育思想和教育理论的影子，不管这些思想和理论是系统的、理性的还是零碎的、感性的，是以显性的形态出现还是以无意识或隐性的状态存在，它们始终影响着教师的行为，关系到教学质量的高低，甚至是教育工作的成败。长期以来，人们较多关注教师的专业知识、专业技能、入职经验、情感态度、行为习惯等表层因素，但对教育理想、教育信念等重要问题关注不多，而后者正是教师专业发展的动力系统的重要组成部分。从这个意义上说，面向未来的教师还应该是充满爱心、富有理想、坚持信念、拥有信仰的教师。理想信念，是好老师的人格基石。"师者，所以传道受业解惑也。"教师是人类文明的传递者、学生人生道路的引路人，有什么样的教师就有什么样的教育，有什么样的教育就有什么样的学生。梦想要以梦想去点燃，理想要用理想去唤醒。只有抱有理想信念的教师，才能在学生的心中播下梦想的种子。在价值取向多元的时代，我们要以理想信念为基石，让每一位教师都有远大的志向、纯粹的心灵、高尚的节操。周敦颐云："士希贤，贤希圣，圣希天。"(《通书·志学》)只有广大教师树立崇高的职业信念，把教书育人当作自己的伟大使命，我们的教育才有希望。

一位有理想信念的好老师，心中装着国家和民族。在中国教育史上，为人们所称道、为历史所铭记的好老师，无一例外都将教书育人事业与国家民族的奋斗目标、前途命运联系在一起。孟子说人生有三乐，其中之一就是"得天下英才而教育之"(《孟子·尽心上》)。如果一位教师自觉选择了为他人、为社会做有益的事情，为国家发展、民族复兴培养更多更好的人才，并以此为人生乐事，那么他的人生就有了永恒价值，他所从事的这一职业就获得了伟大意义。今天，在亿万人民向着民族复兴梦想迈进的伟大征程中，教师既是筑梦人，也是追梦人、圆梦人。广大教师要忠诚于党和人民的教育事业，培养更多更好的人才。

一位有理想信念的好老师，是社会主义核心价值观的践行者和传播者。人类社会发展的历史表明，对一个民族、一个国家来说，最持久、最深层的力量是全社会共同认可的核心价值观。践行社会主义核心价值观，是实现中国梦的价值支撑。从事塑造灵魂、塑造生命、塑造人的工作的教师，理所当然是社会主义核心价值观的践行者。核心价值观根植于一个民族的历史文化之中，道路自信、理论自信、制度自信的基础是文化自信。新时代的教师应该有文化自觉，了解、欣赏、热爱中华优秀传统文化。教师亦是社会主义核心价值观的传播者，要为学生把好人生的"总开关"，引导他们扣好人生的第一粒扣子，为党和国家事业造就大批理想远大、信念坚定的合格人才，为实现中华民族伟大复兴输送源源不断的生力军。广大教师要用自己的学识、阅历、经验点燃学生对真善美的向往，培养对中华文化、中国精神、中国价值有归属感乃至有信仰的年青一代。

理想信念是人生的指路明灯。广大教师只有树立远大理想、坚定崇高信念，才有可能为社会、为民族培养出栋梁之材。我们希望每个有理想、有追求的教师都能以"传道"为第一责任和使命，为学生点燃更加灿烂的梦想，为国家和民族贡献更多的正能量。

一、国旗进社区——爱国主义教育润心田

"国旗进社区"活动是学校的特色学生德育实践活动之一，多年来一直坚持组织，目的在于让学生学习、了解国旗文化，进社区宣讲国旗文化，在活动中获得爱国主义教育。

国旗是国家的象征和标志，通过一定的样式、色彩和图案反映一个国家的政治特色与历史文化传统。中华人民共和国的国旗是五星红旗。旗面为红色，长方形，其长与高为三与二之比，旗面左上方缀黄色五角星五颗。一星较大，其外接圆直径为旗高十分之三，居左；四星较小，其外接圆直径为旗高十分之一，环拱于大星之右。中华人民共和国国旗的红色象征革命。旗上的五颗五角星及其相互关系象征共产党领导下的革命人民大团结。五角星用黄色是为了在红地上显出光明，四颗小五角星各有一尖正

对着大星的中心点，表示围绕着一个中心而团结。

通过组织"国旗进社区"活动，社区里的居民和学生们一道接受爱国主义教育。大家饱含深情地注视着那面用鲜血染成的国旗，聆听老人讲述革命英雄的故事，一起朗诵革命诗词，在国旗下唱红歌……

学校还带领学生走进了航天英雄杨利伟的"家"——航天大院。走进院内，映入眼帘的是满院的五星红旗。五星红旗迎风招展，伴着春风，拂着祖国的花朵，仿佛一颗颗赤子之心在闪耀。为了确保天上的卫星运转没有偏差，工作人员严肃而有秩序地工作着。9岁的瑞萱，有些好奇地看着叔叔阿姨不停地忙碌着，原来他们就是这样通过日夜不停地工作，来建设伟大的祖国，来表达对心中那面光辉的五星红旗的热爱的。瑞萱静静地思考着，深切地感受着自己的祖国是那么强大。一面面鲜艳的五星红旗在大厅里飘扬，同时也飘进了她的心中。

参观结束，大家走出航天大院。夕阳的余晖映着那火红的旗帜，五颗金星是那么闪耀，它们深深地藏在瑞萱的心里……

二、我入队啦！——入队教育传承红色文化

红英小学有一个特殊的传统，在每年的儿童节，带领即将入队的学生到军营参观，让他们铭记这光荣的一刻。相约军营，传递梦想。学生在解放军战士、教师、家长的共同见证下加入中国少年先锋队，成为光荣的少先队员。

特殊的部队环境，给予学生特殊的仪式感。在昂扬向上的《出旗曲》

中，解放军战士、少先队大队旗手与护旗手们迈着整齐的步伐，精神抖擞地进行着庄严的出旗仪式，少先队员入队仪式正式开始。队歌格外嘹亮，红领巾格外鲜艳。入队仪式中最激动人心的时刻，莫过于解放军战士、老队员为新队员佩戴红领巾的那一刻，新队员的脸上个个洋溢着激动与自豪。随后，全体队员举起右拳在大队辅导员的带领下、在庄严的军营中、在火红的队旗下郑重宣誓，铿锵有力的誓言响彻部队的上空。

(一)入队前的期待与向往

当一年级新生进入学校，看到学长学姐们戴着鲜艳的红领巾，并表现出一种自豪的神态时，他们感到既羡慕又好奇。于是，有的新生就大着胆子去问学姐："姐姐，你脖子上戴的是什么呀？真好看！"学姐微笑着说："它叫红领巾。老师讲过它是红旗的一角，是革命先烈用鲜血染成的，要想戴上它，要思想好、学习好、表现好，做到了这三点，你就能加入少先队戴上红领巾了。"原来是这样，尽管当时新生们听不太懂，但对学习好、表现好还是知道的。当时，他们就暗暗下定决心：一定听老师的话，努力学习，争取早日戴上红领巾，因为这是光荣的象征。

"我们是共产主义接班人，继承革命先辈的光荣传统，爱祖国，爱人民，鲜艳的红领巾飘扬在前胸……"为了加入梦寐以求的少先队，新生们个个精神饱满，在教师的指导下激动地高唱着队歌。通过队前教育，一张张纯真的小脸流露出对少先队的向往和崇敬，清脆的童声流露出即将成为少先队员的自豪和喜悦，也表达了他们加入少先队的坚定决心。

新生们聚精会神地听着辅导员老师亲切而又耐心的讲解：从墙上的誓

词、队旗、队徽、队歌到党的关怀、光辉的榜样、光荣的历史、党的历代领导人给少先队的题词、各类少先队活动掠影等,每一个版面都让新生们的目光久久停留。他们听得津津有味,对加入少先队充满了无限向往。

(二)入队时的荣誉与责任

入队是一件重要的事情,是小学生涯中最值得纪念的日子。记得在2019年的入队仪式上,有几名令我印象深刻的学生。总是在早上追着我问好的萱萱,在入队前吃了桃子,导致全身过敏,身上长满了红疹子,面部肿胀得看不清楚眼睛和鼻子。入队前一天,韩老师和萱萱妈妈商量根据病情决定第二天要不要来。没想到,第二天萱萱早早地就来了。虽然浑身很痒,还一直发热,但是在入队仪式上她站得笔直,且一直坚持到仪式结束。她的这种毅力,让我很佩服。

⋯⋯⋯⋯⋯

让人印象深刻的场景还有很多。学生有这种毅力、这种心气儿,是因为对他们来说,入队是一件重要的事情,也是他们入学以来最期盼的事情,是他们作为小学生最光荣的一刻。为了这一刻,他们挑战自己的极限,用顽强的意志力战胜了困难。这也是严格要求自我的体现,他们具备了成为一名优秀的少先队员的品质。

从这些小故事中,可以看得出信念的力量。孩子们为了这份荣誉克服了许多困难,怀着成为少先队员的信念,他们时刻准备着,他们担得起这份荣誉和责任。

(三)入队后的兴奋与难忘

戴上了鲜艳的红领巾,入队的喜悦洋溢在每个少先队员的脸上。放学回家的路上,他们个个昂首挺胸,感觉自己瞬间长大了,比平时更严格地遵守秩序,恨不得向路上所有的行人宣告——"我加入少先队了!"

少先队员回到家中,极其认真地向爸爸妈妈敬一个队礼,说道:"爸爸妈妈,我把队礼献给你们!"在睡觉时,少先队员小心翼翼地把红领巾解下来,叠了一次又一次,总是不满意,等到满意了,又大伤脑筋,到底要把红领巾放在哪里?放在身边,怕翻身时压了;放在枕头底下,又怕压皱了。犹豫再三,最终把红领巾放在了枕头的另一边……侧过身,面对着红领巾,少先队员终于睡着了。

如果这一夜有梦的话,这梦的颜色一定是红色的!

有一种颜色,飘扬在心中,永不褪色,那是红领巾的颜色;有一种光荣,令人激动不已,那是戴上红领巾的光荣。胸前的那一抹红,让少先队员们有了更强的责任感和使命感……

(北京市海淀区红英小学　任欢供稿)

2

海军梦·爱国志·尊生命·历非凡

为了激发学生热爱祖国大好河山的情感，为了让学生在实践中树立爱国志向，我校开展了丰富的研学活动。

在海岛研学活动中，我作为一名带队教师，与红英少年们相伴而行，见证了学校研学课程在爱国主义教育中的巨大作用。下面说四个让我难忘的教育故事。

一、心怀爱国情，出发！

在出发前，校长这样对学生说："保护好自己，遵守规则是对自己生命的尊重；管理好自己，尽力完成本就是你的事情，自己承担责任；守护好同学，守护好海洋、海岛环境，只有这样，将来才能守护好我们的国家。从小种下爱国志，只有守护好，才能有未来，最终成为真的护国人！

"来自海洋的历练，能否成为引以为豪的经历，取决于能否做更好的自己。迎接真正的挑战，不仅是身体上的挑战，还有心理上的挑战。不论你们体验到的是快乐、幸福还是难过、痛苦，都是属于你们的珍贵经历。请你们将爱国精神传承下去，成为红英当之无愧的勇士，成为国家引以为傲的战士！"

远处的浪声呼啸拍岸，红英少年们即将接受一场真正的"海洋海岛生存力特训"——不仅要学会生火、取水、结绳、在荒野里扎帐篷露营，还要进行系列专业的生存力技能和救援技能学习，从环境识别、痕迹追踪、方向辨别、长距离徒步到海洋动植物识别，从风险评估、野外急救自救、水域自救与水流脱困、海洋灾害识别和自救应对、制定危机应对方案到制作求生装备、扎筏泅渡……最终参与高难度的水陆两栖生存力挑战及联合军演。通过五天的研学课程，红英少年们收获了对生命本质的理解，体验了海军战士的经历，实现了热爱海洋、保家卫国的品质提升！

二、8分36秒，学会放手

故事发生在第一天晚上。

晚间巡视时，我发现，徐同学和高同学搭建帐篷比别人慢好多。默默观察后，我了解到原来的帐篷打开后拉锁是坏的，于是，两名同学申请到了新帐篷。然而，时间不等人，等拿到新帐篷，天色也晚了，其他小组的帐篷已经搭得差不多了，她们俩却刚刚开始。

支架子，发现没有光亮，忘记自己有头灯，一个劲儿地呼唤同伴，帮助打灯；搭帐篷，发现帐篷里面都是沙子，忘记还要放隔潮垫，一个劲儿地抖动帐篷；铺睡袋，发现与别人拿错了，没有解决方法，一个劲儿地相互埋怨……结果，在帐篷还没有搭好的情况下，她们俩就狠狠地吵了一架。虽然在熄灯的最后一刻搭好了帐篷，但是用时 8 分 36 秒，也远远超过我的想象。

我默默在旁边录完像，悄悄走到两名同学身边，给她们看了刚才录的 8 分 36 秒的视频文件。我什么也没有说，却看到徐同学忽地转身，走到刚才一直帮忙打灯的张同学身边，悄声说了句"谢谢"，然后又默默走回我的身边；只见刚才还抱怨的高同学，伸手拉了拉徐同学的手，悄声说了句"对不起"。

此时，我抱了抱两个懂事的女孩子，在她们俩的耳边小声地说："8 分 36 秒的故事背后，让我看到了你们的成长。吕老师相信你们，一定会更棒！"

如果这样的事件发生在学校课堂，估计我会用语言引导……然而，在海岛研学的特殊课堂中，学生们自己教育自己，教育的效果却出奇地好。

这个 8 分 36 秒的故事，让我更加认识到教育需要放手，而此时的放手并不是放任，而是真爱涌动时的自然流露，是生命的天性和教育根本规律之间的自然联动。

三、安全大转场，体会生命教育

故事发生在第三天。

从火车站到轮渡港口到城市大巴接站台再到大型公共交通枢纽的转场，对红英百人团队是一次大考验，虽然有工作人员协助，但成功转场的关键是每一名学生的自我管理力。这也是一次宝贵的团队协作与管理、自我素养提升、团队突发危机应对的学习机会。

最后，我们得到了蓬莱港值班站长的奖励——为红英小学百人团队拍照。值班站长说，这是他们站台接待过的最有秩序的大型学生团队。百人团队全程做到了有序、安静，同时顾及其他乘客的方便，个人的行李和露营装备自己负责，没有丢失或拿错；安检过程中没有违禁品，全员顺利过关；三分钟内，百人团队顺利上车，没有一人在站台耽搁。如果想检验一个人的素养，就看他在无人监督的公共环境下的所作所为！眼中有他人，心中有国家，这才是真的教育！

最好的爱国教育和学生健全、强大人格的塑造，不能靠说教、靠传输知识、听别人的故事，而是要培养学生的"生存能力"，要引导学生在不一样的经历中，习得终身受用的生存技能、价值观，并且学会学习。

四、微微小举动，拳拳爱国心

故事发生在最后一天。

"少年智则国智，少年富则国富，少年强则国强，少年独立则国独立，少年自由则国自由，少年进步则国进步，少年胜于欧洲则国胜于欧洲，少年雄于地球则国雄于地球。"每次耳畔响起《少年中国说》，我的心就激动不已，也让我想起那天毕同学捡国旗的情景。

海洋海岛生存特训为期五天。第五天，我们将乘坐火车返京。特别巧，我们在火车站遇到了新兵入伍文艺汇演活动，主办方邀请我们参与其中。

学生们挥动着手中的国旗，齐诵《少年中国说》的场景，令我感动。因为参加了几天的特训，好多学生的嗓子沙哑了，下大巴车时，好多学生就算用尽力气也只能发出微弱又嘶哑的声音。但是，我发现他们摇动着手中鲜红的国旗，有力且齐整；认真诵读的声音，感人且嘹亮；看新兵的眼神，敬重且爱戴。

表演结束，我小声提醒站在我身边的毕同学："嗓子不好，快喝点热水！"他的嗓子严重嘶哑，医生建议他要小声说话。我听到了他在我耳边小声说的话："想到他们要离开家、离开父母，踏上保家卫国的路，我必须用尽力气，和着同学们的声音，大声诵读，即使嗓子再疼，我也必须要传递我的敬佩和祝福。因为他们要去做的事情是保卫我们的祖国！"

小小的声音，大大的感动。还没等我竖起拇指表扬他，我就看到了让我永远铭记于心的瞬间：刚才还在我身边的小伙子，已经快速出现在离我三两步的后方空地。那里并没有站着学生，地上却静静地躺着一面国旗。只见毕同学身后背着重重的行李包，胸前还挂着小背包，左手努力使自己保持平衡，腰部保持直立，眼睛看不到地面，就靠双腿弯曲，右手慢慢够向地上的国旗。等他够到国旗，再慢慢站起来时，头上渗出了汗珠。平时简单的弯腰动作，这时因为身上的负重而变得格外困难。我快步走到他身边，为他擦了擦额头的汗。我感动于他轻声说出的话："国旗是国家的象征，不能被任何人踩在脚下！"

对上他闪亮的大眼睛，我竖起了拇指，并拍了拍眼前这个小伙子的肩膀，激动地说道："小举动，大能量！你传递的是爱国精神。拳拳爱国心不仅体现在轰轰烈烈的大事上，还体现在点点滴滴的小事上。小时候为祖国做些力所能及的事，长大才能担起建设祖国的重担。我为你自豪！"他的笑，飞扬又耀眼！

回到北京的当天晚上，毕同学的妈妈给我打了个电话。她激动地告诉我后续的故事。回家后，毕同学把他捡国旗的故事讲给她听。讲到兴起，还给她比画了一下当时捡国旗的样子。她说，看到孩子的"情境再现"时，她真的太高兴了，就给了孩子一个大大的拥抱。再听到孩子说吕老师也表扬他是个爱国的好孩子后，她就抑制不住自己激动的心情，给我打了电话，诉说和我一样被孩子的爱国举动所感动的心语。因为毕同学最后还说了一段话："妈妈，现在我明白了，正如《少年中国说》中讲的——故今日之责任，不在他人，而全在我少年。作为中国少年、红英少年，我以后一定从小事做起，为祖国的建设出一份力，让祖国越来越强大！妈妈，您相信我！"听着她电话中难以抑制的骄傲与自豪的声音，我突然领悟了校长在海岛研学活动前的讲话："从小种下爱国志，只有守护好，才能有未来，最终成为真的护国人！"教育学生爱祖国，爱国旗，爱老师，爱同学……就是应该努力做些力所能及的事情，从小树立爱国护国建设祖国的伟大志向。

专业、系统、丰富的海洋海岛求生知识和技能激发了红英少年们挑战的兴趣，而他们能完成全部挑战的核心在于其理想信念，当涌现出攻克难关的信心、作战必胜的雄心、坚持到底的决心时——使命已经注入他们内心。学生们开始自定目标、自我组织管理——这是真正学习、生命成长、开启内在动力的时刻。这样的教育效果，也绝非普通教育所能达到。让海军梦种在少年们的心田，让爱国志浸润少年们的未来！

（北京市海淀区红英小学　吕学敏供稿）

3

阳光下的成长

回首过去的日子，我与学生们一起在阳光下成长、进步，那些充满挑战与欢笑的日子成为我们共同的回忆与财富。我知道，这只是我们成长旅程的起点，前方还有更长的路等着我们去探索与征服。但我相信，只要我们心怀阳光、手握希望，就一定能够走出一条充满鲜花与掌声的道路。

一、向着阳光，迈出教育第一步

当我走进教室的那一刻，我感受到了前所未有的责任与使命。面对那些望着我、眼中充满好奇与期待的学生，我深知，这不只是一份工作，更是一份担当。

那天，阳光透过窗户洒在教室的每一个角落，给这个空间带来了一丝温暖与活力。我站在讲台上，看着下面一张张稚嫩的脸庞，心中充满了期待。我知道，从这一刻起，我将与他们共同开启一段充满挑战与希望的成长之旅。

在教育的道路上，我始终坚信，社会主义核心价值观不仅是我们行动的指南，而且是我们每一个人成长道路上不可或缺的精神支柱。

在红英小学，阳光洒满了每一个角落，也温暖了每一个孩子的心。我们秉承阳光教育理念，不仅要教给孩子们知识，还要引导他们成为积极向上、充满正能量的阳光少年。

我还记得小明，一个曾因为一次测验失利而垂头丧气的孩子。那天，他坐在教室里，头低得几乎要埋进课桌里。我走过去，轻轻敲了敲他的桌子，他抬起头，眼眶有些湿润。下课后，我带他来到操场上，那里的阳光正好，暖暖地照在我们身上。

"小明，你看今天这阳光，它是那么灿烂，不管昨天是晴天还是雨天。失败也是一样，它只是暂时的，关键是我们要勇敢地面对，并从中学习。"我轻声对他说。

他抬起头，眼中的迷茫逐渐散去，取而代之的是坚定的光芒。从那以后，小明变得更加努力，也更加乐观。他的变化，让我看到了阳光教育的力量。

在红英小学，我们不仅传授知识，还致力于培养学生的"阳光心态"。在日常教学中，我始终注重将"阳光少年"的培养与社会主义核心价值观的弘扬相融合。当讲述中华优秀传统文化时，我会引导学生去感受那份深厚的文化底蕴，培养他们的文化自信；当组织班级活动时，我会引导学生明白团队合作的重要性，培养他们的责任感；当看到学生之间互相帮助、共同进步时，我会赞扬他们的仁爱友善；而当学生诚实面对自己的错误、勇于承担时，我会为他们的诚信点赞。

在与学生的相处中，我时刻关注他们的成长与变化，不仅作为知识的传授者，而且作为他们人生路上的引导者。我深知，教育的真正价值在于激发学生的潜能，帮助他们成为有担当、有理想、有情怀的人。

有一次，我组织了以"我的家乡"为主题的演讲活动。刚开始，许多学生都表现得有些羞涩和胆怯，不敢上台发言。我鼓励他们要勇敢地展示自己，用自己的语言去描绘家乡的美丽和特色。经过一番动员，终于有一个学生——小杨鼓起勇气走上了讲台。

小杨比较内向，不太善于表达。但是这一次，他站在讲台上，用朴实的语言描绘着他的家乡，那里的山水、那里的人情深深地打动了在场的每一个人。当他演讲结束时，全班同学报以热烈的掌声。

我抓住这个机会，对小杨进行了表扬，并鼓励其他同学也要像小杨一样，敢于表达自己，敢于挑战自我。从那以后，我发现班上的学生变得更加自信和活跃，他们积极参与各种活动，不仅锻炼了自己的能力，也增强了班级的凝聚力。

除了关注学生的个人成长，我还注重培养他们的爱国情怀与责任感。有一次，我们在课堂上讲到了李大钊同志，讲到了中国的革命者们，我就提议用手中的笔谈谈自己的心愿，学生们纷纷表达了对祖国的热爱和对未来的憧憬。

其中，一个学生的作业让我印象深刻。他写道："攀高峰，入深海，上九天，摘星辰。不停歇，冲上世界之巅。壮志复兴中华梦，雄鸡一鸣天下震。泱泱中华儿女，为国争光。"字里行间表达了对祖国的深情厚爱，也展现了社会责任感和担当精神。

在日常教学中，我还努力营造充满爱与温暖的学习环境。我时常与学生进行心灵沟通，了解他们的想法和困惑，并给予及时的关怀和帮助。有一次，我发现小博情绪低落，上课也无精打采。课后，我找她谈话，了解到她最近遭遇了一些家庭变故，心情很沉重。

我耐心地听她诉说，并给予她一些积极的建议。同时，我也联系了她的家长，与他们进行了深入的沟通。在我的关心和帮助下，小博逐渐走出了阴影，找回了自信和乐观。

这些小小的故事，都是我与学生相处中的真实经历。我深知，每一个学生都是独特的个体，作为教师，我要用心去倾听、去理解、去帮助他们，让他们在阳光教育的熏陶下健康快乐地成长。同时，我也坚信，教育的力量是无穷的，它不仅可以传授知识，而且可以点亮学生心中的灯塔，指引他们走向更加美好的未来。

二、初为人师，用心播撒阳光

初为人师的那段日子，我每天都带着一颗忐忑而又充满期待的心走进教室。面对天真无邪、充满好奇的学生，我深感自己肩负的责任重大。我不仅要教会他们知识，而且要引导他们树立正确的价值观。

在这个过程中，我用心关爱每一个学生。我相信，只要心中有爱，就能让教育的阳光照进每一个孩子的心田。

我特别注意观察学生的言行举止，及时发现他们身上的闪光点和不足之处。对于表现优秀的学生，我会及时给予表扬和鼓励，让他们继续保持并发挥自己的优势；对于存在问题的学生，我会耐心地引导和纠正，帮助他们克服困难、改正错误。

除了关注学生的学业水平，我还特别注重培养他们的综合素质。我鼓励学生积极参加各种课外活动和社会实践，以锻炼其组织领导能力、沟通协作能力和创新实践能力。我相信，这些能力对于他们未来的成长和发展至关重要。

在与学生的相处中，我始终坚持平等、尊重、理解的原则。我尊重每一个学生的个性差异和独特需求，理解他们的想法和感受，努力为他们创造一个宽松、和谐、充满爱的学习环境。只有在这样的环境中，他们才能自由自在地成长、无所畏惧地前行。

我与学生建立了深厚的感情。他们从一开始的不敢接近到最后把我当成知心朋友，愿意向我倾诉烦恼和困惑。我也尽我所能帮助他们解决问题、走出困境。在这个过程中，我深深地感受到了教育的力量和美好。

然而，这个过程并非一帆风顺。我也曾遇到过困难和挫折，甚至有时候会对自己的教育理念和方法产生怀疑。但是，每当我看到学生信任的目光，我就会找回自己的初心和使命。我告诉自己，无论遇到多大的困难和挑战，我都要坚持下去，因为我知道，自己正在做的事情是有意义的、有价值的。

三、阳光下，我们共同成长

阳光温暖、明亮，给人以希望和力量。在阳光下，我与学生共同成长。

随着时间的推移，我与学生之间的关系越来越亲密，我也逐渐从初为人师的紧张与不安中走出来，变得更加从容与自信。

在这个过程中，我深刻体会到与学生共同成长的重要性。只有真正融入他们的世界，理解他们的想法和需求，才能找到最适合他们的教育方法。而这一切，都离不开阳光般的心态和行动。

有一次，学校组织了一次户外拓展活动。那天阳光明媚，我和学生来到熙熙攘攘的大街，准备迎接"生存"挑战。面对熟悉又陌生的环境，学生们既兴奋又紧张。我鼓励他们勇敢尝试、挑战自我，同时也不断提醒他们注意安全。在"生存"挑战过程中，我和学生一起面对陌生的路人，一起接受他人质疑的目光，一起想办法解决问题。

那次活动让我深刻感受到与学生共同成长的力量。当我们一起面对挑战、一起克服困难时，彼此之间的信任和默契也在不断增强。那种共同奋斗、共同进步的感觉，让我更加坚定了与学生一起在阳光下成长的信念。

在与学生的相处中，我始终保持着开放和包容的心态。我尊重他们的个性和差异，欣赏他们的优点和特长。我努力为他们创造一个充满爱与关怀的学习环境，让他们在这里感受到温暖和归属感。

同时，我也注重培养学生的自主学习能力和创新精神。我鼓励他们勇于探索未知领域、敢于挑战权威观点，让他们在学习的过程中不断挖掘自己的潜力、实现自我价值。

就这样，在阳光下的每一天，我和学生都在共同成长。我们一起经历了许多美好的时光和难忘的瞬间，一起书写着属于我们的故事和传奇。

四、携手家长，共筑阳光未来

在教育的旅途中，家长是不可或缺的重要伙伴。他们不仅是孩子的第一任教师，还是孩子成长过程中最坚实的后盾。因此，我深知与家长携手合作的重要性，只有家校共育，才能为学生创造一个更加健康、和谐的成长环境。

在与家长沟通时，我始终坚持真诚、平等的原则。我相信，只有相互信任、相互尊重，才能更好地促进家校合作。因此，我时常主动与家长联系，及时了解学生在家中的情况，同时也向家长反馈学生在学校的表现。

在四年级的时候，班里转来了一个学生，名叫小成。他刚来到班级时，由于习惯不好，经常出问题，而且在家里他也会因为一些小错误而遭到父母的惩罚。这些经历使得小成性格孤僻，偶尔还有暴力倾向，难以融入集体。

作为他的班主任，我深知小成的情况需要家校共同努力来改善。于是，我主动与小成的父母取得了联系，希望能够了解小成在家中的情况，并与他们探讨如何帮助小成更好地适应学校生活。

在与小成父母的沟通中，我了解到他们对小成的教育方式过于简单粗暴。我向他们阐述了家庭教育的重要性，以及如何通过正面的引导、支持和鼓励来帮助小成改掉不良习惯，培养其积极健康的性格。

经过多次深入交流，小成的父母逐渐认识到自身教育方式的不足，并表示愿意尝试改变。他们开始更加关注小成的内心需求，给予他更多的关爱和鼓励。同时，我也加强了对小成的关注和引导，帮助他建立正确的价值观和行为规范。

随着时间的推移，小成逐渐感受到了家庭和学校的温暖与支持。他开始努力改变自己，主动与同学交流互动，积极参加班级活动。他的暴力倾向消失了，他开始以更加友善和合作的态度融入集体。

看到小成的变化，我深感欣慰。这不仅是家校共同努力的结果，还是对孩子未来成长的巨大投资。通过这个例子，我更加坚信家校合作的重要性：只有当学校和家庭形成合力时，才能更好地促进学生的全面发展。

在与家长的合作中，我也收获了许多宝贵的经验和启示。我意识到，每个学生背后都有一个独特的成长环境。因此，在教育学生的过程中，我必须充分了解他们的成长环境，因材施教，因人而异。同时，我也意识到，家庭教育并不是学校教育的简单延伸和补充，而是与学校教育相辅相成、相互促进的重要组成部分。

五、理想信念，教育旅程中的灯塔

在教育的海洋中，理想信念如同灯塔，指引着我前行的方向。它是我坚持不懈的动力，也是我与学生共同成长的基石。从入职到现在的教育实践使我深刻体会到理想信念对于教育者和学生的重要性。

理想信念是教育者的精神支柱。面对教育中的各种挑战和困难，是理想信念让我始终保持对教育的热爱。我相信每个学生都有无限的潜能，只要给予他们足够的关爱和引导，他们就能茁壮成长。这种信念让我始终保持着对学生的耐心和信心，无论遇到何种困难，都不会轻易放弃。

理想信念是学生成长过程中的重要引导。小成的转变让我深刻体会到这一点。他初来乍到时的孤僻和暴力倾向让我担忧，但通过与家长的沟通和合作，我们共同帮助他树立了正确的理想信念。他逐渐明白，暴力并不能解决问题，只有努力融入集体，才能获得真正的成长和进步。在理想信念的指引下，小成逐渐改变了自己的行为，融入了班级大家庭。

理想信念不仅是学生行为的指引，而且是他们内心深处的力量源泉。当树立了正确的理想信念后，学生会更加明确自己的目标，更加坚定地追求自己的梦想。

为了帮助学生树立理想信念，我在教育实践中注重培养学生的自我认知和价值观。我鼓励他们思考自己的人生目标和意义，引导他们树立正确的世界观、人生观和价值观。我还通过各种课程和活动，引导学生接触更广博的知识，积累更丰富的经验，帮助他们发现自己的潜能和优势。

在教育旅程中，我始终坚信理想信念的力量。它是我前行的动力，也是我与学生共同成长的纽带。未来，我将继续坚守自己的教育信念，用爱心和智慧去引导每一个学生，帮助他们在阳光下茁壮成长。我相信只要跟随理想信念的指引，就一定能够为学生创造一个更加美好的明天。

回首过去，我庆幸选择了教育这条充满挑战和收获的道路。在这条道路上，我不仅见证了学生的成长和变化，也收获了自己的进步和提升。未来，我将继续带着理想信念前行在教育的道路上。我相信只要我们始终坚持理想信念的指引，不动摇、不懈怠、不气馁，就一定能够为学生们营造一个充满阳光和希望的学习环境、为社会培养出一批又一批具备创新精神和实践能力的优秀人才！

（北京市海淀区红英小学　姜金辰供稿）

4

心灵随笔，润物无声

    不同的班主任有不同的管理策略。作为班主任，我就有一个独特的管理策略——利用"班务随笔"，搭建友善的班级情感场域，实现"润物细无声"的育人功能，使学生在关心、理解、爱护的环境中养成善待自己、善待他人的良好行为习惯。

    班务随笔扉页：

        友好是人性的至美境界，

        友爱是人格的最佳诠释，

        友善是人生的最大魅力。

        希望同学们：友爱沟通，友好相处，待人友善，自信生活。

——爱你们的苏老师

我把班务随笔挂在教室黑板旁，担心没人理会，于是我写下了开篇，希望借助班务随笔这种显性文化建设班级的隐性文化，以有形而温馨的形式促生无形而温暖的情感。当看到文字时，学生们就能够想到发生在班级中的历历在目的小故事，就能够找到归属感。

一、从名字开始——友爱沟通，将个性烙印在班级空间

中途接班，据说三(1)班的学生不太和谐，总爱打小报告，互相拆台，有时甚至有动手行为。我拿到学生名单后，先把这些所谓"据说"放在一边，而是静静地欣赏着每一个学生的名字，同时想象着他们的模样，猜测着他们的性格。他们是否人如其名呢？茗玥、桥恩、络唯……每个名字都应该有故事吧？

于是，我与大家的第一次见面，便是关于名字的故事——

"同学们，今天是我们初次相见，可我已经认识你们了，你们相信吗？"

学生们立刻坐直了身子，眼睛放光，等待着我的下文。

"老师点到哪个同学的名字，请他站起来和我握手，好吗？"

"如雨——细雨霏霏，你是一个细心、可爱的女孩子，对吗？"

"翊骁——骁勇矫健，你是一个爱运动、行动敏捷的男孩子吧？"

"子谦——谦谦君子，你是一个谦恭有礼的男孩子吧？"

…………

很快我就把学生的名字和面孔一一对应，当然他们更是在惊喜和期待

中认识了我这个亲切的班主任。"名字的故事还在继续，大家快来记录在班务随笔中吧！"

后来学生们围绕名字在班务随笔上展开了很多有趣的话题——"名字趣事多""取名风波""改名字的故事"……有关名字的故事出炉了。

学生们渐渐懂得了名字不是冰冷的代号，而是饱含着温度的表达。原来相处了两年的很熟悉的同学，他们的名字蕴含着美好的寓意，潜藏着无限可能。

从名字开始，从"我"写起，从真正了解每一个学生开始，开启了班务随笔的"序"，好玩又有意义，也将个性烙印在班级空间，提升了学生之间的情感交流，友善的种子在每个学生的心中生根、发芽。

二、玻璃球的"蝴蝶效应"——友好相处，为学生的人际交往增添友善底色

那天是教师节，我在清晨踏进教室。随着学生一个个来到教室，我逐渐被一群学生包围了。"老师，节日快乐！""祝老师身体健康，桃李满天下。"一声声祝福在我的耳边响起，美好的一天开始了。

课间，一个学生很不好意思地走到我身边，右手伸到我的面前，慢慢地打开，小声地说："老师，我只能送给您一个玻璃球。"他小心翼翼地将玻璃球放到我的手里。我仔细地看着这个透明的玻璃球，这是我那个年代玩的玩具。从哪儿来的呢？我不禁想知道。"这是我妈妈没和我爸爸分开的时候，她送给我的。我一直留着。您和我妈妈应该差不多大，我就拿

一个送给您。"看着他郑重又憨厚的样子，我心疼地摸着他的头，微笑着感谢他："这是一份很有意义的礼物，我一下子就回忆起我小时候玩玻璃球的时光了，我特别喜欢。"他欢快地蹦跳着回到了座位上。

他叫小顾，父母在他上一年级的时候就离异了。他被判给了父亲，不过由于父亲工作忙，他基本上由爷爷奶奶抚养。他有些自卑，不爱表达，学习更是三天打鱼，两天晒网，和同学交往时很容易发脾气，导致胆子小的学生都不敢和他做朋友。当天正好是他作为班级值日生记录班务随笔的日子，我便鼓励他写出心里话。于是，《老师，我送您一个回忆》这篇随笔就诞生了，感情细腻，充满童真。当着全班同学的面，我表扬了他。

第二天，他又找到我，想再写一篇随笔。一石激起千层浪，小小的随笔竟然成了他说心里话的途径，我满心同意了。他写下了《趣同桌二三事》这篇随笔，语言个性表达十足。作为礼尚往来，他的同桌也写了一篇随笔作为礼物回馈给他。他拿到这篇随笔的时候，像是被巨大的惊喜击中了一样，喜笑颜开。同学们都伸长了脖子，想看看他们之间发生了什么好玩的事。后来我专门让他俩分享了自己的随笔，同学们才罢休。

"老师，我也要写一篇关于咱们班同学的文章！"

"老师，我可不可以今天也多写一篇？"

从那以后，我经常被一群学生追问："老师，咱们什么时候分享随笔？""是啊，我都等不及了。"孩子们真的爱写，写班级里的"篮球明星"，写"负责的卷帘大将"，写"小书虫"……他们每日都仔细观察着，恨不得把所有同学都夸个遍。我也大方地拿出班会课去分享这些随笔。随笔，渐渐地成了全班师生间友善交流的工具。

一篇因玻璃球而撰写的随笔，能有如此效应，是我始料未及的。在这个过程中，孩子们发现了他人的闪光点，友善与真诚在传递，如蝴蝶纷飞，芬芳满园。三(1)班"友善"的幼苗开始苗壮成长。

日子一天天过去，三(1)班的孩子们似乎找到了新的乐趣——在班务随笔中记录彼此的点点滴滴。他们的笔下，不再是单调的学习生活，而是充满了欢笑、泪水与和解的动人故事。每一次的分享，都让这棵"友善"的树苗在学生心中成长得更结实、挺拔。

这样的故事在三(1)班不断上演。孩子们开始懂得欣赏他人的优点，学会在冲突中寻求和解，用友善和真诚去对待每一个人。他们不仅用随笔记录下这些美好的瞬间，而且在行动中将这些品质付诸实践。

这种变化并非一蹴而就，它需要时间、耐心和坚持。但我相信，只要我们继续用心去浇灌这棵"友善"的树苗，它一定会在每个孩子的心中长成参天大树。

现在，每当看到孩子们在随笔中记录的点点滴滴时，我都会感到无比的欣慰。因为我知道，这些文字背后，是他们正在成长的心灵和逐渐形成的积极道德情感。而这，正是我们作为教育者所追求的最高目标。

静静地栽培，且待春华秋实。

（北京市海淀区红英小学　苏春迎供稿）

5

用英语讲述中国传统文化

习近平总书记指出，在新的起点上继续推动文化繁荣、建设文化强国、建设中华民族现代文明，是我们在新时代新的文化使命。要坚定文化自信、担当使命、奋发有为，共同努力创造属于我们这个时代的新文化，建设中华民族现代文明。

《义务教育英语课程标准（2022 版）》明确提出，要培育学生的文化意识，要求学生"能够了解不同国家的优秀文明成果，比较中外文化的异同，发展跨文化沟通与交流的能力，形成健康向上的审美情趣和正确的价值观；加深对中华文化的理解和认同，树立国际视野，坚定文化自信"。

学生在小学阶段能够理解与中华优秀传统文化有关的图片、短文，发现与感悟其中蕴含的人生哲理；有将语言学习与做人、做事相结合的意识和行动，能够体现爱国主义情怀和文化自信。因此，教师要融会贯通，打破学科壁垒，渗透学生以文化意识。

一、在大单元整体教学中融入中华优秀传统文化

大单元整体教学设计是以单元为基础，围绕某一主题，按照一定的逻辑整合单元内容、设计学习活动的过程。英语教师基于大单元整体教学设计，根据单元主题补充有关重要历史人物、优秀文化艺术等知识，融入中华优秀传统文化。教师以低、中、高三个学段的三个年级为例来叙述教学过程以及评价标准。

首先，以低学段的一年级为例。Animals 是人教版一年级上册第三单元的学习内容。本单元的主题为通过学习，认识生活中的动物，发现动物的可爱之处，表达自己对动物的喜爱之情。在研读完课程标准、分析完教材和学情后，教师发现可以在本单元的学习中补充十二生肖的故事。

十二生肖的故事教学为大单元教学中的第三课时。基于前两课时的学习，学生从谈论生活中的动物，上升到了解十二生肖。教师以改编后的十二生肖故事语篇为载体，呈现小动物们参加十二生肖竞选，最后跑到终点的场景。

十二生肖是中华优秀传统文化的重要组成部分。教师要将中华优秀传统文化融入日常英语单元教学中，引导学生从低年级就开始感受中华优秀传统文化，理解中华优秀传统文化，认同中华优秀传统文化。教师可结合表 2-1，对学生表现进行评价。

表2-1　十二生肖故事的学习任务与评价标准

各项能力	学习任务	评价标准		
		☆☆☆	☆☆	☆
学习理解	读懂、理解有关十二生肖的故事	能够读懂、理解故事内容	能够基本了解故事内容	基本不了解故事内容
应用实践	听懂、会说十二生肖的名称	能够听懂、会说十二生肖的名称	能够听懂、会说一部分生肖的名称	只能听懂十二生肖的名称
表达交流	介绍自己的属相	能够流利、准确、有感情地介绍自己的属相	能够流利、准确地介绍自己的属相	能够准确地介绍自己的属相
迁移创新	提出疑问，深入探讨中国古代的"六畜"文化	能够提出疑问，并想要深入探讨中国古代的"六畜"文化	想要深入讨论中国古代的"六畜"文化	想要了解中国古代的"六畜"文化

其次，以中学段的四年级为例。Travel Plans 为人教版四年级下册第三单元的学习内容。本单元的主题为通过学习，了解祖国各地的人文景观及饮食文化，厚植爱国主义情怀。因此，在教学中教师分别带领学生走进了敦煌、三亚、哈尔滨、杭州及北京五个城市。在走进杭州这一课时设计中，教师为学生补充了中国茶文化的学习资源。

语篇内容：

Longjing tea is a kind of Green tea. It is one of the most famous teas in China. It has a history of more than 1,200 years. It was produced in Song Dynasty and became popular in Ming Dynasty. It is not only a drink but also a culture. The special tea culture is made up of tea planting，tea-leaf picking and tea drinking. There are also many famous poems，dances and songs about tea. People like the drink for its meanings.

学习内容：

The steps of making tea

• Warm the Tea Set 温杯

We rinse（冲洗）the teapot and teacup with hot water and drain it.

• Put in Tea 置茶

We put the tea in the teapot.

• Brew the Tea 冲泡

We pour the water into the teapot according to the ratio of the tea at 1：50，and the water temperature is about 85 degrees Celsius.

• Pour the Tea 倒茶

We pour the tea into the fair mug first and then pour it into the guests' teacups.

• Serve the Tea 奉茶

We hand the teacups to the guests.

• Taste the Tea 品茶

We first smell the tea，then sip and taste tea.

实践作业：

用英文展示中国茶艺

茶文化是中华优秀传统文化的重要组成部分。茶文化中蕴含着尊重、谦虚、礼仪等价值观。这一课时不仅培养了学生的良好品德，也增强了其文化自信和对中华优秀传统文化的认同。需要注意的是，在整个学习的过程中应以学生的兴趣为主，注重培养学生的内在品质。教师可结合表2-2，对学生表现进行评价。

表 2-2　评价维度与评价等级

评价维度	评价等级
语言准确	☆☆☆
表达流利	☆☆☆
包含传统文化元素	☆☆☆
富有新意	☆☆☆

最后，以高学段的六年级为例。Famous People 为人教版六年级下册第五单元的学习内容。本单元的主题为通过学习，了解我国和其他国家著名人物的生平事迹，学习他们的优秀品质。教师在本单元的教学中以"Enter the World of The Poet Li Bai"为主题，在教学资源中融入中华诗词文化。表 2-3 为具体的教学设计。

表 2-3　教学设计

教学目标	教学环节	效果评价
学生能够通过阅读文段，了解诗人李白	教学环节一：观看图片，谈论诗人李白	教师根据学生小组之间的谈论情况给予指导与帮助
	教学环节二：阅读文段，了解诗人李白	

教学目标	教学环节	效果评价
学生能够读懂李白的诗(英文版)，并体会英语表达的韵律	教学环节三：欣赏李白的诗(英文版)，体会古诗的情感	教师观察学生的反应，根据学生回答的问题给予提示与帮助
学生能够流利、准确、有感情地朗读李白的诗(英文版)	教学环节四：诗歌朗诵，体会英文表达	教师根据学生朗读古诗的情况，给予帮助与指导

中国诗词在国际上具有一定的影响力，是中华优秀传统文化的代表之一。通过对中国诗词的翻译和传播，促进了不同文化之间的理解和交流。

二、基于传统节日开展英语综合实践活动

传统节日是中华传统文化的重要组成部分，以丰富的文化内涵深深地融入我们的日常生活，是对青少年进行传统文化教育、思想道德建设的宝贵资源。基于此，用英语讲述中国传统节日成为综合实践活动的一个主题。我们根据不同年级的学情设计了不同的综合实践活动。

我们不仅在节日当天开展英语综合实践活动，还以传统节日为主题开展英语演讲活动。低学段的学生以故事汇的形式，用英语讲述形式多样、内容丰富的中国传统节日。学生用活灵活现的表演再现经典故事，他们有的向大家讲述年的故事，有的向大家讲述清明节的习俗和文化。从选择故事到练习讲故事，再到讲好故事，低学段的学生在一次次的练习中体会着中国传统节日的寓意，传承着中华民族的传统美德。

中高学段的学生向大家讲述了传统节日文化的博大精深。从春节、清明讲到端午、中秋，从传统美食说到传统习俗。学生们作为学习者和传承者，满怀着对历史、对前辈的敬仰之情，将这些优秀传统文化用英语娓娓道来。

综上所述，中华优秀传统文化是中华民族的文化之根、智慧之魂。学生们首先要增强外语能力，向世界传播与推广我们的优秀文化，推动中华文化走出去。其次要逐步建立沟通上的自信。我们深知我们的文化很美，那么要如何向外国朋友精准地介绍呢？专有名词、独到翻译，都需要一一学会，如此才能从容、自信地表达。最后要学会从他者的角度审视自己。当我们跳出原有的环境，尝试站在一个更客观的角度来看待自己所熟知的文化和故事时，我们就会获得更加丰富与全面的思考。以文化的冲击碰撞作为一面反思之镜，求同存异，把握平衡。未来的青少年既要有全球视野，也要脚踏中国根基，如此方能创造灿烂的人类文明。

（北京市海淀区红英小学　徐莹供稿）

6

借助鲁迅单元教学活动弘扬革命文化

鲁迅是伟人的文学家、思想家、革命家，新文化运动的重要参与者，中国现代文学的奠基人。阅读鲁迅的作品对于弘扬革命文化具有深远的意义。

鲁迅的作品是革命文化的重要组成部分。鲁迅的作品通过生动的故事和典型的人物不仅唤醒了民众对于社会现实的关注，也激发了他们对于革命事业的热情和追求。通过阅读鲁迅的作品，我们可以更深入地了解革命文化的内涵和精神实质。

鲁迅的作品具有深刻的思想性和艺术性。通过对社会现象的深入剖析和对人性的深刻挖掘，鲁迅提出了许多具有启发性的思想和观点。这些思想和观点对当时的中国社会具有指导意义，对当今时代仍然具有重要的启示意义。通过阅读鲁迅的作品，我们可以拓宽思维视野，提升思想境界，从而更好地理解和弘扬革命文化。

鲁迅的作品还具有强烈的时代感和历史感。他的作品往往紧密地联系着当时的时代背景和社会现实，通过生动的描写和深刻的思考，反映了那个时代人民的苦难和追求。这些作品不仅让我们感受到历史的厚重和深沉，也让我们更加珍惜当今来之不易的幸福生活。

因此，对统编版语文教材六年级上册第八单元即鲁迅单元教学进行研究是具有重要意义的。

六年级学生对作品中人物的理解较多地停留在表面，对人物的感知还显得肤浅。例如，《少年闰土》一课，学生只是记住了闰土的快乐和作者的不快乐；《我的伯父鲁迅先生》一课人物表达中的别有深意的内容，学生也不能很好地理解；尤其是《有的人》这篇文章，学生很难把鲁迅和文章中表达的精神相联系。

学生理解的快乐和鲁迅笔下闰土的快乐没有形成共鸣。现在学生所处的时代和鲁迅所处的时代还是有很大差异的，课文中很多事情作者没有展开描写，如雪地捕鸟等内容只是简单叙述，学生很难充分感受参与者的那份快乐。另外，关于那个时代人们的淳朴、善良，学生也只是在文章的细枝末节处感受到，似乎并不充分，与作者的共鸣没有充分形成，因此也就不能充分感受到作者的那份情感。

学生查阅资料比较程式化，在阅读这些资料时也不是很理解，只是简单地使用，尤其是很多的资料都是别人的评价，在没有充分理解的基础上又怎能借助这些资料来理解课文内容呢？所以在收集资料的基础上，只有帮助学生内化理解，借鉴运用，才能促进学生对文章的深入理解，语文要素才能真正地落实。

面对鲁迅作品的文本复杂性和语言独特性，即使是教师，在教学鲁迅单元时也会感到压力。一些教师对文本的解读也多流于表面，不够深刻。例如，在《好的故事》一课中，有些教师只是理解了鲁迅对美好事物的追求与歌颂、对理想的热烈憧憬，但对作者是如何表达出来的理解得还不到位。

怎样让学生对鲁迅的印象不趋于空泛和标签化？怎样让学生多途径、多维度走近鲁迅？我们创设了"致敬鲁迅"的单元任务，引导学生通过实践活动，更加多维、立体地感受有血有肉、崇高伟大的鲁迅形象，并且与鲁迅的作品进行深入的交流。

一、观赏纪录片，初识鲁迅先生

历史纪录片是一种对过去发生的历史事件进行重现的纪录片，刻画过去发生的事件、过去的人物，反映一个地区、一个时期的历史文化，具有纪实性等特点。其中，人物类历史纪录片是以真实的历史影像资料为载体，或是通过采访当事人的亲朋好友等方式来刻画真实历史人物的一种纪录片，能够多角度、多方位地还原人物。

本单元语文要素之一是"借助相关资料，理解课文主要内容"，而纪录片恰恰是帮助学生认识鲁迅、理解课文主要内容的重要资料之一，也是学生喜闻乐见的资料形式。在单元教学活动开展伊始，教师甄选了纪录片

《百年巨匠：鲁迅》。学生通过观看纪录片，从几个关键的、具有转折意义的年份，串联起鲁迅的一生；初识了鲁迅的形象——直竖着寸把长的头发、隶体"一"字似的胡须。随后，学生绘制了一张张关于鲁迅的手抄报，从不同角度介绍了鲁迅的生平和作品，还设计了形式多样的关于鲁迅名言的书签。

纪录片可以激发学生的语文阅读兴趣，帮助学生突破阅读难点，提升学生对文本美感的体悟。需要注意的是，教师要有筛选纪录片的专业素养，对纪录片要有针对性地使用，同时要坚持适度原则，立足学生实际。

二、阅读经典作品，走近鲁迅先生

在初识鲁迅的基础上，为了更好地走近鲁迅先生，体悟先生语言文字的魅力，教师带领学生开展单元整组教学，从鲁迅自己的作品和别人写鲁迅的作品入手，由课内阅读拓展到课外阅读，走近鲁迅，从不同角度了解鲁迅。

(一)阅读鲁迅作品，学习作品赏析方法，认识"文学大师"鲁迅

通过《少年闰土》，联读《故乡》《从百草园到三味书屋》，体会鲁迅对现实的强烈不满，以及其改造旧社会、创造新生活的强烈愿望。阅读《好的故事》，联读《朝花夕拾》《这就是鲁迅》，体会具有象征性的词语，理解鲁迅的苦闷和希望。

另外，在阅读的基础上借鉴文章写法，为后面习作做好准备。

　　(二)阅读他人笔下的鲁迅，借助资料，认识"生活艺术家"鲁迅

　　阅读《我的伯父鲁迅先生》《有的人》，联读郁达夫《怀鲁迅》、萧红《回忆鲁迅先生》、周海婴《我的父亲鲁迅》，深入感受鲁迅精神以及鲁迅对社会的巨大影响力。学生还收集了许多关于鲁迅先生生活逸事的资料，慈祥、幽默、智慧……鲁迅先生的形象越来越丰富了。

　　本单元课文内容在于激发学生进一步阅读的兴趣，以实现进一步认识鲁迅的目的。另外，恰当地引入一些课外的阅读资料，也为学生更加全面地认识鲁迅提供了基础。

三、鲁博研学之旅，与鲁迅先生的灵魂对话

　　为了让学生更加全面地了解鲁迅先生，教师先走进北京鲁迅博物馆，记录重点内容，并制作研学手册。

　　学生利用周末时间在家人的陪伴下陆续前往北京鲁迅博物馆参观学习。他们以教师精心设计的研学手册为依托，沉浸式地领悟和感受从书本和课外阅读中所学的内容。在任务的驱动下，每一个参观的学生都非常认真地阅读鲁迅先生每一时期的经历，并认真记录。

　　博物馆展出了大量的鲁迅的作品、遗物和鲁迅生平的资料，全面地展示了鲁迅先生的一生。鲁迅儿时的天真可爱、求学过程中的刻苦努力、弃医从文的决心、教书作文的用心、待人待事的真诚、多才多艺的素养、病重临终前的坚持等，都深深地打动了学生。学生们发现印象中那个表情严

肃、望之俨然的鲁迅先生有那么多可爱有趣又可敬可感之处，而这才是真实的鲁迅。通过参观，学生们充分了解了鲁迅先生的精彩生命瞬间，体会到了鲁迅先生忧国忧民的爱国情怀。

在研学中，我们也安排了一些有趣的内容。北京鲁迅旧居的格局与胡同里其他宅院是不一样的，它是由鲁迅自己设计的。通过探访鲁迅旧居，引导学生描述鲁迅旧居中每一间房屋的作用和设计的目的，引导学生发现这样的一位大先生也有着丰富的生活情趣。

研学活动不仅激发了学生进一步了解鲁迅的兴趣，而且在潜移默化中对学生的精神领域产生了影响，使其更加深切地感受到这位伟大人物带来的无限引领力量。

四、倾吐心声，传承鲁迅精神

本单元要求围绕"有你，真好"这个话题完成一篇习作。学生可借鉴《少年闰土》和《我的伯父鲁迅先生》的写法，即除了通过具体事例表现出人物特点，还可以借助场景描写表达情感。选择一个人，明确这个写作对象的"好"，借助事例和场景描写，表达自己的真情实感。

在实践活动基础上，学生对鲁迅先生有了比较深入的了解，这里的写作对象也可以设定为鲁迅先生。学生借助收集到的资料，用笔写下自己的所想所得——《有你，真好》，开展交流会，传承鲁迅精神。通过描绘鲁迅先生爱国爱民、用笔战斗一生的民族魂，表达对鲁迅先生的敬意。同时，由鲁迅精神想开去，宣传鲁迅精神。

五、精心策展布展，向鲁迅先生致敬

以单元整体教学为依托，教师引导学生通过实践活动将文本阅读与创意表达紧密结合，贯彻整本书阅读理念，在实践中学习，在学习中实践，学生们走近鲁迅，产生阅读鲁迅作品的兴趣，尝试读懂鲁迅，进而对鲁迅先生心生敬意。学生们设计了鲁迅主题墙、鲁迅相册、鲁迅书法等，展示他们眼中的鲁迅先生，宣传鲁迅精神。相信他们会成长为鲁迅笔下理想中的少年模样。

这次的实践活动对于理解鲁迅精神内涵、弘扬革命文化、增强民族自信都有着非凡的意义。

首先，鲁迅的作品虽然思想深刻，但其中不乏生动的故事和贴近生活的描写，这些都能吸引学生的注意力。通过参与实践活动，阅读鲁迅作品，学生可以初步接触中国近现代社会的历史背景，了解那个时代人们的生活和思想。在这个过程中，他们也能逐渐理解鲁迅所倡导的爱国主义、民族团结等精神内涵，从而形成对国家、对民族的深厚情感。

其次，鲁迅的作品中蕴含着丰富的革命精神和文化内涵。通过阅读，学生可以感受到鲁迅对旧社会的批判和对新社会的追求。在《朝花夕拾》整本书中，从故事的关联中，我们看到了鲁迅求实求新并最终弃医从文、从小我走向大我的成长之路。同时，鲁迅作品中的革命文化元素，也能帮助学生建立正确的历史观和文化观，培养他们的文化素养和审美情趣。

最后，阅读鲁迅作品还有助于学生增强民族自信。鲁迅在作品中多次强调民族的自尊和自信，鼓励人们要勇敢面对现实，坚定信念。这种精神对于学生来说尤为重要，可以帮助他们在成长过程中保持自立、自强的态度，面对未来的挑战和困难时更加坚定、自信。

　　总的来说，鲁迅生活的年代虽然距离现在较远，鲁迅的作品对于六年级学生来说理解起来可能有一定的难度，但是通过阅读交流以及一系列实践活动的开展，加上适当的引导和解读，学生完全可以从中受益。阅读鲁迅作品不仅可以帮助他们了解历史、文化和社会，还能培养他们的爱国情怀、革命精神和民族自信，为他们的成长和发展奠定坚实的基础。

　　　　　　　　　　　（北京市海淀区红英小学　王金梅供稿）

7

红歌传唱"映山红遍待英来"

红英小学积极采取多样化的方式，全力培养学生的爱国情怀。这不仅为学生成长为新时代的好少年打下了坚实的基础，而且为国家的未来注入了强大的精神力量。

红英小学始终坚持将爱党爱国教育融入艺术教育之中，以艺术为桥梁，传承红色基因，培育学生的爱国情怀。我们坚信，"以艺育人，以文化人"的教育理念能够让学生在艺术的熏陶中，既提升审美素养，又深化对党和国家的认识与情感。

巍巍明月山麓，菁菁红英校园。为了进一步深化爱党爱国教育，2023年5月17日至6月1日，红英小学举办了"映山红遍待英来"合唱节活动。学生们在激昂的歌声中感受党的光辉历程和国家的伟大成就，体会团结的力量和集体荣誉感，更在歌声中传承和弘扬红色文化，厚植爱国主义情怀。

学校师生根据统一的主题和构思，把党的百年历史用歌曲、舞蹈和诗词串连起来，艺术地再现历史场景，使观众从中受到教育、感染和鼓舞。具体实践包括四个部分——确定主题、选择曲目、学习排练、舞台呈现。

一、确定主题

(一)国家之传承

要培养学生热爱党、热爱祖国的情感，选择的曲目应凸显爱国主义情怀和集体主义精神，可以选取一些具有浓厚民族情感或表达爱国主题的歌曲，如《歌唱祖国》《没有共产党就没有新中国》等。

(二)学校之传承

红英小学原属驻地部队子弟学校，因着这份红色的传承，可以选取红军歌曲或抗战胜利的歌曲，来表达对红军、抗战英雄的敬意，如《四渡赤水出奇兵》，同时也可以考虑选取军事题材的歌曲，如《强军战歌》来突出学校的历史背景。

结合两个传承的指向，本次合唱主题确定为"映山红遍待英来"，关键词为"赞美""爱党""爱国"等。经过多轮讨论，主创团队确定了合唱节五幕的主题(见图 2-1)。

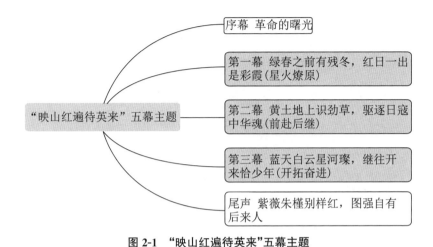

图 2-1　"映山红遍待英来"五幕主题

二、选择曲目

结合党的百年历史中的大事件——中国共产党成立、儿童团成立、长征、抗日、走进新时代、追逐中国梦，选择适合学生演唱的歌曲，同时在歌唱形式、节拍等方面再次做筛选，最终选定 12 首经典歌曲，加上 1 首原创歌曲《唱首赞歌送给党妈妈》，共 13 首（见表 2-4）。

表 2-4　筛选曲目

节拍	合唱	独唱	齐唱
2/4	《红星歌》 《保卫黄河》	《东方红》	《没有共产党就没有新中国》 《团结就是力量》 《歌唱祖国》
4/4	《四渡赤水出奇兵》 《不忘初心》	《红梅赞》 《唱首赞歌送给党妈妈》	《游击队歌》 《强军战歌》 《我们走在大路上》

13 首歌曲和五幕主题的关系如图 2-2 所示：

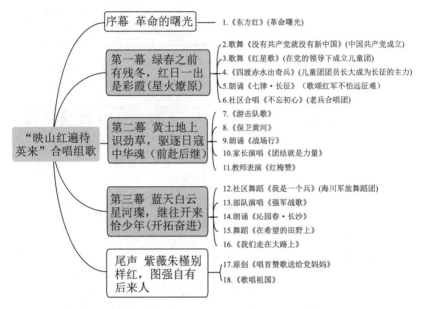

图 2-2 "映山红遍待英来"合唱组歌

三、学习排练

(一)歌曲学习

1. 了解歌曲产生背景

在学习歌曲前，引导学生收集资料，以了解歌曲创作的历史背景及含义。在学习歌曲时，通过含义讲解、故事讲述、视频展示等方式，引导学生深入了解歌曲产生的背景，并帮助他们更好地理解和传递歌曲所表达的情感。

2. 深入感受歌曲情感

在学习歌曲时，鼓励学生通过欣赏、演唱、讨论等形式，深入感受歌曲所表达的情感。引导学生分析歌曲的表现要素、歌曲中的情感起伏，观察歌词的表达细节，通过讨论和思考，让学生更加深入地理解和体验歌曲的情感内涵。

3. 实际体验与表达

在不断的学习和排练中，引导学生更加深入地理解歌曲，更好地展现歌曲，鼓励学生通过创作、写作或绘画等多种方式，表达他们对歌曲的理解和感受。

通过以上的学习和体验，学生能够更好地传递歌曲所表达的情感，对红色歌曲的理解和感受能力得以提升。通过参与活动，学生们对红色文化的认同与其情感得以连接。

(二)排练演练

1. 分班彩排

本次活动由五年级和六年级共同参与，进行三百人大合唱，是一项宏大而又具有挑战性的音乐活动。为了提高效率，从班级入手，借助音乐课堂统一进度。

2. 一课双师

利用五、六年级相交的音乐课，两位音乐教师一起指导，构建一课双师课堂。教师之间优势互补，教授学生歌曲背景、歌曲含义、演唱技巧和表现力。

3. 合排

利用音乐课堂合排，在班主任和家长的共同参与下，每一堂课都是有策划、有组织地进行，以保证合排质量。在彩排中，重点注意声部的平衡，合音的清晰、和谐，以及学生的表现力。

四、舞台呈现

(一)通过创设故事情境，营造真实的演唱情境

区别于传统合唱模式，本次合唱以两个主人公的对话情节为故事主线，串接整个剧目。学生不仅要唱歌，还要朗诵、舞蹈，此外还承担故事角色，推动剧情发展。

1. 对话渲染情境

爷爷和孙子通过一本泛黄的故事书展开对话。二人的对话串接整场歌曲。例如：

孙子："爷爷，咱们的新中国到底是怎样建立起来的呀？"

爷爷："这是一个充满千难万险的热血故事，你记住——没有共产党就没有新中国。"接歌曲《没有共产党就没有新中国》。

2. 舞蹈渲染情境

歌唱的同时有舞蹈的情境表演，歌曲之间的串接有舞蹈的承上启下。例如：

孙子："爷爷你看！书里有一个和我一样大的小朋友，他在干什么呀？"

爷爷："这个放牛娃小朋友是一个儿童团的小团员，你看，他正在给

红军叔叔报信呢!"

送信的舞蹈演员上台表演——一个学生扮演的放牛娃跑上舞台,把鸡毛信放进衣襟,跑下。

3. 画外音渲染情境

画外音作为故事发展的一种补充,烘托气氛,加强场景实感。例如:

画外音:"在爷爷的书橱里有一本泛黄的书,它静静地躺在那里。光阴流转,微微卷边的书页在无声地讲述过去的故事,惊心动魄而又厚重绵长。这本书是爷爷加入共产党后反复阅读过的,如今他郑重地交给了我。"(爷爷和孙子上场)

(二)舞蹈、诗词联动,多维度呈现舞台效果

舞蹈、诗词联动,整体构架活动。通过学习相关的舞蹈动作、朗诵相关的诗词作品,学生能够更加全面地理解歌曲的内涵,并将其融入演唱中,进而提升自身艺术素养。回顾过往,中国共产党走过的百年历程是艰辛而坚定的,舞蹈、诗文诵读的融入更能对其进行情境式的展现(见表 2-5)。

表 2-5 融合其他学科作品

学科	作品	展现形式	指向效果
舞蹈	《没有共产党就没有新中国》	红绸,矩阵	运用道具、队形、舞蹈、戏剧等要素,烘托歌曲和舞台的效果,成为整场活动的点睛之笔
	《红星歌》	五角星,舞蹈、戏剧	
	《在希望的田野上》	麦穗,舞蹈	
	《红梅赞》	扇子独舞	

学科	作品	展现形式	指向效果
语文	《七律·长征》	独诵、齐诵	将整场氛围推向高潮，引导学生更好地理解主旨
	《战场行》	独诵、齐诵	
	《沁园春·长沙》	齐诵	

(三)音乐创编、视频背景、舞美设计共同支持舞台展现

音乐创编是整个故事情境的基础，音乐教师以故事框架为前提，对选曲和背景音乐进行剪辑。

为了增强音乐的展现效果，制作了符合歌曲内容的视频，帮助学生更好地理解歌曲情境。

设计适合的舞台环境，提供更好的视觉支持，营造更具氛围的演出场景。例如，追光灯角度和走位都是经过严谨考量和实践的(见表 2-6)。

表 2-6　追光灯运用内容

追光灯	爷爷和孙子
	送信的舞蹈演员
	东方红主唱
	《战场行》朗诵者

小孩：(踢正步上台)军人叔叔雄姿英发，我长大后也要做一名顶天立地的军人！(踢正步下场)

(四)家校社多方互动，助力学生表演

此次班级合唱活动是家长参与度较高的一次活动，由于参加演出的家

长人数过多，不能以舞台的形式展现，便以快闪的形式展现，即在表演时家长从观众席起立，跟学生共同演唱。

社区的表演艺术团，也根据活动内容编排了新的作品。爷爷奶奶的倾情投入和飒爽英姿起到很大的榜样作用。

校长参与了组歌并亲自担任《红梅赞》的领唱，五年级和六年级的教师也通过参演情景剧助力学生演出。

以合唱节为载体，探索学校、家庭、社区协同育人模式。这次活动增加了家庭、社区对孩子成长的关注度，也是学校、家庭、社区共同为文化建设作出的一次重要探索和实践。

通过"映山红遍待英来"合唱节活动，我们看到了学生在增强文化自信、厚植爱国情怀以及弘扬革命文化方面的积极性与主动性。此次活动还有效地促进了学生美育核心素养的达成。学生在班级合唱中接受熏陶，在不断协调、磨合中形成良好的团队意识和协作精神。这些活动不仅丰富了学生的精神世界，也为他们的全面发展奠定了坚实的基础。我们期待在未来，这些活动能够继续发扬光大，让革命精神在新时代的学生中薪火相传，生生不息。

（北京市海淀区红英小学　单婷供稿）

第三章

教师是学生德育的榜样

1

让育人之花在师德枝头精彩绽放

教育就是一棵树摇动另一棵树，一朵云推动另一朵云，一个灵魂唤醒另一个灵魂。优秀的教师，不仅是"传道受业解惑"的良师，还是拨开迷雾、照亮心灵的引路人。

一、向阳而生　立德树人

亚里士多德说："人是一种寻找目标的动物，他生活的意义仅仅在于是否正在寻找和追求自己的目标。"从事英语教学工作以来，我一直热爱这份工作，认真贯彻党的教育方针，不断加强师德修养，锻造高尚的人格，热爱学生，积极进取，按照课程改革要求，培养德智体美劳全面发展的社会主义建设者和接班人。

教师是知识的化身，是智慧的灵泉，是道德的典范，是人格的楷模，是学生人生可靠的引路人，是学生美好心灵的塑造者。因此，我时刻以"德高为师，身正为范"这八个字提醒自己，无私奉献、以德立教、以身示教，用高尚的人格为每颗纯洁心灵的塑造而竭尽全力。为此，我主要通过以下几个方面努力提高自身的综合素质。

(一)学习新理论，积极参加教研，向名师学习

从身边的名师学起，坚持听名师的课，认真书写听课感受；与名师面对面交流，学习教学方法；模仿名师课堂，提高自己的教育教学水平。努力在备课、上课、评价等方面多学多问，尽快掌握教学常规工作的要领，展开对教材、教法和学情的研究分析，深入领会并具体展现学校优秀教育文化和先进教育思想。

(二)引领示范，积极承担更多的示范课

做好自己的本职工作，力争多出好课，承担更多的示范课。从进一步了解学生入手，从而更有效地把握课堂，捕捉课堂教学契机，帮助学生养成良好的学习习惯，引导学生积极主动地学习。教师素质提高的过程应当是在持续的自主实践中不断反思教学经验、调整教学行为、转变教学理念、提高教学技能的过程。通过设计教学方案、制作教学课件、开展课堂教学实践等，加强实践研究，不断进行教学反思与总结。

(三)积极承担课题，提高科研能力

提高总结经验的能力，加强反思，继续深化自我修养和学习教育理念，多参加学科竞赛，努力开展课题研究并有一定的成果，争取成为优秀的教师。研究新的理论，并应用于实践，每学期完成一篇论文，切实提高自身理论水平和业务水平，从不同方面为学生发展提供支撑。

(四)提升个人修养，坚守师德

树立现代学生观和人人观，学会以发展的眼光看待每一个学生。相信学生的巨大潜能，并努力去探索和发掘。在教育教学活动中以学生为主体，努力做到因材施教。

经常有目的地阅读教育教学方面的文章或著作，并有针对性地做笔记，养成撰写教学随笔的习惯，积极与他人交流学习体验和收获，提出疑难问题，总结经验和新思想。注重个人素质的培养，提升个人修养，坚守师德。

二、德育之雨　浸润心田

小学英语教学过程中的德育渗透是非常有必要的。教师在传授基本英语知识技能的同时也要注重德育，做到将德育与智育融合，引导学生全面发展。

(一)小学英语教学中的德育价值

《国家中长期教育改革和发展规划纲要(2010—2020 年)》明确指出，坚

持德育为先。立德树人，把社会主义核心价值体系融入国民教育全过程，把德育渗透于教育教学的各个环节，贯穿于学校教育、家庭教育和社会教育的各个方面。

《义务教育英语课程标准(2022年版)》指出，义务教育英语课程体现工具性和人文性的统一，具有基础性、实践性和综合性特征。学习和运用英语有助于学生了解不同文化，比较文化异同，汲取文化精华，逐步形成跨文化沟通与交流的意识和能力，学会客观、理性看待世界，树立国际视野，涵养家国情怀，坚定文化自信，形成正确的世界观、人生观和价值观，为学生终身学习、适应未来社会发展奠定基础。

相较于其他学科，在英语学科教学中渗透德育有一定的优势。英语是研究语言的学科，和其他一些学科相比，其教材中的德育元素更为丰富。教师根据学生成长所需，在传授英语知识和技能过程中进行思想品德教育，帮助他们养成良好习惯，树立正确世界观、人生观、价值观，从而实现其身心健康发展。要做到将德育和智育有机结合，让学生在获取知识的同时受到思想品德熏陶，形成优秀精神品质。

(二)小学低段英语绘本教学与德育融合策略

英语绘本教学与德育融合，即在尊重英语绘本教学规律及小学生认知规律的基础上，以课堂教学为舞台，以语言为载体，创新教学方法，将德育落实于英语绘本教学中。教师不仅要提高学生的语言运用能力，还要注重培养其良好的道德品质与行为习惯。

为了探究小学低段英语绘本教学与德育融合的策略，我以英语绘本课为分析的案例，进行探索和研究。具体策略主要包括以下三点。

1. 深入绘本，挖掘德育元素

只有深入挖掘英语绘本中的德育因素，才能进行德育实践。

(1)文本分析，发现其中的德育因素

首先要了解绘本文本，其次要根据学生实际情况对绘本的核心内容进行加工改造，使教学内容更适合学生，最后要研究发现其中的德育因素。

案例分析一：

绘本 *The Very Hungry Cat* 通过 cookies、sandwiches、pizza、cakes 等单词及其图片来体现主人公 Cat 吃了很多甜食，并且通过句型"Do you like…"和"Yes，I do."来讲述 Cat 遇到喜欢的食物就一直吃，导致吃得太多，身体变胖，体质下降，后来经过锻炼，Cat 又变得健康的故事。绘本旨在引导学生均衡饮食，养成健康生活的理念。

案例分析二：

绘本 *Froggy Gets Dressed* 通过 coat、shoes、shirt、mittens、hat、scarf、pants、socks、underwear 等单词和句型"He put on…"来描述穿衣服的顺序。通过小青蛙一次次回家穿衣服的画面，让学生体会到根据季节合理穿衣的重要性，也让学生了解到需要提高生活自理能力。绘本通过青蛙妈妈一次次的呼喊——"Froggy，did you forget to put something on?"引导学生感受青蛙妈妈对小青蛙的关心，进而感受深深的母爱。最后小青蛙回家睡觉，同时也为学生揭示了科学道理：青蛙会冬眠。

案例分析三：

绘本 *Blackberries* 通过熊妈妈寻找小熊的语言"Where is Baby Bear?

Father Bear，are you looking after Baby Bear?"和熊爸爸的语言"Where are you?"以及 shouted 这个表示着急语气的动词，引导学生感受小熊爸妈对小熊的担心与牵挂。小熊爸妈找到小熊后，一家人非常开心，其乐融融。绘本旨在引导学生感受一家人在一起的温馨。

（2）课件制作，挖掘隐藏的德育价值

绘本具有趣味性和连贯性，能够吸引学生的注意力。有些英语绘本中的道理可以被学生直接理解，而有些英语绘本中的道理需要教师引导学生去发现。这时，利用课件帮助学生发现道理就显得非常重要。

案例分析四：

在绘本 *Froggy Gets Dressed* 教学中，通过课件三次放大青蛙妈妈的话，也通过给青蛙妈妈加笑脸、爱心以及语句（见图 3-1），引导学生感受青蛙妈妈对小青蛙出去玩耍的担心，进而感受青蛙妈妈对小青蛙浓浓的爱。

图 3-1

2. 抓住时机，渗透德育

在英语绘本教学之中，需要抓住时机，渗透德育元素。

(1)创设情境感受德育元素

创设情境可以使学生更容易理解单元主题，增加学习的趣味性和真实性，引导学生融入其中，沉浸式学习，从而感受英语绘本中的德育元素。

案例分析五：

在绘本 *The Very Hungry Cat* 教学中，通过创设熟悉的餐厅环境，让学生真正沉浸其中，合理搭配饮食，引导学生在锻炼语言的同时，养成健康生活的理念。

(2)角色扮演诠释德育因素

角色扮演在英语绘本教学中比较重要。学生通过体验角色的心情、语言、动作等，深入了解绘本中的德育元素，进而体会并理解绘本中所蕴含的道理。

案例分析六：

在绘本 *Froggy Gets Dressed* 教学中，为了让学生更好地融入绘本的情境当中，我在图片环游环节引导学生进行角色扮演活动。学生对故事的理解不同，其表演的形式也有所差别，但是基本上都能够表现出青蛙妈妈对小青蛙的担心，也能够表现出小青蛙穿不好衣服、丢三落四的坏习惯。通过角色扮演，学生们明白了合理穿衣、提高自理能力的道理，也感受到了父母对自己的爱(见图 3-2)。

图 3-2

案例分析七：

在绘本 *Blackberries* 教学中，为了让学生更好地体会绘本中小熊爸妈对小熊的关爱之情，我在图片环游环节让学生利用教具，戴上头饰，进行角色扮演的活动。在摘黑莓环节，配上有趣的音乐，学生一边说句子一边做动作，体会一家人一起摘黑莓的快乐。在小熊爸妈找小熊的环节，让学生戴上头饰，进行角色扮演，引导他们感受小熊爸妈找不到小熊时的担心、焦急和恐惧。通过角色扮演活动，学生深切地体会到父母对孩子的爱，并从中懂得了不能随意乱跑，不让父母担心的道理，懂得了感恩父母，爱护家人。角色扮演活动使学生感受到小熊爸妈从开心到担心再到开心的变化，体会到父母、家人之间满满的爱意（见图 3-3）。

图 3-3

3. 强化英语绘本的德育价值

可以通过板书、特色学习单强化英语绘本的德育价值。

(1)板书加强学生德育自我构建

板书有利于学生及时跟上教师的授课思路，同时能够吸引学生的注意力。板书也会影响学生的逻辑思维，有示范和引导作用，让学生在加深对知识理解的同时，实现德育的自我构建。

案例分析八：

在绘本 *The Very Hungry Cat* 教学中，利用色彩鲜明的板书对食物进行分类(见图 3-4)，加深学生对食物的认知，利用句型增强学生选择对身体有益的食物的意识，引导其养成合理饮食的良好习惯。

案例分析八：

图 3-4

案例分析九：

在绘本 *Froggy Gets Dressed* 教学中，利用生动有趣的板书（见图 3-5）梳理绘本中出现的衣服单词，利用板书中的穿衣服的小青蛙图片帮助学生梳理穿衣顺序，并用句型强化穿衣服的语言。学生从中掌握穿衣顺序，从而提高自理能力。

图 3-5

案例分析十:

在绘本 *Blackberries* 教学中，利用色彩鲜明的板书(见图 3-6)加深学生对该绘本的认知和理解，利用脚印、图片、表情图和短语等帮助学生梳理故事情节和人物心情的变化，引导学生体会其乐融融的家庭氛围，进而懂得感恩和关爱家人。

图 3-6

(2)特色学习单加深学生德育认知

特色学习单可以引导学生将所学知识转化成自己的知识，从而加深对知识的理解。特色学习单能够促使学生积极思考，培养学生思维能力。

案例分析十一:

在绘本 *Froggy Gets Dressed* 教学中，利用生动有趣的学习单(见图 3-7)帮助学生加深按照季节合理穿衣的认知。学习单中显示春天到了，小青蛙可以出去玩了，但是小青蛙该穿什么衣服出去呢? 学生可以自己动手画一画理想的衣服，也可以从教师给的图片中选择衣服，然后贴在学习单上。在为小青蛙选衣服的过程中，学生加深了对穿衣顺序的认知，也加深了对按照季节合理穿衣的认知。学习单还让学生再次感知了科学道理：青蛙会冬眠。真正做到了学科育人。

图 3-7

案例分析十二：

在绘本 *Blackberries* 教学中，利用学习单（见图 3-8），让学生进行图文匹配，并以小组为单位对绘本进行复述。学生在复述的过程中加入了情感、动作等，再一次加深了对该绘本中心情变化的理解，从而加深了对家人间关爱的认知。

图 3-8

爱是打开学生心扉的钥匙，师德是教育学生的重要源泉。春风化雨，润物无声。屠格涅夫说："人生的最美，就是一边走，一边捡拾散落在路旁的花朵，那么一生将美丽而芬芳。"路曼曼其修远兮，吾将上下而求索。育人之路漫漫，我将继续且歌且行，不忘初心，坚守师德，用爱播撒希望，静待花开！

（北京市海淀区红英小学　弓志红供稿）

2

以德润心，与学生共绘成长画卷

序章　遇见陈晶晶老师

清晨的第一缕阳光还未完全挤走校园的宁静时，陈晶晶老师就已经站在了教室门口。与平日并无二致，她身着简单大方的衣服，头发轻轻束起，面带微笑地等待着学生们的到来。

小丽是班上的一个学生，她最近因为家庭琐事而心情郁闷，整个人显得有些消沉。陈晶晶老师注意到了小丽的情绪变化，但并没有在课堂上直接点破，毕竟每个孩子都有自己的小秘密和自尊心。下课铃声响过，陈老师走到小丽身边，轻声说："小丽，陪我一起走走，好吗？"小丽有些意外，但还是跟着陈老师走出了教室。

　　两人走在校园的操场上，陈老师并没有直接询问小丽的烦恼，而是聊起了自己年少时的种种。她告诉小丽，自己也曾有过迷茫和困惑，但最重要的是学会面对和解决。她的话语中没有丝毫的责备，只有理解和鼓励。

　　小丽听着，心中的结似乎慢慢地解开了。她感受到了陈老师的真诚和关心，也愿意敞开心扉与陈老师分享自己的困惑。她们就这样走着聊着，直到上课铃声响起。从那以后，小丽变得更加开朗了，学习成绩也有了明显的提升。她知道，这一切都离不开陈老师的关心和引导。

　　遇见陈晶晶老师，对于学生们来说，真的是一件很幸运的事情。陈老师用自己的爱温暖着每一个学生，引领他们走向更加美好的未来。

一、陈老师的"成长魔法"

　　你知道吗？陈晶晶老师似乎拥有一种神奇的"成长魔法"。这种魔法源自她对学生的深深关爱和对教育事业的执着追求。在她的悉心教导下，学生们如同沐浴在春风里的小树，茁壮地成长。

(一)言行中的"小秘密"

　　在陈老师的"成长魔法"中，最为显著的一点就是她言行中的"小秘密"。一些看似微不足道的细节，却默默地影响着学生。比如，每当学生回答问题时，陈老师总是身体前倾，全神贯注地倾听，不时地点头表示理解和赞同。这种倾听的姿态，让学生感受到了被尊重和被重视，从而能够更加自信地表达自己的观点。

小林是班上一个比较内向的学生，平时不太愿意与同学交流。在一次课堂讨论时，小林犹豫了很久才鼓起勇气发表了自己的看法。陈老师立刻捕捉到这个教育契机，她微笑着对小林说："小林，你的观点很有新意，我很欣赏你的勇气。你能再详细说说你的想法吗?"在陈老师的鼓励和引导下，小林逐渐打开了自己的"话匣子"，与同学们分享了自己的观点。

(二)魅力四溢的"人格宝藏"

除了言行中的"小秘密"，陈老师的"成长魔法"还包括她独特的"人格宝藏"。陈老师的人格魅力，就像一块磁铁，吸引着学生向她靠拢。她真诚待人、善解人意，总是能在第一时间发现学生的需求和困惑。无论学生遇到的是学习上的困难还是生活中的烦恼，陈老师都会用她的爱心和耐心去倾听、去理解、去帮助解决。

班上的学生小芳，因为家庭经济困难，缺乏自信，总是觉得自己不如别人。陈老师注意到了小芳的情况，她没有放弃小芳，而是用更多的关心和耐心去帮助她。陈老师经常利用课余时间给小芳辅导功课，鼓励她相信自己能够取得进步。在陈老师的帮助下，小芳变得自信乐观起来。

(三)责任与使命的"双重奏"

对于陈老师来说，教师不只是一份工作，更是一份责任、一种使命。她时刻牢记自己的职责，用心去倾听每一个学生的声音，用爱去浇灌每一棵成长的幼苗。

在陈老师的"成长魔法"中，最为重要的一点就是她对教育的责任感和使命感。她深知教育对于一个人、一个家庭乃至一个国家的重要性。因此，她不仅关注学生的知识学习，而且注重培养他们的思维能力和创新精神。在她的引导下，学生们逐渐找到了自己的方向和目标，勇敢地踏上了成长的道路。

为了让学生更好地成长，陈老师精心策划各种班级活动。从主题班会到学科实践活动，每一次活动都让学生收获满满。在这些活动中，学生们不仅学到了知识，而且学会了如何与人合作、如何解决问题、如何面对挑战。这些宝贵的经验将成为他们人生道路上的财富。

陈晶晶老师的"成长魔法"，就像一股清泉，滋润学生的心田；就像一束阳光，照亮学生前行的道路。在她的陪伴下，学生们勇敢地追逐自己的梦想，描绘出属于自己的精彩画卷。而陈老师，也在这个过程中收获了满满的幸福。她深知，自己的付出和努力都得到了最好的回报——那就是学生们健康快乐地成长和进步！

二、陈老师的"实践舞台"

（一）言传身教的"无声胜有声"

陈老师深知，教育不仅要传授知识，而且要通过自身的言行去影响和感染学生。因此，在日常的教育教学中，陈老师总是以自己的实际行动践行教育的真谛。

有一次，学校组织大扫除活动。当时，一些学生嫌脏怕累，不愿意参与，陈老师却二话不说，拿起扫帚，带头打扫起来。她认真清扫，不放过任何一个角落。她的行动感染了学生，学生们纷纷加入打扫卫生的行列。很快，整个教室被打扫得干干净净。

在这次活动中，陈老师没有说一句多余的话，但她用实际行动向学生们传递了一个信息：劳动是光荣的。这种言传身教的方式，让学生们深刻体会到了劳动的价值和意义。

除了劳动教育，陈老师在日常生活中也时刻注意自己的言行举止。她待人诚恳、热情，总是微笑着面对每一个人。她的这种乐观向上的态度也深深地感染了学生。在陈老师的熏陶下，学生们逐渐学会了以积极的心态去面对生活中的困难和挑战。

(二) 与学生共度的快乐成长旅程

在陈老师的实践舞台上，每一个学生都是主角。陈老师用爱心和耐心陪伴着学生们，和他们共同度过了一段又一段快乐的时光。

小莉是班上一个比较内向的学生，平时不太愿意与人交流。陈老师注意到了小莉的情况，便主动与小莉交朋友，了解她的内心世界。有一次，学校组织开展社会实践活动。陈老师特意安排小莉担任小组长，让她带领同学们完成任务。这个任务对于小莉来说是一个很大的挑战，但她并没有退缩。在陈老师的鼓励和支持下，小莉勇敢地担起了责任，带领同学们顺利完成了任务。这次经历让小莉变得更加自信和坚强，也让她收获了成长的快乐。

除了像小莉这样的个案关注，陈老师还注重培养学生们的团队合作精神和创新能力。她经常组织各种小组活动，让学生们在实践中学会相互协作、共同解决问题。这些活动不仅锻炼了学生们的能力，而且让他们在合作中感受到了集体的温暖和力量。

陈老师的实践舞台是一个充满活力和创造力的舞台。在这个舞台上，她用自己的言语和行动去影响和感染学生，用爱心和耐心陪伴着他们一起成长。

尾声 感谢有您，陈晶晶老师

陈晶晶老师站在校园门口，目送学生离开。很快，这批孩子也马上毕业了，她的心中充满了期待，因为她知道，这些学生即将踏上新的人生旅程，而她自己，也将继续在教育这条道路上探索前行。

在教育的道路上，陈晶晶老师始终怀着一颗年轻而热忱的心，不断探索、不断进取。她用自己的实际行动诠释着真正的师德。在她的引领下，学生们不仅学到了知识，而且学会了做人做事。她用自己的责任心和使命感，为学生点亮了一盏盏道德明灯，引导他们走向更加美好的未来。

展望未来，陈晶晶老师将继续坚守教育岗位，用她的智慧和热情去影响和感染更多的学生。她坚信，只要心中有爱、有道德、有责任，就一定能够培养出更多优秀的学生，为社会的发展贡献自己的力量。

（北京市海淀区红英小学　陈晶晶供稿）

3

和孩子们一起爱上朗读，一起成长

"国将兴，必贵师而重傅。"（《荀子·大略》）作为教育工作者，我们一个肩膀挑着学生的现在，一个肩膀挑着国家的未来、民族的未来。红英小学教育集团秉承"器识为先，必崇德明理，五育创新并举；文艺其从，更启智润心，一生向美而行"的教育教学理念，不忘初心，为党育人。

作为语文教师，我更加懂得，哪里有书声琅琅，哪里就有信心与希望。一路走来，从稚嫩的新教师成长为北京市骨干教师，我实现了自己儿时的梦想：和学生一起爱上朗读，一起在读书中成长。

在语文课堂上，我带着学生声情并茂地朗读，从江南的小桥流水到塞北的大漠孤烟，从孔子的"敏而好学，不耻下问"到孟子的"生于忧患，死于安乐"，从李白的"长风破浪会有时，直挂云帆济沧海"到文天祥的"人生自古谁无死，留取丹心照汗青"……书声琅琅中，我和学生们为祖国的大好河山赞叹，为祖国的灿烂文化自豪。在朗读中，学生们懂得了做一个中国人应有怎样的家国担当与豪情傲骨。

一、爱上朗读，鼓励我成为学生心中优秀的老师

爱上朗读是成为优秀教师的第一步。参加特级教师张光瑛的一次培训活动时，张老师让我们每个学员都试着读一读《搭石》这篇课文。还记得张老师微笑着说："老师们，请听清朗读的要求，从课文题目第一个字开始读，不读错字，不打磕巴，有感情地朗读，读错或有停顿就停下来，大家试试能读几句或几段话……"听了要求，我觉得很好玩、很轻松，但是自己读起来真不容易，明明很容易的一句话，一朗读出来，有时会情不自禁地打磕巴，有时还会读错字。我第　次朗读只读了四句话就出错了。张老师语重心长地对我们说："咱们是语文老师，朗读是基本功，朗读好，爱上朗读，是上好课的第一步，是成为优秀教师的第一步……"从那时起，我一直坚持一个习惯——在备课时，我会朗读该篇课文，读到满意为止。这样的朗读标准，我也尝试和我的学生一起挑战，学生们开始觉得很难，后来慢慢习惯，越读越好。

人民教育家于漪老师说："一辈子做教师，一辈子学做教师。"做一名学生喜欢的优秀小学教师是我儿时的梦想。我深知只有不断学习再学习，才能脚踏实地"学做教师"。我曾经参加过北京市青年教师课例小组，特级教师张立军带领我们一起读书，研究课题；参加过海淀区名师工作站，导

师特级教师陈延军和我们一起激情澎湃地朗诵爱国诗篇；参加过北京市特级教师工作室，李怀源教授与我们一起读书、分享读书感受。工作多年，感恩遇到的每一位指导过、帮助过我的教师。我总能听到他们鼓励的话语："你爱朗读，就发挥你的优势，和孩子们一起朗读，一起爱上朗读！"我坚持向身边的教师学习，向优秀教师学习。每学期，我都会努力做到"五个百"：听一百节课，包括国家、省、市级优秀研究课；读一百篇文章，包括各类教育教学文章；写一百页笔记，把读文章的收获记下来；读一百万字书，读专业书籍，和学生一起读名著经典；读一百首古诗文，主要是和学生一起朗读古诗文，鼓励学生展示朗读。在一起爱上朗读中，我和学生一起成长。

二、爱上朗读，我成为学生心中的骄傲

为了鼓励学生，我和学生一起参加市、区举行的朗诵比赛，我和学生都曾获得过一等奖；我主动参加学校的朗诵活动，站在舞台上会听到学生们大声高呼："我们班何老师！"我曾经有机会和电视台主持人一起主持活动，回到班里，学生们围着我说："老师，您真棒！"我还在教育电视台录制过五节《同上一堂课》，有的孩子看到节目后拍照发给我说："老师，您讲得真好！您朗读《少年中国说》时，我都和您一起朗读了。"亲其师，信其道。我成了学生心中的"骄傲"，他们更愿意和我一起朗读了。他们爱上学语文，也爱上这美好的世界……看到有些内向的学生，我也会分享参加朗诵活动时的感受："我紧张，害怕，担心，手心出汗，想打退堂鼓……"学

生听了我的真心话，会愿意听我说"后来呢……"通过分享各种亲身经历，我告诉学生，现在他们所遇到的一切困难和问题都是正常的。学生听了我的故事，愿意相信，愿意尝试……

三、爱上朗读，激励怯懦的内心大声说出"我能行"

我曾经教过一个学生小杰，他先天口齿不清，说话还有些结巴，在班里不爱说话，在课上几乎不发言。我主动与他的家长联系，了解他的情况。他的家长表示，由于口齿不清，小杰越来越自卑，越来越不爱说话，在家还能和家里人说一些话，到外面几乎就不说了，他们也非常着急。我和家长商量，想办法鼓励小杰大胆说话。我主动找到小杰，告诉他放学后和他打一会儿篮球，他听到后特别高兴。我们打完篮球坐在空荡荡的操场上休息，他开始说打篮球有多好玩。我发现，小杰说话时虽然不清楚，还有些结巴，但是他沉浸在快乐中，不停地说了好几分钟。我开始鼓励他："小杰，你刚才说得特别好，真希望你能告诉大家。"他低下头，不说话了。我告诉他说话不清楚没关系，我们可以练习，慢慢会好转。我站起来，大声朗诵《念奴娇·赤壁怀古》，给他讲古人克服困难的故事。看到他眼睛里有了希望，我鼓励他和我一起朗诵《念奴娇·赤壁怀古》："大江东去，浪淘尽，千古风流人物。"他小心翼翼地读了一句，声音极低。"就这样，小杰，再大声一点！你可以！""大江东去，浪淘尽，千古风流人物。""好！比刚才更清楚了！再来！今天我们就大声说这一句！"就这样，我们在操场大声地朗诵这一词句。朗诵了不知道多少遍，小杰越来越大胆，最后简直是呐喊，感觉是把多年压抑的情绪发泄了出来，浑身出汗，最后这一句朗诵得比较清楚，我把他朗诵的声音录了下来，让他听。"小杰，你听见了吗？你能行！"小杰不敢相信他可以做到，兴奋地绕着操场跑了两圈，最后蹲在操场中央哭了出来……那天，我和他的家长约定，每天放学后，小杰和我在操场上大声朗读20分钟再回家。家长也不断鼓励，小杰每天在家至少朗读1小时。我也会请小杰在班上展示，小杰越来越自信。

类似的例子还有许多，我相信爱上朗读会给受伤的心灵带来安慰，带来温暖。

四、爱上朗读，陪伴我们一起"读过"一段难忘的时光

我和学生交流如何朗读古诗时，总有学生说想再听听老师指导朗读古诗的部分，有的学生觉得有意思，希望再听一听；有的学生觉得没记住怎么停顿、怎么读出语气，希望再听一听……根据学生的需要，也为了更好地指导学生，我开始录制微课视频。为了让学生在轻松愉悦的氛围中学习朗诵古诗，我录制微课的题目是"今天我们来聊古诗"。

(一)聊　聊如何读准字音

我会请学生先自己朗读，发现读音中的一些问题后，再通过聊天的方式纠正字音，有时还会讲一讲关于这个字背后的小故事。例如，读王维的《九月九日忆山东兄弟》时，有的学生读不准"茱萸"一词。我们就先通过查字典，了解字音，再通过看图片、了解重阳节的习俗，进一步认识茱萸，

进而对整首诗有更深刻的理解。在朗读时，学生们不仅读准了字音，而且有了语气的变化。

(二)聊一聊如何读准节奏

我还是先听学生们发来的朗诵音频，发现节奏方面的问题后，根据问题，和他们一起了解诗意，再结合诗意画停顿线，进而引导学生读准节奏。例如，朗读苏轼的《题西林壁》："横看/成岭/侧成峰，远近/高低/各不同。不识/庐山/真面目，只缘/身在/此山中。"首先是指导学生多读，反复地读，要读准诗的节奏和重音；其次是在理解诗意的基础上练习读准节奏，熟读成诵。

(三)聊一聊如何读出情感

在聊古诗所表达的情感时，我加入了作者的人生经历、时代背景资料等内容。例如，读王安石的《元日》时，学生理解了"屠苏"是一种酒，"曈曈"是日出时光亮而温暖的样子，"桃符"是对联的前身，似乎没有什么难解之处。大意就是元日这天噼里啪啦的爆竹声送走旧的一年，春风吹暖大地，人人畅饮屠苏酒。初升的太阳照暖了家家户户，人们纷纷取下旧的桃符，换上新的桃符。全诗无不洋溢着春回大地、辞旧迎新的热闹喜庆。此时我引导学生："事实上除此之外，这首诗还有一层深意呢。作为一名推行新政的丞相，王安石在写作此诗时，也希望新政能给北宋王朝带来新气象，就像这春风初阳，暖透人心，照彻大地。"当学生对这首古诗有了全面的了解后，再朗读时，除了节日的喜庆之外，更多了一份对未来的憧憬。

从指导学生朗读古诗的微课，到指导朗读《论语》的微课，再到指导朗读课文的微课，3个月里，我共录制了40多节微课，分享给自己班级和全年级的学生们。

通过朗读，我和学生徜徉在语文课堂的书声琅琅中，这里是我们每个人的精神家园。我常常思考，语文是什么？——语文是对秦砖汉瓦的向往，是对唐诗宋词元曲的热爱；是对《西游记》的迷恋，是对《红楼梦》的崇拜。语文是大江东去的气势，是怒发冲冠的激情，是大漠孤烟的雄浑，是小桥流水的婉约；语文是"路曼曼其修远兮，吾将上下而求索"的执着坚定，是"至今思项羽，不肯过江东"的刚毅气节，是"竹杖芒鞋轻胜马，谁怕？一蓑烟雨任平生"的开阔旷达。作为一名语文教师，我只愿在课堂中，以朗读为开端，带领学生说铿锵有力中国话，写方方正正中国字，书洋洋洒洒中国文，做堂堂正正中国人。

（北京市海淀区红英小学　何小青供稿）

4

芳华坚守，初心育人

时间过得真快，不知不觉中我在海淀北部这片沃土上做小学教师已经三十三年了。海淀北部是一片充满活力和创新精神的土地，而教育则是这片土地的命脉。在过去的三十三年里，我在这里感受到了作为一名教师所肩负的重大责任，更见证了教育的力量和魅力。

一、心中有爱，传承精神

从走进校园的第一天开始，我就被身边的老教师感动了。他们热爱教育事业，兢兢业业地向孩子们传授知识。他们心中有爱，言传身教，让孩子们明确了自己的目标，提升了学习动力，树立了正确的人生观和价值观。

刚毕业的时候，我教一年级，班级管理、课堂管理都有很多问题，学校就安排了一位老教师带我。那位老教师倾囊相授，而且手把手地教我。让我印象最深的是，她干什么事儿都特别认真、特别细心。比如，学生的练习本的边角稍微有一点儿褶，她都要细心地捋平，每个学生的练习本皮上她都写上学号，她边写边告诉我，这样收本子时，缺了哪个孩子的本子就能及时地发现，进而了解学生的练习情况。她甚至连收本子的时候要一组正着、一组反着叠在一起，这样数量清楚又不会倒都叮嘱到了……方方面面，特别认真，特别细致。

让我印象深刻的还有，她的教室永远特别干净，因为她平时总在班里，发现哪儿脏，就给学生做示范，一点一点地教学生打扫。她对学生细致入微的引导和教育，令我心生敬佩。

老教师还特别爱学习。三十年前，我们学校附近的交通特别不方便，没有公交车，到区里参加教研活动，必须得先步行到主路上坐公共汽车。即使是这样，区里的教研活动大家也是一次不落。去学习都是纸笔记录，那时候办公也没有电脑，回来还要对教研活动时记录的内容进行整理，把有用的部分摘抄到另外一个本子上，作为资料留存。现在网络发达了，上网什么都能查着，但当时想了解教育教学前沿，只能看学校订的杂志，教师间传阅杂志，老教师会把好的文章抄写到学习本上，希望学习先进的教学经验，再用在自己的课堂上。

在老教师们的眼里，课比天大。为了上好一节研究课，他们几乎可以把家搬到教室来。有一位教师课上的一个环节是教学生炒菜，当时没有这么方便的手机录像功能，她为了将内容呈现得更清楚，便让她爱人请别人录那种大盘的成卷的录像带，再搬着录像机去教室给学生播放，让学生看清楚。她还把家里的锅碗瓢盆都搬到教室去，让学生有感性的体验。回想起来，那时候的教师们真的克服了很多困难，他们学习的精神、课比天大的信念令人佩服。我暗下决心，我要向他们学习，用真心尊重每一个学生，用行动关爱每一颗朴质的童心，传承前辈的教育精神。

二、以德为先，履职尽责

作为一名执行校长，我深知自己的责任重大。我始终怀揣着对日常教育教学工作的责任心，不断提升自己的专业素养和管理能力，为学校的稳步发展贡献自己的力量。

在教育教学工作中，我始终坚持以学生为中心，注重培养学生的综合素质和创新能力。我深入了解教师的教学特点和学生的学习情况，与教师们共同探讨教学方法和手段，推动课堂教学改革和创新。同时，我也注重自己的学习和成长，不断更新教育理念和教学方法，以更好地适应时代发展的需求。

在团队意识方面，我始终认为，优秀的团队是推动学校发展的关键。因此，我积极钻研业务，不断提升自己的教育教学水平，同时也积极引领青年教师进步，发挥老教师的传帮带作用。我注重培养青年教师的教育教学能力，为他们提供必要的指导和支持，帮助他们快速成长。同时，我也积极与教师们沟通交流，了解他们的需求和困惑，及时为他们排忧解难，营造和谐、积极向上的工作氛围。

作为一名党员教师，我深知自己的责任和使命。我始终以身作则，发挥模范带头作用，积极参与学校的各项活动，为学校的各项工作出谋划策。我注重与中青年教师的交流和合作，与他们一同探讨教育教学中遇到的问题，一同寻找解决方案。通过我的影响和带动，中青年教师的业务水平得到了显著提升，学校的整体教学水平也得到了进一步发展。

未来，我将一如既往地秉持对教育教学工作的责任心和使命感，不断提升自己的专业素养和管理能力，为学校的稳步发展和学生的健康成长贡献自己的力量。同时，我也将继续发挥团队意识和党员教师的模范带头作用，为学校的发展注入新的活力和动力。

三、深耕一线，不忘初心

在深耕教坛的过程中，我深刻地感受到了强国有我的责任与使命。我理解了教育不仅要传授知识，而且要培养学生的道德品质。在教育实践中，我注重引导学生关注国家大事，鼓励他们积极参与社会活动，培养他们的家国情怀。作为红英教育集团冷泉校区的执行校长，我始终坚持践行红英"人人发展观"——让每一个孩子都有走向卓越的机会。

教育是国家和民族发展的基石，是培养未来社会的主体的重要手段。作为一名教师，我深知肩负的使命与责任。我要通过自己的实际行动，为孩子们筑起坚实的成长阶梯，让他们真正成为有担当、有才干的社会主义建设者与接班人。

四、赋能教育，不辱使命

我于 2016 年担任红英小学冷泉校区执行校长。这个角色转换，让我从一线教师变成了管理者。我迅速转换角色，以阳光教育理念为指导，不断激活教师、学生、家长的能量，形成教师有活力、学生有能力、家长有动力的"育人能量场"。

(一)为教师的发展赋能

冷泉校区教师年龄偏大，克服教师的职业倦怠是我上任后的首要工作。我采取多种方式促进教师团队发展。一是借助"首席教师制""项目制"的管理模式，提升教师课程领导力，促进教师专业化发展。二是采用"捆绑制"，建构教师学习发展共同体。三是开展校本研训，提高教师持续的学习力。四是关注过程管理，强化教师解决问题能力。同时借助"邀请课"活动、"韺韶杯"教师赛课活动、区教研活动，促进校区教师团队力量不断提升。让我欣慰的是，我所指导的多位教师在国家、省、市级竞赛中成绩优异。我培养的多位优秀教师也被调派到其他校区成为中坚力量，为海淀北部教育教学作出了贡献。

(二)为学生的未来赋能

我坚持以学生为主体，为每一个学生创设不同的学习经历。担任执行校长八年以来，我组织开展了六届经典诗文诵读活动，帮助学生积淀传统文化底蕴；开展了五届班级合唱节及美术展，引导学生感受美、欣赏美；连续五届的1～2年级"故事大王"、3～5年级"班级演讲"及六年级"小课题研究"活动，培养了学生的表达能力、问题意识及思辨能力。这些活动为孩子们打开了不一样的多彩生活空间。

(三)为家校共育寻找支点

在集团的引领之下，我利用一切机会宣传家长在孩子教育中的重要性，充分鼓励家长参与到学校、社区活动中来，以此构建学校、家庭、社会共育场域。现在，冷泉校区每年都有三分之一的家长以志愿者、家长讲师、学术导师等身份参与到学校的活动中、参与到学生的成长和教育中。这些带来的不只是学生的发展，更是家长对教育的认识的不断提高！

一个人遇到好老师是人生的幸运，一所学校拥有好老师是学校的光荣，一个民族源源不断地涌现出一批又一批好老师则是民族的希望。作为执行校长，我将继续用一片赤诚关心每一位教师的成长，为培养出一批批优秀的教师贡献自己的力量，为广大教师的发展提供更广阔的舞台。

海淀北部是一片沃土，教委为每一位北部教师创设多元发展的平台，让每一位教师看到希望，让每一个学生享受高质量的教育。在"躬耕教坛，强国有我"的实践中，我们每一个人都是主角。我们要肩负起历史的重任，以饱满的热情投身于教育事业，为促进海淀教育高质量发展贡献力量，擦亮海淀教育的"金名片"！

(北京市海淀区红英小学　胡芳供稿)

5

德润心灵，播种阳光

师德师风建设不仅关系到教师的个人发展，也关系到教育质量的提升和学校文化的塑造。学校、教师和家长应该共同努力，营造一个以德育为核心的教育环境，为学生的未来打下坚实的基础。

北京市海淀区红英小学，一个充满活力与希望的地方，它有一个好听的名字，叫作阳光岛。在这个阳光普照的地方，学生每天都沐浴在温暖的阳光下，快乐地学习和成长。秉承阳光教育理念，学校不仅关注学生的道德发展，而且重视师德师风的建设，以营造更加和谐的教育环境。

李老师，一位资深的数学教师，他的课堂曾经是学生最期待的地方。他的严谨和专业让学生敬佩，他的幽默和热情让课堂生动有趣。但最近，李老师似乎变得有些不同：他的耐心在减少，对学生的批评却越来越多，他的课堂上的气氛也变得紧张起来。这种现象也会出现在我们日常工作中。作为教育者，我们深知教师的情绪和态度对学生的影响是深远的。如何帮助李老师找回他的教育热情和师德光辉，成为学校德育处重点思考的问题。

一、开设师德培训工作坊

学校开设师德培训工作坊，邀请教育专家和资深教师分享他们的教学经验和师德故事。这些工作坊不仅为教师专业化成长提供了机会，也强化了教师对学生的责任感。在这些工作坊中，教师们听到了许多关于以爱心和耐心对待学生的感人故事。这些故事像阳光一样照亮了教师们的心，也让教师们反思自己的教学方法和态度。

二、定期进行师德反思与教师评议

学校德育处定期组织教师进行师德反思，通过写教学日记、参与同行评议等方式，自我审视和提升师德修养。教师们根据教学日记，回顾自己的教学过程，思考如何更好地与学生沟通和互动。同时，德育处联合教学处定期组织教师之间的评议活动，引导教师相互观摩课堂，并提出意见和建议。这种同事之间的支持机制，不仅让教师感受到了同事之间的温暖和支持，还让教师能够更多地从"育人"的角度去思考班级管理和学科建设。这种自我监督和同行支持的机制，能够帮助教师保持自我提升的动力。

三、通过"我的育人故事"树立师德榜样

学校设立了"红英之光"的奖项，表彰那些在师德师风方面表现突出的教师。同时，开展"我的育人故事"活动，将优秀教师管理班级及培养学生的好经验进行分享、交流和宣传，以帮助更多的教师。这些榜样的树立，不仅激励了全体教师，也激励了学生。正能量场域的影响，使得教师们纷纷将成为学生心目中的"阳光教师"作为自己的践行目标。

四、多元加强家校沟通

学校借助家校沟通加强师德建设。通过主题活动、家长会、家访、问卷调查、家长导师制等，收集家长对教师道德的反馈，确保教师的行为符合德育标准。

在红英小学，对于学生、教师和家长来说，每个人都是与众不同的，每个人都能获得成功。这份成功更多的是每个人都能在红英大家庭中找到自己的位置，找到自己的生长点，每个人都能发光。在红英小学，家长导师制无疑成为考量师德师风的新形式。"家长导师"分为生活导师、生涯导师和项目导师，每一种导师身份都被赋予了不同的含义和定位。

生活导师，以志愿者身份参与学校日常教育工作，如校门口值守，布置班级环境，在活动中协助化妆、整理服饰等。在真实学校生活中，家长自觉规范自己的言行，在倾心服务学生的同时，也成为学生的榜样，用自

己待人接物的具体行为影响学生的言行举止。

生涯导师，分享自己的人生体会与感悟，或结合自己的工作研究，或结合自己的兴趣爱好，为学生打开通往认知世界的一扇扇精彩的窗户，用激情与智慧为学生的人生发展提供支持。

项目导师，具有一定的多媒体技术能力、较强的思维能力、组织协调能力，在学校主题实践活动中，用自身理性、专业的知识与能力提升学生的认知、思维与能力，让学生得以站在家长的肩膀上更好地支撑自身全面、深入地学习、发展。

教师需要更加注重与家长的沟通，了解学生的个性特点，以便更好地指导他们。教师要认真听取家长的反馈，意识到自己的改变不仅关乎个人，而且关乎学生的未来。

五、建立师德监督机制

每学期初，学校会组织教师进行师德师风的专题学习，明确教师"十不准"，并签订《红英小学教师师德师风承诺书》。除此之外，学校还建立了以"龙卡"为评价载体的师德监督机制，从教师画像的明确到教师评价指标的梳理，对教师教育教学行为进行评价；鼓励学生和家长对教师的不当行为提出反馈，学校对这些反馈进行认真处理，确保问题能够得到及时的解决。随着"龙卡"的实施，教师对这些反馈持开放态度，他们知道这是帮助自己成长的机会。

随着时间的推移，教师们的教学态度有了显著的变化，他们变得更加有耐心，课堂上的气氛也变得更加和谐。当然，学生们也感受到了李老师的变化，他们的学习热情被重新点燃。我们明显地感到，教师和家长之间的关系更加融洽，沟通也更加顺畅。教师们更加注重以身作则，用自己的言行影响学生。学校的整体教学质量也得到了显著提升，学生在这样的环境中茁壮成长，家长对学校的信任度和满意度也在不断提高。

师德师风建设在学生成长过程中的作用如下。

其一，塑造学生品格。教师是学生模仿和学习的对象。教师的言行直接影响学生的行为模式和道德观念。良好的师德师风能够为学生树立正确的榜样，引导他们树立正确的世界观、人生观、价值观。

其二，建立信任关系。教师的亲和力和公正无私能够使学生建立起对学校和教育的信任。这种信任是学生愿意参与学习、遵守规则和积极面对挑战的基础。

其三，促进学生全面发展。教师不仅是知识的传递者，而且是学生心理发展、个性发展与社会性发展的引导者。良好的师德师风指引教师关注学生的全面发展，提供多元化的教育活动，激发学生的兴趣和潜能。

其四，营造积极学习环境。一个以师德师风建设为核心的教育环境能够为学生提供安全、尊重和支持的学习氛围。这样的环境有助于学生建立积极的自我形象，增强自信心和学习动力。

其五，提高教育质量。教师的专业精神和教育热情直接影响教学质量。师德师风建设能够激励教师不断提升自己的专业水平，采用更有效的教学方法，从而提高教育的整体质量。

其六，促进家校合作。良好的师德师风有助于加强家校之间的沟通和合作。家长更愿意参与到学校的活动中，与教师共同关注和支持孩子的成长。

其七，增强社会责任感。通过师德师风建设，教师积极培养学生的社会责任感，学生学会关心他人，参与社会服务，进而成为有益于社会的公民。

其八，预防问题行为。良好的师德师风有助于预防学生的问题行为。教师的正面引导和及时干预能够帮助学生学会适当地表达情感，解决矛盾和冲突，避免不良行为的发生。

教师的每一个微笑、每一次鼓励、每一次倾听，都是学生成长道路上的阳光。师德师风建设不仅能够提升教育质量，而且能够塑造学生的品格，影响他们的一生。在红英小学，每一位教师都在努力成为学生心中的阳光，用他们的师德师风照亮学生的未来。

（北京市海淀区红英小学　张琦　付继新　胡静　王嘉卉供稿）

6

星星火炬伴成长，踔厉奋发向未来

　　红英小学少先队坚持以习近平新时代中国特色社会主义思想为指导，深入贯彻落实习近平总书记关于少年儿童和少先队工作的重要论述，牢牢把握为党育人、为国育才的根本任务，着力加强党团队一体化建设。在全体少先队辅导员的共同努力下，红英小学少先队坚持立德树人的培养路线，积极开展各项少先队活动，充分发挥少先队组织独特的育人功能，扎实落实少先队工作，开展独具特色的组织教育活动、自主教育活动和实践活动，不断推进组织创新和工作创新，实现新跨越。

一、深化少年儿童思想引领

始终坚持和加强党对学校工作的全面领导，以红英小学"党员先锋岗"党建品牌引领学校全面发展，实现党建带领队建，党员带动队员的全面融合，在少先队员心中种下爱党爱国的种子。党员教师以身作则，树立榜样，从入校到每周仪式都给学生以引领示范。

二、加强少先队组织阵地建设，渗透队员价值观

学校充分发挥少先队队室、红领巾广播站、鼓号队和红领巾志愿岗等阵地的作用，促进少先队教育经常化和少先队员的个性化发展。

学校统筹安排各项日常工作，如每周一举行升旗仪式，并进行国旗下讲话，各项分工责任到人，规范且井然有序。充分利用不同节日，开展爱国主义教育，传承先锋精神。

红领巾广播站每周一中午进行常规广播，阳光电视台每周二中午进行播放。广播及播放的内容以校园生活为主，展示学校、少先队员良好的精神风貌，深受学生们的喜爱。

少先队鼓号队是少先队组织文化的标志，是少先队开展组织教育、自主教育、实践教育的重要载体，体现着少先队组织的精神风貌。红英小学鼓号队在 2023 年 10 月参加了"童心向党 鼓乐激昂"首都少先队鼓号队风采展示交流暨海淀区第十届红领巾鼓号队风采展示活动，并荣获"最佳风

貌奖"。

学校每学期经4～5年级推荐，组建红领巾志愿服务小队。提高志愿服务小队干部的管理能力，设立"红领巾监督岗"，定点定岗，对标对表，精细量化评分。红领巾志愿服务小队去到养老院、社区等进行公共服务。

三、深化队伍建设

为深入贯彻落实习近平总书记关于少年儿童和少先队工作的重要论述，进一步加强少先队辅导员队伍建设，学校少先队建立健全"大队—中队—小队"组织管理体系，积极组织大队、中队辅导员进行少先队业务学习培训，强化辅导员的政治素养和实操技能。

大队辅导员参加了2023年北京市少先队辅导员轮训班，参加了学区辅导员工作室第一期培训，积极撰写并展示少先队活动课案例，以更专业的姿态服务于学校的各中队。同时，学校也注重提升中队辅导员的专业素养。每学期定期开展中队辅导员专题培训，以提高其业务水平。

我校小宇宙中队在中队辅导员肖怡平的带领下积极参与街道社区、青少年宫等校外活动，认真对照"习爷爷教导记心中"活动成效好、组织建设示范好、红色实践教育开展好、学习英雄榜样氛围好、"五小"活动社会影响好五条标准，开展卓有成效的创建活动，被评为2023年度全国红领巾中队。

为全面增强少先队员主人翁意识，加强少先队干部队伍建设，学校每年通过队员自荐、中队推荐、全校选举的流程，选拔大队干部，定期召开会议。红英小学大队部定期召开队干部会议，利用每一年的入队仪式积极开展"少代会""文明中队"评选等活动，鼓励少先队员为学校发展建言献策，锻炼少先队员自主管理能力。例如，大队部成员提出"失物招领"的提案，由大队长担任首席，从方案策划、招募令的设计、作品的收集、最佳制作奖和最佳创作奖等的评选到最后作品的完成，都是队员们集思广益、相互协作的结果。少先队员在活动中充分实现个人成长，成为学校管理的"小主人"。

中队辅导员先后开展不同主题的宣讲活动。少先队队课有计划、有主题，注重实践性、活动性。各中队认真落实每周一节的中队课。中队课以辩论会、读书会、辅导员宣讲等多种形式呈现。少先队员在学习中树立正确的理想信念，勇敢地担负起时代大任，去拼搏、去奋斗。

融拓家校社资源，开展主题寻访。挖掘学习扎根一线、爱岗敬业的先锋榜样。邀请先锋榜样进校，引领少先队员成长。

四、以队员成长为落脚点，全面培养时代新人

为贯彻阶梯式成长理念，学校创新构建"红领巾奖章"机制，把少年儿童政治启蒙、价值观塑造和德智体美劳教育目标量化为"奖章"，用组织文化熏陶感染，从源头培养少先队员的荣誉感和组织归属感，有效激发少先队员的创新精神和实践能力。

学校开展红领巾争章活动，促进少先队员个人成长。以开展分批入队活动为契机，建立红领巾争章细则。结合校情，通过大队、中队，分层分

级争章，评选校级 1 星章中队和 1 星章队员，颁发红英勋章。

五、丰富主题活动，突出实践育人特色

开展形式多样的少先队主题活动，突出实践育人特色。

(一)夯实红色教育理念，筑牢少先队思想根基

以思想引领为先，将红色教育与思政育人紧密结合，学校积极开展各项活动，引导少先队员将社会主义核心价值观内化于心、外化于行，厚植少先队员爱党、爱国、爱社会主义的朴素情感。

学校鼓励少先队员积极参与"红领巾爱首都"主题活动，线上通过小程序组织少先队员打卡，利用中轴线故事、资料图片、历史视频、"北京中轴线文化遗产"知识 100 问等，完成设定任务，线上争章；线下组织少先队员参与"红领巾爱首都"文化交流营活动。此外，学校还组织少先队员走进吉祥大戏院，探索中华优秀传统文化的内涵。

学校倡议少先队员利用节假日实地打卡中轴线周边的名胜古迹，感受首都一步一景一故事的历史文化景观。

学校组织了"争做新时代好队员"系列活动。我校的少先队员线上积极学习、打卡，线下多次进行红领巾讲解实践活动。中队辅导员及校外辅导员充分利用革命旧址、纪念馆等资源，开展研学实践打卡活动、红领巾寻访活动、童心向党活动等，将红色的种子深埋在少先队员的心底。

学校组织少先队员开展研学实践，通过研中学、学中研、研中思、思

中行，引导少先队员听党话、跟党走，不断增强其热爱党、热爱祖国、热爱人民的朴素情感。学校还组织开展了爱国主义巡展活动、捐赠衣物等献爱心活动、民族一家亲书信活动等，在实践浸润中厚植少先队员的爱国情怀。

(二)强化创新实践主题，延伸少先队活动

学校以少先队员日常行为规范的养成教育为重点，以丰富多彩的活动为抓手，突出少先队员的实践与体验，坚持学校、家庭、社会多位一体，把少先队主题活动与学校德育工作有机整合，以蓬勃向上的姿态，点亮学校少先队组织的火炬。

学校以多元探索为方向，依托儿童节、建党节、建队日等重要时间节点，开展主题实践活动；从法治教育、安全教育等方面，进一步增强少先队员的法治观念和自我保护意识。

新时代赋予新使命，新征程承载新梦想。红英小学将进一步全面加强党团队一体化建设，抓细节，促进步，高举队旗跟党走，踔厉奋发谱新篇，为红领巾增添新时代的荣光！

(北京市海淀区红英小学　边玉函供稿)

7

本能之举：舍身护生的无悔选择

金辉洒落的九月午后，红英小学的孩子们，如同一群欢快的精灵，跃出了校园的大门，投身于大自然的怀抱，参与一场别开生面的校外体育盛宴。孩子们在场地上奔跑，欢呼声和笑声交织，整个运动场充满了活力和生机。

贾老师站在场地边缘，微笑地看着她班上的学生们热情地比赛。她的眼中充满了骄傲和喜悦，每一个孩子都是她心头最珍贵的宝贝。她的目光从一个孩子身上转移到另一个孩子身上，仔细地观察着他们的表现，期待他们每一个人展现身上蕴藏的能量和潜力。

突然，一阵尖叫声打破了原本的祥和，一只失控的疯狗突然冲进了运动场。它狂吠不止，四处乱窜，吓得孩子们惊慌失措，四处奔逃。贾老师的心一下子揪了起来，她立刻转过头去寻找声音的来源。她的目光锁定在场地内的一个角落，那里站着一名五年级的学生。学生惊恐地望着那只冲着自己而来的疯狗，脸色苍白。他完全被突如其来的疯狗吓呆了，站在原地一动不动。

本能告诉贾老师，现在是保护孩子的时候。她的心脏疯狂地跳动，一股强大的力量推动着她。她知道此时自己必须尽一切努力保护这个孩子，哪怕付出生命。她毫不犹豫地冲向了那个惊慌失措的孩子，试图用自己的身体为孩子筑起一道安全的屏障。

疯狗变得更加狂躁，它张开大嘴，朝着贾老师猛扑过来。贾老师心中一凛，但她没有退缩，而是迎着疯狗的攻击冲了上去。她用自己的双臂紧紧地护住了身边受伤的孩子，用自己的身体挡住了疯狗的撕咬。她的心里充满了对孩子的爱和责任，她知道自己必须挺身而出，做保护孩子的最后一道防线。

一阵剧痛传来，贾老师感到自己的小腿被疯狗的利齿深深刺入。鲜血顺着她的腿流了下来，染红了草地。然而，她没有发出一丝呻吟，而是咬紧牙关，强忍着疼痛，坚持保护着身边的孩子。

疯狗疯狂地撕咬贾老师，贾老师的腿部血迹斑斑，伤口深可见骨。贾老师却没有丝毫退缩，她拼命地挣扎着，不让自己被拖倒。她的眼神中透露出一种坚定，她深知自己是这个孩子唯一的希望，她必须坚持到最后一刻，才能守护住这个孩子，才能让孩子回到他温暖的家。

那一刻，贾老师不只是一位教师，她还是一位英勇的战士、一位守护孩子的英雄。她的坚韧和勇气深深地震撼了在场的每一个人，她的无私奉献和大爱精神深深地感动了在场的每一个人。

在随后赶来的安保人员的共同努力下，疯狗最终被制服并带走。贾老师因为伤势过重，被紧急送往医院接受治疗。医生对她的伤势进行了仔细的检查，伤口深度超出了想象，需要紧急手术。手术持续了两个小时，贾老师的腿部缝合了六十多针。其间，贾老师没有一丝怨言，反而不断向医护人员询问孩子有没有受伤，情况怎样……她还通过电话不断地鼓励孩子要坚强、要勇敢。她的心中只有对孩子的担忧和牵挂。

住院治疗的日子对于贾老师来说，既漫长又充满挑战。由于伤口过深，无法通过植皮修复，贾老师每天都要忍受剪掉新生肉芽的剧痛，这样的折磨持续了三个月。出院后，贾老师需要借助双拐才能行走，而且伤口愈合缓慢，长时间站立都会感到剧痛。长期不能行走的腿像踩着棉花，贾老师每走一步都充满了艰辛。

随着时间的推移，贾老师的伤势逐渐好转。她开始尝试着脱离双拐，慢慢行走。虽然每一步都显得小心翼翼，她的脸上却始终洋溢着坚定的笑容。贾老师从未放弃过对孩子们的关爱和关注，她时常与孩子们交流，鼓励他们积极面对生活、学习中的困难。她知道，还有更多的责任和使命等待自己去完成……

重新回到学校的贾老师，受到了师生们的热烈欢迎。孩子们纷纷围上前来，向她表达关心和敬意。他们为有这样一位勇敢的老师而感到幸福和自豪。贾老师则谦虚地表示，自己只是做了一名教师应该做的事情。回忆起那段往事，贾老师说："其实我胆子也不大，只是出于一种本能，不能让疯狗咬了学生。"

　　贾老师的事迹感动了整个学校，她被誉为"守护孩子的英雄"。她的勇气和坚毅感染了学校的每一个人。贾老师的事迹也在社会上引起了广泛的关注和赞誉，周围社区的人们纷纷称她为"舍身护生的英雄教师"。

　　如今，贾老师已经度过了那段艰难的时光，她的生活也逐渐回到了正轨。她依然坚守在教育的岗位上，用她的智慧和爱心引领着孩子们走向更美好的未来。对于贾老师来说，这些荣誉并不重要，她更看重的是孩子们的成长和进步。她希望每一个孩子都能健康快乐地成长，成为有用之才。

　　贾老师，用一次舍身护生的无悔选择，教师的本能之举，诠释了教师职业的责任与担当，展现出真正的师德风范。贾老师用她的爱心和勇气守护着每一个孩子的梦想与未来。她的精神将激励着我们，让我们在教育事业中不断努力、追求卓越，为培养更多优秀的人才贡献自己的力量。同时，她的事迹也让我们深刻认识到，教育不仅仅是知识的传授，更是一种情感的传递和精神的传承。

　　让我们以贾老师为榜样，用爱心和责任心去关爱每一个学生，用智慧和勇气去面对教育中的挑战和困难，从而书写属于我们自己的教育篇章。

（北京市海淀区红英小学　贾英伟　张慧供稿）

第四章

立德树人是教育的根本任务

1

以情育人，深化感恩教育

德育主题月是学校对学生进行素质教育的重要契机。那么，我校德育主题月工作的整体思路是怎样的呢？

首先，以爱国主义教育为主线。爱国主义是学校德育的重要内容。在德育主题月期间，学校会组织各种形式的爱国主义教育活动，如组织观看爱国主义影片、组织参观革命历史遗址、举行爱国主义主题班会等，让学生深入了解祖国的伟大历史和民族精神，激发他们的爱国热情和民族自豪感。其次，以行为规范养成教育为基础。学校教育不仅要传授知识，而且要培养学生的良好行为规范和道德修养。在德育主题月期间，学校会加强学生日常行为规范教育，引导学生养成良好的行为规范。同时，学校注重培养学生的道德修养，引导他们学会尊重他人、关心他人、帮助他人，形成良好的人际关系。此外，学校还会切实落实党的教育方针，努力提高教师队伍的德育水平。教师是德育工作的重要力量，他们的言传身教对学生的影响是深远的。因此，在德育主题月期间，学校会加强对教师的培训和考核，以提高他们的德育水平和专业素养，使他们能够更好地引导学生健康成长。

在德育主题月期间，学校还会探索有效的德育方法与途径。除了传统的课堂教学外，学校还会采用多种形式的教育方式，如社会实践、志愿服务、文化艺术活动等，让学生在实践中体验德育的内涵和价值，提高他们的综合素质和创新能力。同时，学校在设计德育主题月活动时，也会遵循一些基本原则和目标。其中，坚持以学生为中心是最重要的原则。学校会充分考虑学生的需求和特点，以他们的成长和发展为出发点与落脚点，为他们提供丰富多彩的教育资源和活动平台。另外，创建和谐的校园文化环境也是学校德育工作的重要目标之一。学校注重营造积极向上的校园氛围，如举办各种文化活动和艺术表演，使学生感受校园文化的魅力和内涵，培养他们的审美情趣和人文素养。

下面结合母亲节班会活动，介绍我校德育主题月活动案例。

一、"感恩母亲，传承美德"主题班会

为了弘扬中华民族的传统美德，学校德育处精心组织了以"感恩母亲，传承美德"为主题的母亲节班会活动。此次活动旨在通过讲述经典故事、播放影片等，引导学生理解感恩的深刻内涵，同时加强家校联系，共同促

进学生健康成长。

　　班会伊始，教师以深情的口吻为学生们讲述一个个关于母爱的经典故事，这些故事使学生们深刻地感受到母爱的伟大和无私。随着故事的展开，学生们的脸上流露出感动和敬仰之情，他们纷纷表示会更加珍惜与母亲相处的时光，用实际行动回报父母的养育之恩。为了让学生们更加直观地感受母爱的伟大，教师还播放了一部感人至深的影片。影片中的母亲为了孩子的成长付出了无尽的辛劳，她的坚韧和付出让在场的每一个学生都深受触动。在观影过程中，许多学生流下了感动的泪水。为了让这次班会更加丰富多彩，各班还邀请了部分家长参与。家长们不仅分享了家庭教育的经验和心得，还与学生们共同探讨了如何更好地传承中华优秀传统美德。这种亲子互动的方式，不仅增进了学生与家长之间的情感交流，还让学生在潜移默化中感受到中华文化的博大精深。家长们纷纷表示，这次活动让他们更加深入地了解了孩子在学校的学习和生活情况，也让他们更加坚定了与学校共同培育孩子的信心。

　　班会活动结束以后，学校通过问卷调查、学生访谈和教师观察等方式对活动效果进行了评估。结果显示，学生在认识感恩、表达感恩以及实践感恩方面均有所提升。他们不仅在思想上更加懂得珍惜父母、感恩父母，还在日常生活中积极付诸实践，用实际行动回报父母的养育之恩。同时，家校联系也因活动而得到加强。家长们纷纷表示，他们与学校之间的联系更加紧密了，也更加了解和支持学校的教育工作。学校也表示将继续加强与家长的沟通和合作，共同为学生的健康成长创建良好的环境。此次"感恩母亲，传承美德"主题班会活动不仅弘扬了中华民族的传统美德，还加强了家校之间的联系和合作。

二、"感恩母亲，写给妈妈的一封信"征文活动

在"感恩母亲，传承美德"主题班会取得显著成效后，学校为了进一步加深学生对母爱的理解，决定在全校范围内发起一场特别的活动——"感恩母亲，写给妈妈的一封信"征文活动。这一活动旨在通过书信这一充满温情的传统方式，鼓励学生敞开心扉，向母亲表达无尽的感激与美好的祝愿。

活动一经宣布，便迅速在校园里引起热烈的反响。学校通过广播、海报、社交媒体等多种渠道广泛宣传，激发了学生们的参与热情。语文老师们也在课堂上为学生们提供写作指导，帮助他们梳理思路，引导他们用文字描绘情感与表达爱意。在准备信件的过程中，学生们纷纷陷入了沉思，那些与母亲共同度过的美好时光、那些温馨的瞬间在脑海中一一浮现。他们开始用文字描绘那些难忘的时刻，表达对母亲的感激之情。许多学生在写信时深受触动，泪水在眼眶里打转。他们用笔尖倾诉着内心的情感，将对母亲的感激和祝福融入字里行间。信件完成后，学校精心策划了一场特别的仪式。在仪式上，母亲们被邀请到校园，与孩子们共同感受这一温馨而感人的时刻。孩子们站在台上，面对母亲，朗读自己的信件。他们的声音中充满了感激和敬意，在场的每一个人都感受到了母爱的伟大和无私。

活动结束后，家长们纷纷感叹孩子们的成长，感谢学校为孩子们提供了这样一个表达情感的平台。通过"感恩母亲，写给妈妈的一封信"征文活

动，学校成功地将感恩教育融入学生的日常学习和生活中，让每一个参与者都能深刻体会到母爱的伟大与无私。

此次活动不仅促进了家庭与学校的沟通，而且为培养学生的道德情操和家庭责任感奠定了坚实的基础。我们相信，在未来的日子里，这些孩子将会用他们的行动和努力回报母亲的养育之恩。

三、"我为妈妈做件事"实践活动

在感恩月期间，学校还开展了"我为妈妈做件事"实践活动。此次活动旨在鼓励学生将内心深处的感恩之情转化为实际行动，通过分担家务来深刻体会母亲的辛勤付出与无私奉献。活动内容丰富多彩，既有整理房间、烹饪美食，也有洗衣、打扫等日常家务。学校为这次活动设定了一个月的时间，要求学生们每周至少完成一项家务，并记录下自己的真实感受。这样的设计，不仅让学生有机会亲身体验劳动的乐趣，而且能让他们在忙碌中学会珍惜和感恩。

活动前，学校通过班会的形式进行了动员和宣传。教师们耐心地向学生们解释了活动的意义，鼓励他们积极参与，用自己的行动去表达对母亲的感激之情。学生们积极响应，并根据自己的年龄特点和家庭需求，选择了力所能及的家务。在这个过程中，学生们开始动手实践，他们或是拿起扫帚打扫房间，或是走进厨房烹饪美食，或是蹲下身子清洗衣服。实践出真知。学生们用行动体验到了劳动的乐趣，同时也感受到了母亲平日里的辛苦与付出。在这个过程中，相信他们能够切实地感受到什么是珍惜，什么是感恩。许多学生表示，通过这次活动，他们与母亲的关系变得更加亲密了。家长们对学校的这一举措也表示赞赏。他们认为这样的活动不仅有助于孩子成长，而且能让孩子学会关心父母，让家庭氛围变得更加和谐。活动结束以后，各班举行了小型的分享会，学生们纷纷上台讲述自己的故事和体验。他们诉说着自己在做家务过程中的点点滴滴，分享着自己的感悟和收获。他们的真实感受打动了在场的每一个人，也激发了更多同学的参与热情。

以情育人，深化感恩教育，这是我们教育工作者的使命，也是教育工作的灵魂。在新时代的背景下，我们不仅要传授知识，而且要培养学生的道德情感和社会责任感。因为，一个人如果没有感恩之心，没有关爱他人的情感，没有回报社会的意识，那么就算学到更多的知识，也无法真正地为社会作出贡献。

感恩教育，是一种深入人心的教育。它不仅告诉学生要感恩，而且让学生在内心深处真正理解和体验感恩。学校通过情感教育的方式，引导学生从生活中的点滴小事开始，学会感谢父母的养育之恩，感谢老师的教诲之恩，感谢社会的关爱之恩。这些感恩，会让学生更加珍惜自己的生活，更加理解他人，更加热爱社会。

（北京市海淀区红英小学　杨晓雯供稿）

2

以图画书为抓手，开展班级德育工作

一、案例背景

图画书以图画为主，加上少量的文字，是公认的有助于儿童身心发展的最佳读物。低年级学生对图画书有着浓厚的兴趣，因此我借助图画书开展班级德育工作。

二、实施过程及效果

(一)图画书阅读帮助低年级学生发展集体意识

开学之初，我接手了一个新班级。在短短的时间里，我发现了一些令人担忧的问题。有些孩子明显缺乏集体意识，他们表现得相对自私，对班级的事务也漠不关心。每当发生矛盾时，他们总是站在自己的立场上，你一嘴他一嘴地争吵，完全不顾及班级的整体利益。面对这些情况，我知道必须采取一些措施了。

一次偶然的机会，我看到了一本图画书《一个，两个，三个……蘑菇下躲雨》。这本图画书讲述了小动物们寻找避雨之处的过程。它们发现了一个蘑菇，随着越来越多的小动物加入，蘑菇也变得越来越大，最后竟然大到可以躲下一只被狐狸追赶的兔子。这个故事深深地吸引了我，我认为这真是一本培养孩子们集体意识的好书。

于是，我找来这本图画书，在班级里与孩子们一同阅读、探讨。当我问孩子们为什么蘑菇会变得越来越大时，他们纷纷发表了自己的看法。有的孩子说是因为小动物们的加入，让蘑菇感受到了温暖；有的孩子则认为是小动物们的友谊让蘑菇变得更加强大。我听了他们的回答，暗自欣慰。

趁着这个机会，我组织孩子们在学校的一米菜园里种下了莜麦菜的种子。播种完后，望着空空如也的地面，孩子们开始嘀咕种子能不能长出来。我鼓励他们要有信心，相信自己的付出一定会有回报。同时，我也在美术课上让孩子们画下心目中最美的植物，希望通过这种方式让他们对小幼苗产生更多的期待和关爱。

播种之后，每天早上都有孩子端着水盆或者两三个孩子抬着水桶给莜麦菜园浇灌。这次活动全班孩子都参与了进来，共同守护着这片绿色的希望。就这样，坚持了两三天，令人惊喜的事情发生了——一个个绿绿的小嫩芽从土壤里冒了出来！几天后，这些小嫩芽已经长得很高了，绿油油的叶片在阳光下显得格外耀眼。

看着这些茁壮成长的莜麦菜，孩子们的脸上都露出了灿烂的笑容。他们纷纷表示，通过这次活动，他们深刻体会到了团结就是力量的道理。他们学会了关心他人、关心集体，明白了只有每个人都用心付出、共同努力，才能使集体变得更加美好的道理。同时，他们也感受到了爱的力量，只有用爱去浇灌，才能使生命茁壮成长。

回顾这次活动，我深感图画书阅读在培养低年级学生集体意识方面发挥了重要作用。通过图画书中故事的引导，孩子们逐渐明白了集体的重要性，学会了关心他人、关心集体。同时，通过亲身参与种植活动，孩子们也体验到了团队合作的乐趣和成果。我相信，在未来的日子里，这些孩子一定会变得更加团结、有爱、有责任感。

(二)图画书阅读帮助低年级学生更好地管理情绪

面对各种情绪，低年级学生有时会感觉到很糟糕、很混乱，也不明白自己到底是怎么了。立体图画书《我的情绪小怪兽》围绕一只由黄色、蓝色、红色、绿色和黑色混合的小怪兽展开，设计得非常巧妙。小怪兽感觉非常糟糕和混乱，就去向朋友求助。朋友告诉它应该先把各种颜色的情绪分开，于是它就变成了不同颜色的小怪兽。黄色代表快乐，蓝色代表忧伤，红色代表愤怒，绿色代表平静，黑色代表害怕。故事的结尾，小怪兽变成了粉红色，这又是哪一种情绪呢？这本书把抽象的情绪概念，变幻成可爱的情绪小怪兽，告诉孩子们什么是快乐、忧伤、愤怒……教会孩子们真实地面对自己的情绪。

有了这本书的铺垫，随后我在班级里做了几个不同颜色的分装情绪的瓶子，孩子们可以把每天的情绪装进相应的瓶子里。这样孩子们就能认清自己的情绪，同时也能了解他人的情绪，还可以进行互动。而我也会拿出瓶子中的纸条看一看，让我开心的是孩子们每天都有这么多开心的事情，即使很小的一件事都能让他们感到快乐。当然也有一些愤怒和害怕的情绪，但我从字里行间能看到他们已经能正确地对待自己的情绪了。例如，一个孩子写道："今天明明说了我，我感到很愤怒，所以我把愤怒情绪装进红色的瓶子，现在我感觉好多了，没什么大不了的!"有了这些瓶子，孩子们能够了解自己的情绪，接纳自己的情绪，也能试着接纳别人的情绪。当然，这些瓶子也促使我贴近孩子们的内心世界，及时发现问题、解决问题。

(三)图画书阅读帮助低年级学生培养良好品质

图画书常常被我当成班级管理的工具书。二年级学生已经具备了遵守基本常规的意识，但是随着新鲜感的减弱，那些关于常规的小口诀、儿歌渐渐就被他们抛于脑后。我就查找一些相应的图画书故事，利用图画书故事提醒孩子们应遵守的常规。例如，《大卫，不可以》提示孩子们应该注意的规则，《最好吃的蛋糕》培养孩子们团结合作的品质，《彩虹色的花》引导孩子们学会奉献，等等。我有时候将这些故事讲给孩子们听，有时候让他们演一演、画一画等。在听、演、画故事的过程中，孩子们深刻体会到遵守规则的好处，并引以为荣。孩子们愿意模仿，喜欢被表扬，当发现图画书中的主人公因遵守常规被表扬时，便会主动学习，自我反思，自我评价。在图画书阅读的过程中，孩子们潜移默化地建立了自己的规则。

在使用图画书进行班级管理时，最先改变的是教师的角色意识，教师由管理者变为引导者、合作者，给学生机会，让学生自主思考，自主成长，自主管理。

(四)图画书阅读帮助搭建家校联系平台

苏霍姆林斯基指出："没有家庭教育的学校教育和没有学校教育的家庭教育，都不可能完成培养人这样一个极其细微的任务。"这句话让我深刻地意识到家校合作的重要性。家校合作，不仅是连接高质量学校教育和良好家庭教育的纽带，还是让教育充满生机与活力的源泉。为了与我班的家长们建立更加紧密的联系，我决定举办一项别开生面的活动——"故事爸爸妈妈进校园"。这一活动一经发起，便得到了家长们的热烈响应。

家长们为了给孩子们呈现精彩的故事，精心准备了PPT，甚至有些家长还带来了小道具，为故事增添了更多的趣味性和生动性。这不仅体现了家长们对学校活动的重视，还体现了他们对孩子们的深深的爱。

值得一提的是，在日常的亲子阅读中，家长们也会挖掘图画书中的教育价值。然而，这并非易事。因此，有些家长会主动与我交流，探讨如何选择合适的图画书。他们深知，只有根据孩子们的年龄特点，深入挖掘图画书的教育意义，才能在进班级讲故事时提出关键的问题，引发孩子们的思考。这种对教育的用心和投入，让我深受感动。

"故事爸爸妈妈进校园"活动不仅受到了家长和孩子们的热烈欢迎，而且取得了显著的效果。孩子们在听家长们讲故事的过程中，不仅享受到了阅读的乐趣，而且其对知识的渴望和对世界的好奇被激发了。同时，我也获得了更多的与家长沟通的机会。在活动的间隙，我能够与家长深入交流，了解他们在孩子教育方面的困惑，从而为他们提供更加有针对性的建议。家长们纷纷表示，通过参与这样的活动，不仅增进了亲子关系，而且收获了教育理念和教育方法。

三、总结反思

在小学低年级班级管理中，图画书是我良好的工具。通过图画书阅读，学生更容易接受教育，进而真正地学会自我管理、自我教育。在今后的班级管理中，我会继续寻找适合孩子阅读的图画书。

在实践中，我发现将图画书阅读与德育课程相结合是一种非常有效的做法。教师可以根据德育课程的主题，选择相应的图画书作为阅读材料，引导学生通过阅读、讨论和反思，深入理解德育知识，形成良好的道德品质。

综上所述，图画书阅读在学生德育培养中具有不可替代的作用。通过激发学生的阅读兴趣，引导学生进行情感体验和思考，以及将图画书阅读与德育课程相结合等可操作的方法，我们可以有效地提升学生的道德品质，为其成长和发展奠定坚实的基础。

（北京市海淀区红英小学　白石云供稿）

3

志愿服务：德育实践的新路径与学生成长的催化剂

一、背景

　　志愿服务是实践德育的重要途径。通过志愿服务，学生能够体验到助人为乐的满足感，其社会责任感和团队协作精神也能够得以培养。志愿服务不仅可以为学生提供实践的舞台，还能让他们在实践中落实和加深对德育的理解。

　　我们以志愿服务为抓手，开展了一系列活动，如跨区跨省实践活动、生态环保——垃圾分类活动、关爱老人——生命教育活动、暖冬行动等，旨在让学生在实践中学习，在体验中成长。

　　通过这些公益志愿服务活动，我们成功地落实了学生德育工作，让他们在行动中体会到了道德的价值和社会责任感的重要性。这种实践性的教育方式，远比单纯的理论教育更加生动和有效。我们期待未来能够通过更多形式的志愿服务活动，进一步提升学生的道德素养和社会责任感。

二、缘起

2023年6月，一个偶然的交流活动成了我们班级与密云区红十字志愿服务团建立联系的契机。在这次活动中，我们深入了解了密云区红十字志愿服务团为未成年人群体所设立的"青少年志愿服务队"。该队伍以组织社区公益活动为核心，旨在培养青少年的社会责任感。

受到这一启发，我们班级内部开始积极讨论和思考：我们能否效仿这种模式，构建属于我们自己的志愿服务队。我们认为，通过这样的活动，不仅可以增强学生之间的协作能力，还可以引导他们在实践中学会奉献和付出，培养他们的社会责任感。

为了将这一想法付诸实践，我主动与家委会进行了沟通。家委会成员对我的提议表示极大的支持。他们认为这是一个非常有意义的活动，可以帮助孩子们更好地融入社区，提高他们的社会实践能力。同时，家委会提出了宝贵的指导意见，帮助我更好地规划志愿服务队的未来发展方向。

三、志愿服务队的建立

在家委会的大力支持下，2023年6月底，海淀红英志愿服务队正式成立。我们制订了详细的活动计划，并招募了一批热心的志愿者。这支队伍汇聚了 70 多名大小志愿者，其中包括我们五(3)班的学生。这些志愿者热情洋溢，充满了奉献精神，共同为社区公益活动贡献着力量。

作为一支志愿服务队，我们在社区公益活动中扮演着重要的角色。我们积极参与各种社区服务活动，用实际行动传递着爱心和温暖。

四、志愿服务活动是一项"跨学科的综合实践活动"

自成立以来，海淀红英志愿服务队组织了一系列丰富多彩的志愿服务活动。

(一)跨区跨省实践活动

为了培养孩子们的团队协作能力和沟通交流能力，我们精心策划了一场跨区跨省的实践活动。在这次活动中，我们组织孩子们走进位于偏远地区的苗寨，深入体验民间传统文化的魅力，并为当地的留守儿童夏令营活动提供支持。在出发前，我向孩子们详细介绍了苗寨的历史文化、风土人情以及此次活动的目的和意义。我鼓励他们带着好奇和尊重的心态去体验和学习，同时也要发挥自己的特长和优势，为留守儿童带去欢乐和知识。到达苗寨后，孩子们与当地的苗族居民进行了深入的交流和互动。他们参加了苗族的传统节庆活动，学习了苗族歌舞、苗族传统手工艺，还品尝了地道的苗族美食。在这个过程中，孩子们不仅了解了苗族文化的独特魅力，也锻炼了自身的观察能力和沟通能力。同时，我们还组织孩子们为当地的留守儿童夏令营活动提供支持。他们与留守儿童一起开展了各种趣味盎然的游戏活动，分享了自己的学习和生活经验。在这个过程中，孩子们不仅提高了自己的表达能力，也提高了自己的团队协作能力。

通过这次跨区跨省的实践活动，孩子们不仅深入体验了民间传统文化的魅力，也锻炼了自己的团队协作能力和沟通交流能力。他们学会了尊重和理解不同文化，更加珍惜自己的生活和学习机会。我们相信，这样的经历必将对他们的人生产生深远的影响。

（二）生态环保——垃圾分类活动

为了推动垃圾分类工作，我们班级与社区紧密合作，开展了一系列富有成效的活动。通过生动有趣的讲解和实际操作演示，我向孩子们普及了垃圾分类的基本原则和方法，引导他们认识垃圾分类的紧迫性和必要性。同时，我们的志愿服务队也积极响应号召，组织孩子们在社区内开展垃圾分类桶前值守公益活动。在活动现场，孩子们认真学习了垃圾分类的标准和操作流程，并在志愿者的指导下亲自操作，将各类垃圾准确投放至相应的分类桶中。他们不仅自觉做到垃圾分类，还积极提醒社区居民正确分类，共同营造干净整洁的社区环境。

这一活动不仅让孩子们在实践中加深了对垃圾分类的理解和认识，而且培养了他们的环保意识和责任感。他们学会了珍惜资源、爱护环境，从小事做起，为建设美好家园贡献自己的力量。同时，通过与社区居民的互动和合作，孩子们的社交能力和团队协作能力也得以提升。

(三)关爱老人——生命教育活动

为了深化孩子们对生命意义的理解，以及培养他们尊重和关爱老人的美德，我特别设计了一场"关爱老人——生命教育活动"。在这场活动中，我注重引导孩子们从多个层面去体验和感悟，使他们在亲身参与中真正建立起与老人之间的情感纽带。在活动筹备阶段，我首先向孩子们介绍了生命的宝贵，以及老人作为社会的重要一环承载着智慧和历史。接着，我组织孩子们走进敬老院，与老人进行互动。孩子们为老人们表演节目，听老人们讲述过去的故事，与老人们共同制作手工艺品。通过这些活动，孩子们不仅感受到了老人的智慧，也学会了如何与老人沟通，如何关心老人的生活和情感。此外，我还鼓励孩子们为老人提供力所能及的帮助，如陪伴老人散步、为老人读报纸等。这些实际行动让孩子们更加深入地理解了尊重和关心老人的重要性，也让他们体验到了帮助他人的快乐。在活动结束后，我组织孩子们进行分享和反思。他们纷纷表示，通过这次活动，他们会更加珍惜与爷爷奶奶、外公外婆相处的时光。

(四)暖冬行动

2023 年 12 月，正值寒冬之际，我精心策划并组织了"暖冬行动"，这是一项旨在为偏远山区的留守儿童捐赠冬衣的公益活动。我深知，在寒冷的季节里，冬衣对于孩子们来说，不仅是一件御寒的衣物，也是一份来自社会的关爱。为了确保活动顺利进行，我制订了周密的计划。通过班级微信群，我向孩子和家长们详细介绍了活动的目的和意义，并号召大家积极参与，为留守儿童献上一份爱心。活动开始后，孩子们展现出了惊人的热情和责任心。他们自发结成小组，分工协作，高效地完成了物资的收集、登记、分类、整理和打包等工作。在这个过程中，他们不仅学会了如何组织和管理物品，还提升了团队合作和沟通协调能力。除了捐赠冬衣外，孩子们还用心地为留守儿童写了贺卡。他们在贺卡上画上了美丽的图案，写下了真挚的祝福，希望通过这种方式向留守儿童传递关爱。这些贺卡不仅是孩子们的心意，还是连接两所学校孩子们的友谊的纽带。

在这次"暖冬行动"中，孩子们分工协作，共同完成了一项有意义的活动，更重要的是，他们感受到了帮助他人的快乐，体会到了关爱他人、传递温暖的重要性。这次活动彰显了新时代阳光少年的责任与担当。

五、公益元素融入班级文化

值得一提的是，在学校的大力支持和家委会的积极参与下，我们五(3)班成为独具特色的公益班。这一举措不仅丰富了班级文化内涵，而且将公益精神深深根植于孩子们的心中。通过公益特色班的设立，我们成功地将公益元素与班级文化建设相结合，为孩子们营造了一个积极向上、充满爱心的学习环境。

为了确保公益活动的有序开展和班级公益文化的持续深化，我们成立了公益统筹策划小组。这个小组由班主任、家委会成员以及热心公益的孩子们组成，负责定期策划和组织各类公益活动。他们精心设计活动方案，确保每项活动都能达到预期的效果，同时也不断创新活动形式，激发孩子们参与公益的热情。

为了让孩子们能够更直观地了解和参与到公益活动中，我在班级内设立了公益展示专栏。这个专栏用来展示孩子们参与公益活动的照片、感悟以及所获得的荣誉，并定期更新。这不仅为孩子们提供了一个展示自我、交流学习的平台，也让他们感受到了参与公益活动的成就和自豪。

此外，为了激励孩子们积极参与公益活动，我们还开展了"公益月度之星"评选活动。通过评选活动，那些在公益活动中表现突出的孩子得到了表扬，并成为其他孩子学习的榜样。这种正向激励的方式有效地激发了孩子们参与公益活动的热情，也让他们更加关注他人的需求，其关怀他人、乐于助人的精神得以养成。

家长们对我们的公益实践活动给予了极大的支持和肯定。他们积极参与活动，与孩子们共同为公益事业贡献力量。同时，他们也表达了对未来继续开展类似活动的期望和支持。这种家校合作的模式不仅增强了班级凝聚力，也为孩子们的成长营造了更加和谐、友爱的氛围。

通过公益特色班的创建和实践，我们班级已经形成了浓厚的公益氛围。我相信，在这样的环境中成长起来的孩子将会更加懂得关爱他人、乐于奉献，更能为社会的和谐与进步贡献自己的力量。

六、收获与成长

志愿服务不仅是一种社会实践的方式，还是开展学生德育工作的重要途径。通过组织和参与志愿服务活动，学生们能够深化道德认知，形成社会责任感，锻炼团队协作能力，等等。以下是我基于志愿服务总结的学生德育工作经验。

(一)志愿服务强化学生的道德体验

志愿服务为学生提供了直观、生动的道德实践场景。通过参与志愿服务，学生能够亲身体验助人的快乐，从而深刻理解帮助他人、服务社会的意义。这种道德体验远比课堂上的理论教学更加深刻和持久。

(二)志愿服务促进学生社会责任感的养成

在志愿服务过程中，学生不仅能够了解社会问题和需求，还能通过实际行动为解决这些问题贡献力量。这种参与感和成就感有助于培养学生的社会责任感，让他们意识到作为社会成员应该承担相应的责任和义务。

(三)志愿服务锻炼学生的社会技能

志愿服务往往需要学生之间进行团队合作。在合作中，学生学会了倾听、沟通，这些技能对于他们融入社会、建立良好人际关系至关重要。

(四)志愿服务丰富德育内容，提升教育实效

传统的德育教学往往侧重于理论传授，而志愿服务则将理论与实践相结合，使学生在实际行动中领悟和践行道德规范。这种教育方式不仅丰富了德育的内容，还提升了教育的实效性和针对性。

(五)家校社共育模式下的志愿服务更具教育意义

在家校社共育模式下，志愿服务活动得到了家庭、学校和社区的共同支持和参与。这种全方位的教育环境使得志愿服务活动更具教育意义，有助于学生在不同层面和角度上理解社会、践行道德。

综上所述，志愿服务是学生德育工作的重要抓手。通过组织和参与志愿服务活动，我们能够有效地落实学生德育工作，培养具有社会责任感、良好道德品质和团队协作精神的学生。未来，我将继续探索和完善以志愿服务为抓手的德育工作模式，为学生的全面发展创造更多机会和条件。

(北京市海淀区红英小学　李琮琮供稿)

第五章

——

搭建多种平台，
促进教师专业化发展

1

知识越简单，教学越需要深挖

清明小长假期间的校园十分安静，教学楼里却传来一阵阵激情飞扬的讲课声："认识一个事物是有多个角度的，需要不断深入，立体图形也一样……"这个讲课的人是我。

一、糟糕的试讲

面对海淀区组织的一场重量级的课堂教学比赛，我的内心充满了忐忑和不安。尽管对着空荡荡的教室练习了一遍又一遍，但是我丝毫没有信心。两天后，第一次试讲开始了，我手里紧紧地攥着一字一句敲打出的详案，深吸了一口气。上课铃声响了，"同学们，认识它们吗？请热情地叫出它们的名字吧!"入课时的课堂氛围十分融洽。可是随着课程的深入,学生的回答总是在预设之外,我的设计似乎并不能顺利地进行。我开始有点不知所措。为了课程的完整性,我按照自己的详案"生硬"地把课上完了。这种感觉十分糟糕。

为什么会出现失控的情况呢?这需要从头说起。这次比赛,我抽到的是人教版数学一年级下册"认识图形(二)"一课。该课的学习目标为学生在初步了解立体图形的基础上,对平面图形进行初步的认识,并体会"面在体上"。"越简单的知识越难教",如何从一年级学生的认知水平出发,设计并实施一节看似知识浅显却能提升学生核心素养的课,对我来讲,充满了挑战。

我决定把糟糕的情绪放一放,以平静的心态面对现状。为了更好地发现问题,我认真研究起了第一次试讲时的课堂录像。看着、听着,我惊呆了。原来我的教学存在这么多的问题:我一直在关注自己,而非学生;教学环节看似合理,实则并不适合一年级学生的认知特点;教学目标不够清晰,只停留在认识图形的表层;学具五花八门,干扰了学生对数学本质的理解;学生的思维原地踏步,没有进一步提升……

二、深入的研究

怎么让这节课既富有趣味又不失深度?在团队教师的帮助下,我推翻了之前的教学设计,重新思考了以下问题:

①这节课属于什么领域?学生在此领域经历了怎样的学习过程?

②这个领域承载着学生哪些核心素养的发展与提升？

③这节课的生长点在哪里？

带着这些问题，我把自己调整为"海绵模式"，开始了学习和研究。

(一)与书本对话

阅读与思考，是学习的基本方式。三天的时间，我看了近80篇论文，研读了多部权威书籍，如张丹的《小学数学教学策略》、史宁中的《数学基本思想18讲》、刘加霞的《小学数学有效教学》、吴正宪和张丹的《让儿童在问题中学数学》等。这些论著与本课直接相关的并不多，但关于"图形与几何"领域的研究内容却十分深入和全面。在仔细研读的基础上，我对有关内容进行了深入分析，发现本课是"图形与几何"领域中"平面图形"学习的起始课，与之相关的关键词为"几何概念""空间观念""二维与三维"等。通过进一步的梳理与总结，我有了初步的认识：在"图形的认识"教学中，教师应立足不同角度，提供多种材料，引导学生通过观察、想象、操作、比较、归纳、概括、推理等方式，认识、探索图形的性质，帮助学生形成对图形的整体感知、对图形本质的理性认识，进而发展学生的空间观念，促使学生逐步学会用数学的眼光观察丰富的图形世界，体会图形在现实生活中的广泛应用。得出这些初步结论的我，看到了自己的突破。

(二)与专家对话

研究，离不开与团队和智者对话。我所在的学校团队中，有经验丰富的资深教师、有造诣较高的专家型教师、有教学风格独特的特色教师、有充满活力和热情的优秀青年教师，这样有梯度、能互补的团队成为教研活动的智囊团和强大的支持力量。带着自己的思考和对理论的浅薄理解、怀着急切的心情，我与各位专家和同伴进行了交流。讨论开始，当一页纸的教材摆在大家面前时，我们个个愁容满面、眉头紧锁，但随着时间推移，头脑风暴开始了。

"当一个正方形斜着放时，学生就认为这不是正方形。"一位老师抛出的一个现象，引发了我们的深入思考——理解平面图形的本质属性是难点。

"我们可以在学具上做文章，如在立体图形表面添加一些非本质属性。"

"可以通过分类帮助学生明晰图形特征。"

"怎么让学生主动从立体图形上发现平面图形，而不是教师一步一步引导?"看到教材上学生正在描立体图形的边，我在"激发学习需求"方面提出了疑惑。

"其实，这节课的学习不是孤立的，而是学生不断认识立体图形的过程中的一站。"专家指导道。

"从认识立体图形的角度来看，面、线、点都是认识立体图形的不同角度，而这节课关注到了面这个要素。"

"面与其他要素相比，更容易被学生关注。"

…………

就这样，你一言我一语，课程的定位逐渐清晰了，我的思路也渐渐"拨开云雾见天日"。经过专家的指导，结合团队成员的头脑风暴，我对这节课的突破点有了更加笃定的想法。

(三)与自我对话

1. 关注认识与研究图形的基本方法和路径

通过"你还想认识什么"这样看似简单的问题，引发学生对"认识图形"的方法的深入思考，引导他们发现立体图形由"点""线""面""角"等元素组成，并在整体感知立体图形的基础上，对其中一个元素进行研究。这是认识与研究事物的基本方法：从直观认识到深入认识、从整体认识到局部认识。同时，无论在导入阶段，还是在认识四种平面图形环节中，引导学生关注图形的本质属性——边、角的特点，舍去颜色、大小、角度等非本质属性，这也是认识图形的方法。

2. 渗透分类与抽象的数学思想

首先，引导学生从立体图形中抽象出平面图形，发现立体图形与平面图形的内在关系，实现从三维到二维的转化，促进学生对现实世界进行初步抽象，进而提升学生的空间观念。其次，通过分类发现图形的本质特点，促进学生抽象思维的发展。

三、反复的尝试

"纸上得来终觉浅，绝知此事要躬行。"(陆游《冬夜读书示子聿》)经过上一阶段的研究，我对于本节课的定位及关注点有了理论上的认识和把握。然而理论修养不只是记住和背诵一些教育理论知识，更重要的是将其

内化为教育的敏感和直觉，其中的内化需要经历"实践—反思—调整—再
实践"的过程才能生发。我不断调整自己的语言，用倾听的姿态去面对和
解读学生背后真正的想法，贴着学生真正的需求走，让课堂真正成为学生
绽放精彩的舞台。

功夫不负有心人。在比赛的课堂上，学生通过观察、想象、操作、比
较、归纳、概括、推理等方式，认识、探索图形的性质，形成了对图形的
整体感知、对图形本质的理性认识，体验了用数学的眼光观察丰富的图形
世界，最终提升了自身的核心素养。果然，我的教学设计和实施过程得到
了评委们的一致好评：

课堂是站在"认识图形"的整条脉络上去设计的；

尽管属于一年级的课，但能通过一堂课的教学给学生提供研究这一领
域知识的方法和途径；

学具的设计精致、到位，能够充分地支撑学生的研究；

…………

最终，我获得海淀区一等奖的好成绩。

四、沉甸甸的收获

复盘反思整个参赛过程，我意识到教师专业发展离不开积累，尤其要
学会在关键事件中潜心研磨。关键事件的概念由沃克在研究教师职业时提
出，是指发生在教师个人专业生活中的重要事件，它会对教师的教育观
念、专业态度和专业行为产生重要影响。教师在经历关键事件时，要作出

某种选择和改变，促进个人思维的清晰化，这个过程正是我们对教师专业解构与重构的过程。学校是充满绿色生机的机构，往往给予教师广阔的平台与多样的挑战，而这些平台与挑战，正成为教师成长的"关键事件"（见图 5-1）。

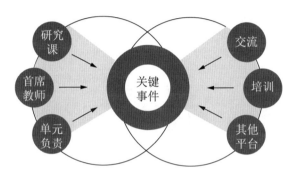

图 5-1　关键事件

对于教学，我给自己设定的目标是能够独立设计教学活动，在教学中有独特的见解和自己的教学风格，能够追寻数学的本质。为了实现这个目标，处在这个时期的我需要抓住每一次锻炼和成长的机会，将每次公开课作为"促发自我成长"的关键事件，在这一系列的关键事件中，有序积累、不断提升自己。

基于本次赛课经历，我对备课思路有了更新的认识：前期的积淀是十分重要的，它是一切的基础。缺乏前期的文献研究、内容分析和学情分析，教学环节就是无源之水、无本之木，是个空架子。

合理的、正确的备课思路应该是：

①博览群书，解读文本，理解和挖掘文本背后的价值；

②开展追踪式的学情调研，了解学生真正的起点与困难，了解思维路

径上不同的难点;

③明确课程的定位、方向与目标;

④思考设计怎样的核心活动或核心问题能更好地实现目标、更好地承载核心素养的培养;

⑤思考如何落实这些活动,需要哪些工具和情境的支持(见图 5-2)。

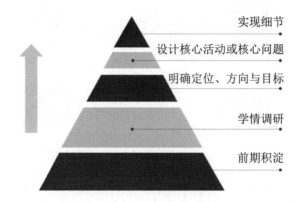

实现细节

设计核心活动或核心问题

明确定位、方向与目标

学情调研

前期积淀

图 5-2　自下而上的备课思路

博览群书让我们站在巨人的肩膀上了解课程,学情调研让我们根据学生的实际精准地设计课程,目标确定让我们明确方向与主旨,活动设计即教学环节应放在后面去思考和琢磨。这样一步一步、扎扎实实地走下来,可能需要比较长的周期,但只有经历这样的过程才能不断建构属于自己的教学理解。

从最初的"直指环节"到现在的"自下而上",这或许就是一种思维模式的改变,一种意识的改变,一种最难以改变的改变,而这一切得益于校本研修平台与引路人的帮助。多样的校本研修活动,唤醒了我的主动成长意识,激发了我的成长动力;专家引领、团队互助,促进了我对学科教学乃至教育的深刻理解。

　　除此之外，我懂得了"知识越简单，教学越需要深挖"的道理。我们不应该停留在浅显的层面，而是应该站在"培养核心素养"的角度去挖掘课程背后的价值。而课程背后的价值，是需要我们通过与书本对话、与专家对话、反复尝试等来挖掘的。我们有了深入的理解和认知，才能设定合理的教学目标，才能利用创新性思维去设计教学活动，继而真正落实到课堂上，让学生徜徉在知识的海洋中。作为一名新时代的教师，我们需要拥有持续发展的动力和不断转化的影响学生的动力。而成为这样的教师，从来就不是一蹴而就的，需要通过不断学习来拓宽视野、打通盲区，进而提升教学认知、更新学习观念。我相信自己一定能做一个有扎实学识的优秀教师，做学生学习的引路人。

（北京市海淀区红英小学　刘素娟供稿）

2

凡心所向，素履以往

凡心所向，素履以往；能够迭代我们的，唯有未来的自己，而只有不断学习、不断打磨教学技能，才能收获更多成长。

——题记

"要让自己的学生出色，教师必须出色；想让学生多读书，教师首先应当多读书，自觉地多读书。"我深以为然。正所谓"学高为师，身正为范"，只有教师自己积淀了扎实学识，拥有了深厚素养，才能在学习中引领学生，在教育中帮助学生，才能成为一名优秀的教师。

因此，我立志在学习中提升自我，在研学中打磨教学技巧，不断为实现自我突破提供更多可能。我一直认为，学习是不断进步的过程，作为青年教师，我们在教学过程中总会遇到各种挑战，只有通过持续不断的学习，才能不断提升教学技能、改善教学方法以及更新教育理念，从而更好地应对教学中的困难和问题。

一、笃行奋进，坚定温暖的引路人

犹记得刚入职的时候，我的内心是忐忑的。尽管在学校积淀了很多专业知识和教学技能，但是当我真正站在三尺讲台上时，看着孩子们清澈的眼神，我感到自己身上的责任非常重大。作为小学英语教师，我承担着所教学生外语启蒙的重要责任，我当时的感觉就是，自己要学习的东西还很多：能学习英语、会说英语与能教英语、会启蒙别人学习英语是两码事。

除了课堂教学以外，很多教学研讨工作我也跟不上进度，而那个时候，岳老师给予我专业知识的启迪，带动我教育教学技能的进步，让我感受到别样的温暖。还记得在一个教学研讨会议上，主讲人的 PPT 过得飞快，我根本跟不上进度，会议结束之后，我也不好意思再去问，内心分外焦灼。这时岳老师贴心地递来她的笔记本。她的笔记写得简明扼要，逻辑鲜明，一看就懂。我感激地看着她，她拍拍我的肩膀说："没事的，慢慢来，都会有这样一个过程的。"这份坚定的信任和温暖的帮扶，让我更加坚定了不断提升专业素养、打磨教学能力的决心。

在日后的教学工作中，教研组组长更是发挥了"定海神针"的作用。她总是带领我们一起学习。她说："学习才是提升青年教师专业素养的根本途径，包括对于学科知识的深入理解、对于学生发展的清晰认知以及对于教育原理的透彻理解。这些专业素养才是你们这些青年教师能够更好地履行教育责任和使命的基础。"她以深厚的知识积淀和专业的教学技能，引领着我们青年教师不断前进。

二、百卉千葩，创英语教研新篇章

兴趣是最好的老师。为了真正激发学生的学习兴趣，启蒙学生的英语思维，教研组组长带领我们不断打磨教学方案，积极探索小学英语教学的本质。教研组组长认为，在飞速发展的时代中，英语课程不能再拘泥于教授语言知识，更重要的是引领学生在实践运用中将知识内化为素养。

还记得在一次教研会上，我们以教育戏剧的方式，从研究学生在课堂上外显的"形体之动"，到研究其内隐的"思维之动""情感之动"，尝试探索怎样才能建立教材与学生生活之间的连接。通过探究适应学生知识结构的话题素材，结合不同的生活情境，整合重组教材内容，我们真正实现了"课堂生活化，语言交际化"。从传统的死记硬背式教学，到引导学生"乐学、善学"，在多维体验中实现语言的真实运用，我也在这样的研学活动中受益良多。

在这样的探索学习环境中，我也开始思考：作为英语教师，我该如何切中学生学习的"痛点"？教学本身或许并不是纸上谈兵、阔论高谈，回归实践和生活，才是我应该思考和探索的英语教学新路径。

三、千磨万仞，潮头勇立不畏难

2023 年 11 月，海淀区教师进修学校教研员与海淀区四年级的英语教师走进红英小学的英语课堂，与红英教师团队共同探索项目式学习在小学英语中的设计与实施，这也是我受益匪浅的一次学习经历。

活动伊始，程老师对本次教研的主题进行了解读。程老师认为，新时代的英语教学应当开展项目式学习，旨在促进学生运用所学语言和跨学科知识创造性地解决问题，实现学以致用、学用一体，发展核心素养。

在活动中，来自红英小学的四年级英语教师团队就项目式学习的教学实践经验展开了分享，通过单元整体分析、课堂展示、评课答疑等环节与其他教师进行了深入的交流与探讨。团队精彩的汇报深深地吸引了我，我第一次感受到，教学可以是一份用心钻研的伟大事业。

还记得在案例分享环节，张老师分享了基于项目式学习的理念，以及将教材学习内容与学生现实生活相结合，进而调整、重构、拓展教材内容的过程。张老师说："经历了一次次推翻、一次次打磨，团队才最终确认了教学主题。"当时我就在想，从一个微小之处切入教学本质，以团队的力量，将教学工作分点、分板块立项完成，这样的教研活动才是真正能够提升教学水平的"磨课"，而这也是教研组组长一直在带领我们完成的事业。这个阶段的我疯狂地汲取着先进的经验，参与了各种各样的教学研讨活动。

四、戏剧驱动，乐学善思促教研

"To involve children in drama is to give children a social skill. "为了深入探讨教育戏剧与英语绘本的融合应用，全面提升英语教师的教学能力，拓宽其教学视野，红英·翠湖教育联盟开启了以"教育戏剧在英语绘本教学中的应用"为主题的教学沙龙。我也有幸参与了此次学习。

在活动中，三位教师分享了自己的教育戏剧设计，他们分别用不同的方法尝试结合学情提炼单元主题意义，通过整合学习内容促进学生核心素养的逐步落地，尝试融入教育戏剧范式加深学生对单元主题的理解。

他们的教育戏剧设计，令我耳目一新。我进一步感受到，教育领域确实在不断发展变化，教学内容和教学方法也在不断更新和改进。青年教师如果不学习，就无法适应新的教学需求和改革要求。因此，我必须努力学习，紧跟教育发展潮流，不断提升自己的教育教学水平。

五、精于教学，沉舟侧畔看千帆

教研组组长经常告诫我们："教师要有责任感，我们肩负着帮助孩子们启迪智慧、寻找真理的重任，日常工作要深耕细作，把每一个细节都精心落实到位。"因此，参加工作以来，我始终保持着高度的责任感，力求教学质量不断提升，力求教学手段与时俱进，力求教学内容符合学生身心发展规律、符合时代特色。我从未放松对自己的要求，每天都会花很多时间在备课、磨课、研究教学案例和学术论文上，只要是对提高教学技能有帮助的事情，我都会去做。留给孩子们和教育事业的时间多了，我也看到了自己的变化、进步。

六、共谱新章，碧海蓝天启新程

学习可以拓宽青年教师的视野，不断提升其综合素质。只有学习不同领域的知识，才能拥有更广阔的思考空间，进而更加灵活地运用各种教学资源和策略，提高教学的效果。

通过参加各种各样的教研讨论、专业研修等活动，我获得了与其他教师交流经验、分享教学心得的珍贵机会，得到了很多的启发和帮助。

在这个过程中，我们的教研组组长真正起到了领路人、提灯者的作用。她不仅给予我们谆谆教诲，还在教育教学工作中给予我们方向的指引、行动的指南。她带领我们参与各种各样的教学研究活动，让我们不断汲取先进教学经验，更重要的是，在这个过程中启迪了我们的创新能力。

七、沉淀自我，扎实学识促教研

现在的我，确实获得了一定的成长。从一开始站到讲台上都犯怵的新教师到现在能够探索新型教学模式、思考教育教学本质的青年教师，我看见了自己的成长。就像教研组组长所指出的那样，教育工作从来都是代代传承的。她总说，青年教师要不断学习，才能成为优秀的教育者，为学生的发展作出更大的贡献。我深以为然，亦毅然前行，并付诸一切努力以成为一名有扎实学识的英语教师。

我认为，要成为一名有扎实学识的英语教师，首先需要有扎实的专业知识。这包括对英语语法、词汇、语音、语调等各个方面的深入理解，以及通过系统学习和不断实践，建立起对英语语言的全面认识。学海无涯，不仅要打好基础，还应当持续不断地更新自己的认知。要成为一名有扎实学识的教师，就需要不断地学习最新的研究成果、教学方法，并将其运用到实际的教学中去。

一名优秀的英语教师，除了要熟练掌握英语语言知识，还要对教育学、心理学等相关学科有一定的了解。了解学生的学习方式、认知过程、心理特点等，有助于更好地指导学生，提高教学效率。

对教师来说，积极参与专业发展活动也是很重要的。参加学术会议、研讨会、教师培训等活动，与同行交流、分享经验，能够拓宽视野、提升专业水平。

在持续学习的基础上，在未来，我也会坚持反思和改进自己的教学实践。通过观察学生的学习情况、听取他们的反馈意见，不断调整教学策略，提高教学效率。同时，我还会不断反思自己的教学方法和教育理念，并不断完善。

我始终相信，凡心所向，素履以往。只要有坚定的理想信念，有坚韧的吃苦精神，有虚心求教的学习精神，我就能昂首向前，不断提高教学能力和专业素养，紧跟教育发展潮流，不断拓宽视野，再创非凡之我。

（北京市海淀区红英小学　卫红艳供稿）

3

在学习中成长，在成长中蜕变

扎实学识是教师的立身之本。在这几年的工作经历中，我深深感受到要做好老师，必须要有扎实学识。好老师应该具备扎实的学识和深厚的专业知识，能够胜任所教学科的教学任务。要不断学习新知识，更新自己的知识结构，提高自己的教学水平和能力。同时，还要能够根据学生的特点和需求，采用灵活多样的教学方法和手段，激发学生的学习兴趣和积极性。

受益于学校开放包容的工作环境和学校提供的优质的教研培训，我在工作中不断学习，朝"扎实学识"方向努力前进，一路上在学习中成长，在成长中蜕变。

一、专家引领　追随卓越之光

教研与培训是红英小学一直以来重点落实的任务。参加工作近十年来，我最大的感受就是学校给我们提供了很多教研的机会，我们学习的脚步从未停止过。每次教研与培训，聆听专家教授高屋建瓴的讲解和剖析，那种感觉如涓涓细流注入心田，让我激动，让我兴奋，更让我感恩！

在我们学校，不同层级的教研丰富多彩。上至学校的项目教研，下至每个年级的小教研都让我们受益匪浅。与此同时，集团化办学也让我们感受到不同校区联动教研与培训的程度越来越高，不仅四校区联动教研，联盟学校的教师也都参与其中，培训的氛围非常好。

在学校推行的项目教研中，我收获很多。例如，在黄毅老师工作室，黄老师手把手地教我们写教学设计；教我们通过课例进行研究性学习；还通过听评课，细致地帮我们磨课，指出我们教学中存在的问题，一步一步地规范我们的教学行为。在前几年的培训中，黄老师带着我们梳理了小学低段识字教学的常规流程，使我们的教学更加合理与有效。如今，黄老师继续着他的青年教师培训项目，一批批年轻教师在项目组中得到了训练与提升，红英小学的青年教师队伍不断成长起来，朝着学校的中坚力量努力发展。

在吴欣歆教授工作室，我也收获很多。吴教授先后对我们进行了关于"整本书阅读""单元整体备课""学习任务群教学设计与实施"等的培训。吴教授用前沿的教学思想，指导我们的教育实践。她不仅引导我们怎么备好课，上好课；还着重引导我们做成长型的语文教师，叮嘱我们要注重总结和梳理教学成果。在项目培训中，我也通过撰写论文的形式，加强了对学科的认识，促进了自身的专业成长。

除此之外，在学校的教研与培训中，从前期的"思维导图""小组合作学习""对话式课堂"到后面的"项目式学习"培训，一路走来，我们都在努力学习教育的前沿思想，不断改进我们的教学。每次放假前的备课，学校也都是针对年级与学段情况，聘请相关专家对我们进行指导。例如，上学期期末，学校就为我们3～4年级语文备课组请到了王化英老师。王老师既有理论的高度又有实践的经验，给我们的备课提供了很多思考与启发。我们的小教研也是四校区联合行动，每次教研都有主题、分模块，既提高了教师的参与度，又增加了教研的实效性。

在校本教研模式中，自我反思是基础。自我反思是教师提高教学水平的一种有效方法。反思备课时是否遇到了困难，遇到了什么困难，是否调整了教案，为什么要调整教案；反思上课时是否发生了意料之外的状况，是怎样处理的，处理得是否及时、到位；反思本节课的教学过程有哪些比较满意的地方或者有哪些不足。经过不断的反思，我们确实掌握了很多"第一手材料"，悟出了一些道理，丰富、完善了课堂，最大限度地调动了学生学习的主动性。

总之，名师的言传身教、专家的细致点拨、团队的奋进鼓舞、教师的精益求精，都让我受益匪浅。不断参与的教研与培训就像一束束光照进我的心田，促使我在一次次感动中感悟，在实践中反思，在追光中成长。

二、重塑课堂　成为实干之光

在"双减"的大背景下，想要减轻学生不必要的学业负担，就得提高教师的育人水平和课堂教学质量。采他山之石以攻玉，纳百家之长以厚己。我将在各种教研与培训活动中所学应用到课堂、重塑课堂，落实到常规教学中，关注学生学习质量提升、思维发展。

在课堂教学方面，我加大课堂教学改革力度，上好"常态课"。努力深化"全人成长"的课堂教学模式，确保学生的主体地位。聚焦课堂主阵地，打造高效课堂。每次备课，我都重点思考：学习目标是不是围绕核心素养，教学内容是不是重结构化，教学活动是不是有效；教学设计、教案撰写是不是规范、标准。在整体的设计与建构中，我注重体现教学评一致性，重视大单元、大概念教学，注重学生深度学习与思维提升，重点培养学生的核心素养。

良好的学习习惯对学生的学习、生活有着决定性的作用。因此在平时的教学中，我把学习习惯和评价相结合，渗透到具体的教学行为中。抓住学校推行"龙卡"评价的契机，在语文教学的过程中，根据学生在听说读写等各方面的表现，发放语文学科卡进行激励。在教学中严格要求，训练到位，经常抓，抓经常。

在作业设计方面，实行分层作业并开展切实有效的特色作业探索，寻找教育方式和特色作业的最佳结合点。学生们学语文，用语文，打破教材和课堂的限制，让语文作业有了全新的打开方式。分层设计家庭作业，如职业体验、古诗配画、书法作品展示等，满足学生个性化学习需求，让他们在具有趣味性、层次性、实践性、拓展性的作业中，用自己的智慧创造出一道道绚丽多彩的风景线。

与此同时，我始终认为家庭和社会是学生学习环境的重要组成部分。教育首先开始于一个个的家庭之中，孩子长大一点后才到学校学习，但又时刻受到社会大环境直接或间接的影响。通过学校、家庭、社会的共同努力，我们可以更好地了解学生的需求，从而为他们提供更全面的支持。

总之，在课堂教学中，我抓住"双减"契机，在学校的有力帮扶下，不断反思不足，不断打磨技能，不断提升素质，不断吸收经验。可以说，我的每一步成长都是整个教学团队亲密无间合作的结果。

三、学思践悟　绽放成长之光

2021 年、2022 年，我有幸参加了两届海淀区"世纪杯"小学青年教师教学基本功展示活动，并两次取得一等奖的好成绩。这离不开学校给予的平台、领导干部和团队教师的大力支持。对于我来说，这也是成长蜕变的过程。通过这两次比赛，我经历了山脚下寻找路线、登山时满山云雾、半山腰时初见霞光的曲折过程，但是收获满满。

第一个考验是教学设计的撰写。第一次参加这样的比赛，我焦急、慌乱，彷徨中想要找到上山的路径。教学设计的第一稿写得七零八落，没有聚焦。这时候牛校长帮我分析这堂课应该怎么上，帮我找资料；团队的其他教师也一起帮忙梳理思路，并且告诉我在前测时要用数据进行分析，并有相应的策略，从而真正找到学生的盲点所在，因为经过有效设计的课堂才能真正提升学生的思维能力。关注学生已知经验，做到回顾、联系、发展，也是我在备课时认真学习并运用的。这些方向的引领和策略的支持使在山脚下寻找路径的我逐渐有了一些思路。教学设计的初稿出来后，我心里才算踏实了一点点。

接下来就是具体的备课、磨课了。开始爬山的我经历了一个满山云雾的过程。试讲之后，我觉得很糟糕：学生的学习积极性没有被调动起来，我的语言表达与教学设计问题层出不穷。这时候牛校长和团队教师一遍又一遍地帮我梳理思路，在我再一次试讲之后接着指出课上的问题。就这样一遍又一遍地磨课，过程是痛苦的，但我受益匪浅。备课的日子是充实的，也是煎熬的。教师们一起评课，一起思考课堂中存在的问题，一遍遍构思更好的教学策略，一点点梳理课堂操作问题，一次次打磨我的上课语言。就这样反复试讲，反复研讨，反复打磨，教学设计终于定稿了。之后就是我自己反复练习。在正式录课前，我每天都来学校过一遍教案，不断地感受与体会上课的过程，让自己每天都保持一个熟悉的状态。最后在正式录课时，我感受到了初见霞光的喜悦。等到拿到获奖证书时，我回想起领导干部和团队教师的支持以及我自己的坚持，一幕幕都是成长的收获。

我觉得这节课不仅让我明白了要怎么上好一节研究课，而且让我意识到了在常规教学中到底应该做一名什么样的语文教师。我觉得首先是善良，这是做一名合格的教师最基本的要求。其次就是真正思考自己的课能给学生带来什么，不能耽误了学生。这也正是黄老师说的不能把语文课上肤浅，要对学生的思维有挑战，让他们能爱上语文课。要切实提高学生的听说读写能力，真正地做到叶圣陶老先生说的"自能读书，不待老师讲；自能作文，不待老师改"。这是我的目标，也是我的方向，要结合每一节课反思自己的常规教学，认真研究、扎实实践，不断提高自己的专业素养，做一名专业的语文教师。

教师同伴互助是指同学科、同年级、同学校、同区域（地域）的教师之间实现知识共享、共同发展。教师集体的同伴互助，是校本教研的重要形式，也是学校文化建设和学校凝聚力的重要标志，是学校集体主义精神的灵魂。在磨课的过程中，我深深感受到了领导干部、团队教师对自己的帮助与支持。再次感谢帮助我的教师们，我将认真对待自己存在的诸多问题，不断磨炼，砥砺前行！

除了赛课，我还通过参与校内课题研究、撰写论文等，不断绽放"成长之光"。参与校内课题研究，让我紧紧跟随理论前沿，不断学习新的知识，提升自己的研究能力。每次论文比赛我也积极参与，每年都有1～2篇参赛文章获奖。我还跟随吴欣歆教授项目组，撰写与习作相关的书籍，使自己的写作能力也不断进步。

在今后的教育教学实践中，我将静下心来采他山之石，纳百家之长，在教中学，在教中研，在扎实学识方面不断努力。我将通过不断深化专业知识、广泛涉猎文学经典、精准把握教学要点、灵活运用教学方法和积极更新教育理念，为学生提供更加优质、高效的语文教育。

（北京市海淀区红英小学　姜伟平供稿）

4

成长之路，何惧水长

一、聚焦扎实学识

青年教师是学校发展的重要力量，关系到学校的教育质量和未来。青年教师要在学校中逐步成长，实现自我价值，并为教育事业作出贡献。

青年教师需要具备扎实学识。扎实学识包括深厚的专业知识基础、广泛的教学理论知识以及持续更新的教育技能。

作为一名体育教师，我们要在以下方面获得发展。

专业知识：体育教师应掌握自己教授的运动项目的技术、规则、历史和发展趋势。此外，还要熟悉人体解剖学、运动生理学、运动训练学、运动心理学等相关学科知识，以便更好地理解学生的身体发展规律和运动表现等。

教学理论与方法：了解并运用现代教育理论，如建构主义、多元智能理论等来设计符合学生需求的教学活动。同时，不断探索和实践新的教学方法和技术，以增强教学效果。

课程开发与设计：能够根据学校的实际情况和学生的需求，设计合适的体育课程和活动，包括设置合理的学习目标，选择合适的教学内容和评估方式。

学生评估：掌握多种评估工具和方法，能够公正、准确地评价学生的运动技能、身体健康状况和运动表现。

班级管理：有效地管理学生行为，创造积极的学习环境，确保学生的安全。

沟通技巧：与学生、同事和家长建立良好的沟通关系，能够清晰地表达自己的想法，并且能够倾听他人的意见。

法律和伦理：熟知教育法律、政策，遵守职业道德，确保自己的教学活动合法合规。

终身学习：保持对新知识的好奇心和学习热情，通过参加研讨会、工作坊、继续教育课程等，不断更新自己的知识和技能。

领导力和团队合作：在需要时能够带领团队完成项目或应对挑战，同时也能够与他人协作，共同提升教学质量。

科技应用：学习利用现代科技工具，如视频分析软件、在线教学平台等，辅助教学和改善学生的学习体验。

成为一名有扎实学识的体育教师，不仅需要不断学习上述知识和技能，还需要在实践中不断反思和改进，以确保教学活动的有效性和适用性。

2019 年，我带着对教师这个职业的憧憬加入红英小学这支温暖、有爱的队伍。初次正式以小学体育教师的身份进行课堂教学，我是茫然的，虽有扎实的知识基础和对教育的热情，但缺乏实际教学经验。我非常着急，但心中一直有个信念，那就是要让孩子们接受最专业的体育教育。凭着这股信念，我正式开启了教师生涯。

二、初为人师，从焦虑到坚定

刚进入学校，我努力适应新的工作环境，了解学校的规章制度，与同事和学生建立良好的关系。在这一阶段，我积极参加学校组织的各种培训活动，向有经验的教师请教，逐渐融入了这个大家庭。首先，我根据自己的实际情况，制定个人发展目标，包括短期目标和长期目标，并通过不断实现这些目标，逐步提升自己的能力和水平。其次，积极参与团队活动，提高教学能力，增强团队协作能力和沟通能力。最后，反思总结，并运用到实践中去。

为了提高自己的教学水平，我主动参加各种教学研讨会和培训课程，坚持每天在没课的时候带着本子夫看我的两位师傅上课，学习实践教学中的技巧，每天晚上进行整理，第二天在自己的课堂上实践，然后反思，再实践。我还会看一些优质课的视频，关注教育领域的最新动态，学习先进的教学方法和理念。

三、勤学善思，从被动到主动

在五年的时间里，在学校、教研组的支持和帮助下，我收获了很多。由最初的被课程撵着，被时间推着，被动地去做事情，到现在的提前思考，详细安排，主动去完成。这一切都得益于我遇见的每一位教师。他们中有凡事亲力亲为的领导，有给我专业引领的师傅，有体育教研组的各位教师。他们在学校为学生奔波的模样，认真准备各种优质课、公开课、邀请课的模样，深深地感动了我。从他们身上，我看到了自己的不足，反省了自己的不足，他们为我树立了榜样，使我找到了奋斗的目标，化被动为主动。

四、迎接挑战，在赛课中成长

赛课会给我们带来一定的压力，因为我们需要在短时间内准备好一节高质量的课，并直接面对他人的评价。因此，青年教师需要在赛课前做好充分的准备，同时也要学会应对压力。

要想提升教学技能，以赛代练是必不可少的。赛课要求教师在规定的时间内展示教学能力。这促使青年教师更加深入地研究教学技能，寻找更有效的教学方法，更加全面地发展自身。"韔韶杯"是五年内教师必须参加的，我收到要参加的消息时，可谓既兴奋又紧张，同时有点蒙蒙的。在师傅的引领下，我选定好课程，开始撰写大单元教学设计。撰写大单元教学设计对我们新教师来说，太不容易了，要不就是课程数量把控不好，要不就是重难点把控不好，写了一遍又一遍，推翻了一遍又一遍。然后开始说课，每句话该怎么说，都要写下来，背下来……那些天我真的是自己一个人在体育馆里，对着篮球架一遍一遍地大声讲，讲熟练后再对着师傅讲，还要将这节课可能会遇到的突发状况考虑到，然后再去给学生们讲课。实践出真知。最后，在异地上课，学生们的水平只能提前一天了解，包括学习习惯等，因此，我上课时特别紧张，每个活动的时间节点不能出错，学生们的训练要有激情，教师必须要带动。我凭借一腔热血，终于把课上完了。当然，我也收获了许多。

赛课不仅给我们提供了展示教学理念和教学实践的平台，也让我们从其他教师的反馈中获得了宝贵的建议。这些建议可以帮助我们更好地了解自己的优点和不足，从而制订有针对性的专业成长计划。

在赛课中，教师通常会创新教学方法，以吸引学生的注意力。这可以促使我们尝试新的教学方法和策略，从而丰富教学内容，提高教学质量。

五、丰富头脑，提升业务能力

现代社会对于教师的要求不再只是上好课。研究型教师成为许多教师在专业发展道路上的追求。青年教师在教学经验方面或许存在不足，但也有自身的优势。青年教师有活力，有冲劲，有创造力。在不断提高教学水平的同时，我还积极参加科研活动，关注教育领域的热点问题，与同事合作开展课题研究。通过不断探索和实践，我在为学校教育事业作出贡献的同时，增强了自己的科研意识。

六、亦师亦友，陪伴学生成长

我关爱每一个学生，对学生爱中有严，严中有爱，不偏爱一位好学生，更不放弃一位学困生。我会和学生像好朋友一样聊天，他们难过的时候，我会去开导他们；他们压力大的时候，我会带他们去运动，去缓解压力……孩子们的问题解决了，家长们也高兴，就会更加支持学校工作。学生一进校门，我们就开始培养他们的良好习惯，包括生活习惯、学习习惯、运动习惯等。比如，我要求学生做到"随捡"，即看到地上有纸屑时，就随手捡起来。我会主动跟学生问好，说礼貌用语，通过自身示范教育学生讲文明懂礼貌。每学期，我都按计划开展各种具有科学性、知识性、趣味性的班级活动，不仅丰富了学生的课余生活，还让他们在活动中学会遵守学校的纪律，并改掉一些不良的行为习惯。

作为一名教师，我深知欲给学生一滴水，自己要有的不只是一桶水，而是要有源源不断的泉水，尤其是在知识更新异常迅速的今天。为了进一步提高自己的教学水平，我会更加积极地参加各级各类继续教育培训活动，不断追踪教育科研信息，了解本学科的教育教学动态。在今后的工作中，我将继续努力丰富自己，提高自己，做一名无愧于人民的优秀教师。

（北京市海淀区红英小学　王惠英供稿）

5

在项目化学习中，提升教师的学识魅力

 2014 年 9 月，习近平总书记号召广大教师做有理想信念、有道德情操、有扎实学识、有仁爱之心的党和人民满意的好老师。2018 年，中共中央、国务院提出，要造就一支党和人民满意的高素质专业化创新型教师队伍。扎实学识是教师的职业基础，基础缺乏则职业根基不稳。在知识激增的时代，信息获取的快速和高效，既给教师带来了机遇，也给教师带来了挑战。知识的更新、技术的迭代，要求教师的知识体系是动态更新的。只有具有升级换代的能力，才可以肩负起新时代教书育人的神圣使命。而学识魅力是教师的强大吸引力，能促进师生双方共同发展。

 做新时代合格的小学数学教师，理应具备学识魅力。学识魅力包含着小学数学教师散发出来的理论魅力、知识魅力、思维魅力、视野魅力。理论魅力：教师读懂理论、掌握理论，将理论讲得生动有趣，深入浅出；基于理论的支撑，在解决问题的过程中理解知识、应用知识，培育学生的思维能力。知识魅力：教师在长期的知识积累以及内化过程中、在长期的教育教学过程中，不断且多次地对自身知识进行充实、分析、内化，最后传授给学生。思维魅力：教师主动创新课堂教学，引导学生积极主动思考，培养学生的思维能力和创新意识。视野魅力：教师除了应具备基本的学科理论功底之外，还要广泛涉猎社会科学以及自然科学的知识。教师的学识魅力是教师发展的强大推动剂，也是学生成长的源头活水。

为适应社会的高速发展，培养学生的高阶思维和能力，顺应核心素养导向下的课程教学改革，教师们开始采用项目化学习这一利于学生核心素养发展的新型学习方式。建构主义学习理论认为，知识并非学习者头脑中静态的智力结构，而是一个包括人、工具、环境中的运用知识的活动在内的认知过程。杜威的实用主义教育指出，受教育者除了通过课本进行知识的学习，还需"从生活中学习""从经验中学习"。《义务教育数学课程标准(2022年版)》强调，运用主题活动、项目学习等多种方式开展"综合与实践"教学，以期更好地发挥"综合与实践"板块沟通学科与生活间的联系、发展学生实践创新能力的作用。因此，如何有效地利用项目化学习开展综合与实践课程，促进学生的自主探究学习，从而提升教师的学识魅力，是我们一线老师需要思考和解决的问题。

以北师大版数学五年级下册"包装的学问"一课为例，查阅资料，梳理教材后，教师发现，教材上的问题设计更多地指向学生数学思维的训练。教师考虑到包装这一话题对于学生而言并不陌生，在日常生活和其他学科的学习中，学生已经积累了比较丰富的经验。因此，教师能够在理论学习的支撑下，调研学情，进而设计既符合课标要求，又贴合学生解决真实问题情境的驱动性问题：如何设计一个合理、实用、美观的包装盒？在这个问题的引领下，教师带领学生经历启发、构思、实施、售卖的过程（见图5-3）。

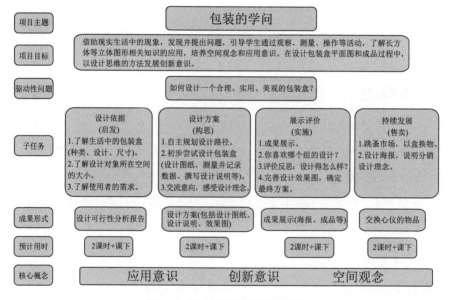

图5-3 "包装的学问"项目设计

"包装的学问"一课在这样的设计下，不再只是一节数学课，而是成为让学生经历多学科学习的实践活动。学生不仅要解决知识性的问题，而且要经历产品设计、开发、投入使用的全过程。学生会不断地发现除了知识学习以外的问题，如设计问题、操作问题，进而在小组合作探究中不断地交流和反思。学生的思维是多元的。包装的问题有很多，如怎么包装不规则物体、包装和什么相关等。学生发散的个人问题经过小组加工，逐步聚焦成小组的研究问题，再经过全班交流将小组的问题聚焦，最终确定驱动性问题："如何设计一个合理、实用、美观的包装盒?"

学生们经历了从发散的个人问题到聚焦的小组问题，再到全班认同的驱动性问题的全部流程。各个小组再经历确定研究对象，收集数据，形成小组研究方案的流程。当然方案是迭代的，有的小组在研究过程中不断产生新问题，便不断调整和改进研究方案。各个小组查资料、做实验、做模型，不断研究改进，最终形成了足球包装盒、喜糖盒、胸针包和首饰盒等各不相同的小组成果。

学生对自己设计的作品真的是爱不释手。随后，他们又有了新的需求：我们能不能做出来? 于是有了和网上商家沟通制作生产的经历。有的学生绘制平面图，有的学生撰写制作方案，还有的学生直接联系商家将数据信息一一说明。学生们享受着自己设计的作品问世的过程。随后学生们投票创办了"再生堂"跳蚤市场。学生设摊位售卖，营造真实的市场氛围，还设有"市场监督管理局"和"典当行"便于监督与服务市场。市场热闹非常，各种商品琳琅满目，甚至教师也成为他们的顾客。

在"包装的学问"项目化学习中，学生在真实问题情境驱动下，不再被动地接受知识，而是将知识作为工具，主动建构知识，解决生活中的真问题。教师作为设计者，在进行项目化学习的过程中，其理论知识、专业素养和综合创新能力均得到了提高，主要体现在以下三方面。

第一，提升教师课堂教学关键能力。首先，理解学习结果的生成路径。项目化学习为教师提供了一次职后再次体验主动学习的机会，在推动活动的过程中教师掌握了新的教学方法，也更了解学生，更能站在学生的角度理解学习的过程。其次，丰富合作学习的层次和内容。教师将项目化学习成果转化为教学思维，回归学生课堂，开展了以小组为单位的合作式项目化学习课堂实践。通过提出问题、自主规划、设计方案、动手实践、反思与总结等环节，教师帮助学生更好地探讨与研究，促进学生相互沟通、尊重、换位思考，教师也需要去调节和处理学生之间的问题和矛盾。再次，加强教学方法的灵活运用。在项目化学习过程中，教师习得了多种教学方法，大大丰富了自己的教学资源库；还学习了评价量表的制定，能够指导班级学生进行深入研究与实践操作。最后，提高跨学科整合能力。真实情境中的问题往往涉及多个学科领域，如设计需要美术、科学等学科支持，撰写制作方案、和商家沟通又需要语文学科来支持，学生在解决问题的过程中需要整合不同学科乃至不同领域的知识。教师更需要具备多学科知识，调动多学科教师支持和配合，共同完成项目化学习，促进学生的素养形成。

第二，强化教师身份认同感。教师专业发展与身份认同感有伴生关系，随着项目化学习所带来的课堂教学关键能力的提升，教师的身份认同感也不断增强。他们不再单一地从基础知识、基本技能的角度看待学生的学习，而是从学科育人的角度出发，进一步优化自己的专业素养，更希望在教学相长、学生成长中感受自己工作的价值。可见，项目化学习的实施强化了教师的身份认同感。

第三，完善教师个人职业发展和成长计划。尽管教师职业生涯规划与专业发展需要客观的外在环境，但更需要教师进行理性的自我分析：目标与需求、性格与价值观、学历与能力、兴趣爱好与特长、优点与缺点、工作经验等。教师在开放的教育教学情境中，在内外双重机制的交互作用下进行自我规划和设计，主动谋求个人职业与专业发展。因此，随着项目化学习的层层深入，在拥有丰富的体验和实践后，教师能够对自己的现状进行重新审视，以便更好地确定自身的专业发展目标、方向与需求，完善个人的发展计划。

在新的教育背景和教育生态下，通过设计与实施综合性、挑战性和实践性的项目化教学，驱动教师不断更新教育观念，提升个人的专业素养与专业能力，提升学识魅力，以推进学生的个性成长以及其核心素养的全面提升。

（北京市海淀区红英小学　夏曼　郭倩供稿）

6

师生自主导航，实现协同发展

　　当今社会对人才的需求日益多元化和复杂化。学生不仅需要掌握基本的学科知识，还需要具备创新思维、批判性思维、团队协作等综合能力。这就要求教师不仅要有深厚的专业知识，还要有广博的视野和跨学科的知识储备，以便引导学生全面发展，适应未来社会的需求。

　　自主导航式学习强调学生的主体性和自主性，鼓励教师采用更为灵活和多样化的教学方法和手段。在这种教学模式下，教师需要不断学习新的教学理念和方法，以适应学生的需求和变化。同时，这种教学模式还能够促进教师之间的交流和合作，引导他们共同探索和分享教学经验和方法，从而不断提升其学识和能力。

一、为什么开展自主导航式学习

(一)时代需求

杜威说，如果我们用昨天的方式教育现在的孩子，就是在剥夺他们的未来！那么面向未来的教育应该是怎样的呢？我们不妨结合未来的需要思考一下当前的教育改革方向和学生发展方向。我们培养的"未来人"应是善于发现生活中的复杂问题并能产生探究欲望的人，是能独立思考并进行创造性地探索的人，是能与他人合作、探究解决实际问题的人。

我们在实践中发现，项目式学习与自主导航式学习能够极大地激发学生的研究热情，在开放的、动态的、快乐的学习环境中，学生们的思维也在绽放。新时代教师的任务应该是引导学生回到自我、活出自我，激发学生学习的内驱力，使其走向自主学习。

(二)学生需求

在常规课堂上，学生会有这样的想法："老师，今天学什么?""太难了！一会儿听老师讲吧。""今天我学会了……"我们能够感受到学生是比较依赖教师的。在自主导航式课堂上，学生主动规划研究什么、怎么研究、和谁一起研究。在汇报阶段，学生知道他们重点要讲解的是背后的道理，教师还可以从中体会到学生的成就感。在常规课堂中学生不知道为什么要解决问题，但是学会了解决问题。在自主导航式课堂中学生知道为什么要解决问题，并且主动想办法解决问题。每种学习方式都有各自的优势，但是我们可以感受到，要想让学生想学习、会学习，推进自主导航式学习是很有必要的。借助自主导航式学习，教师能够更新教育观念，提高研究能力；学生能够转变思维方式，提升学习能力。师生协同，实现双向优质均衡发展。

二、自主导航式学习是什么样的

自主导航式学习就是以自己的力量为主体，借助外部帮助，进而使自己得到快速发展的学习方式。在这个过程中，学生经历自主提问、自主规划、独立研究、小组研究、创作作品、交流汇报、评价反思这样的过程(见图 5-4)。这种学习方式旨在帮助学生逐步建立自主学习的意识，提升自主学习的能力，夯实其核心素养。

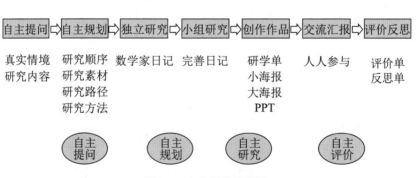

图 5-4　自主导航流程图

三、如何开展自主导航式学习

(一)学生实施过程

只有深入探究过"比"的人，才会和毕达哥拉斯心灵相通。

只有一步步推导过"圆周率"的人，才能体会祖冲之的智慧。

只有尝试反复探究两点位置关系的人，才会感叹牛顿和笛卡儿的创新能力。

我们传承的是数学文化，是人类对于真理孜孜不倦的追求。

因此，我们要让学生经历完整的探究过程。

本文以北师大版数学四年级下册第三单元"小数乘法"为例，展开说明学生自主导航式学习的历程。学生在自主探索小数乘法计算方法、理解算理和解释算法的过程中，逐步提升运算能力，体会转化的数学思想。在这一过程中，知识只是一个载体，它承载着学生思维的生长。

1. 创设情境

学生们来到 1585 年的荷兰，小数乘法产生的初期，向人们说明小数乘法的用途和价值。

2. 发现并提出问题

为了了解小数乘法存在的意义，学生们深入生活，寻找与小数乘法有关的现实情境。在深入了解这些真实情境的过程中，学生们产生了新的困惑，如小数乘法怎么算，为什么这么算……学生们对提出的问题进行梳理和分类，并且开始调动原有的整数乘法的研究经验，明确了自己想研究的问题。

3. 制定规划

学生将大目标拆解成小目标，变成自己能够研究的问题，进而确定研究的先后顺序，并将研究内容及时间进行细化，制定研究规划。

4. 自主探究

这一阶段时间较长，学生尝试用拆分、乘法意义（几个几）及积不变的规律、面积模型等方法解决小数乘整数的问题，进而研究在小数乘小数中如何产生新的计数单位的问题，逐步体会运算的一致性。

5. 小组交流及汇报

小组梳理自身研究成果，如小数乘法的计算方法、小数乘法与整数乘法的关系、计数单位的产生过程等。小组将作品进行全班汇报。

6. 评价反思

教师和学生共同进行评价，包括过程性评价和成果评价，开展集体复盘和小组复盘，并自主进行单元学习情况的检测。

(二)教师实施过程

1. 师生研究计划

为了更好地把握自主导航式学习的时间，教师不仅要做好课时规划，还要做好师生整体研究计划（见图 5-5），这样才能有条不紊地开展研究。教师与学生是学习共同体，是协同发展的。

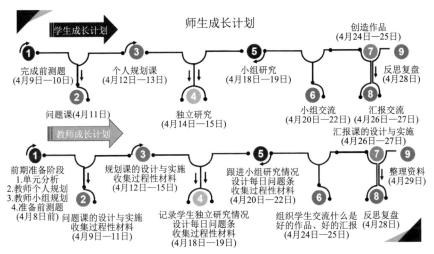

图 5-5 师生整体研究计划

2. 教师角色定位

在这一过程中，教师的角色是多样的。教师是课堂文化的创设者。课堂文化的建设十分重要，教师首先要让学生相信自身的能力，同时也要给学生仪式感，如布置班级文化环境、创建问题墙、张贴海报、展示研究成果等。教师也是学生发展的支持者，可以为学生搭建学习支架，给予他们情感关怀，还要分析学生的学习情况，并进行阶段性干预。教师还是学生学习的评估者以及专业成长的自主学习者（见图 5-6）。

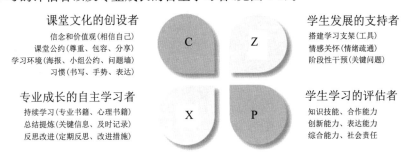

图 5-6 教师角色定位

3. 教师课堂实施

第一次自主导航，无论是对学生还是对教师都是很有挑战性的。下面我将从自主提问、自主规划、自主研究、自主评价四个方面展开讲述自主导航式课堂的实施过程。

（1）自主提问——提供问题工具

问题诊断。学生第一次自主提问通常会出现这样的问题：提问角度单一，表述不清，发展性问题数量有待增加。

精准干预。基于学生的问题，教师可以进行以下干预。在提出问题时，首先对学生提出要求：清晰表述，多种角度提问。提出要求后，可能仍然有一部分学生不能做到，那么教师要夯实分析问题的环节，即让学生明白清晰表述的含义是别人能够读懂这个问题。在这个过程中，还可以让学生讨论哪个问题好，为什么，并提炼一些关键词，加深学生对于好问题的认识。接下来确定维度，对问题进行分类整理。最后聚焦问题（见图5-7）。

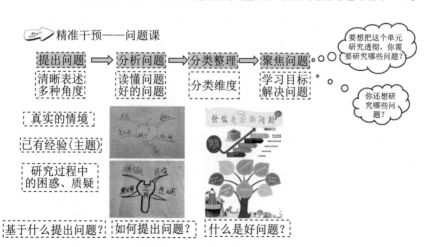

图 5-7　问题课

（2）自主规划——提供思维支架

问题诊断。学生要基于想研究的问题做个人规划。结合学生们第一次自主规划的内容，我们发现，一种情况是相当一部分学生写的是查阅资料，问爸爸、问妈妈、问老师、问同学，可见学生并不认为自己能够独立地解决问题。另一种情况是学生自问自答，但实质上不明白背后的道理是什么。

精准干预。制定好个人规划后，我们要上一节规划课，共同交流为什么做规划，什么是规划，什么是好规划，以便对学生有一个正向引导，使他们清楚规划的目的。制定小组规划时，可以为学生提供思维支架。例如，流程图，明确研究顺序；枝形图，将大问题转化为可研究的小问题。规划是循序渐进的，是不断完善的（见图 5-8）。

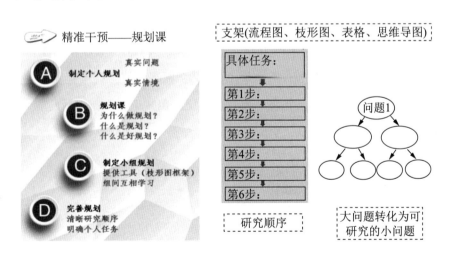

图 5-8 规划课

（3）自主研究——提供问题支架

怎样避免学生的研究浅入浅出、流于形式？如何使学生聚焦真问题？

教师的作用非常重要。在学生遇到困难时，教师需要以适当的身份出现，帮助他们聚焦核心问题，为他们提供解决问题的脚手架等，使得他们的研究能持续、有动力！

在每个阶段，教师都需要通过大量的访谈，跟踪记录每名学生的研究进度及问题。结合每天的调查问卷，整体分析学生的学习情况，再根据学生的进展及个性化需求制订干预计划。当然，富有启发性的问题是关键。例如，你怎么知道解决这个问题用的是小数乘法？要想把小数乘法研究透彻，我们需要研究哪些问题？其中的道理是什么？0.2×0.3 表示什么意思？0.01 是怎么产生的？……

（4）自主评价——提供评价量表

为促使学生了解自身的学习情况，并且促进学生持续研究，可采用持续性评价。需要有多维度的评价准则，分层设置学生的表现评分，将学习目标具体化为内容标准和表现标准，以达到全面客观的评价效果。这里不仅展现了知识技能的掌握情况，而且展现了运用知识解决新问题的能力，拓宽了评价的范围，指向了更为复杂的能力。

四、自主导航开展效果如何

(一)学生成长

学生们的认知在更新，他们知道知识不再只源于课本、教师、父母，而是可以通过自己的努力获得，他们开始明白学习是自己的事情……

学生们的思维方式在转变，他们主动计划着自己要学什么、从哪儿学起、和谁一起学、以怎样的方式学……

学生们的学习在真实情境中发生，他们通过挑战一个又一个难题，实现了深度学习，体会到了成功的喜悦，结交了志同道合的伙伴……

自主导航式课堂融合了学习、研讨、实践、展示等多种学习形式，充分调动了学生的积极性与主动性，引导他们在自主、合作、探究的过程中获得全面的发展。

(二)教师成长

当我第一次开展自主导航式课堂教学时，心中充满了激动与忐忑。激动的是，我终于有机会尝试这种全新的教学模式，让孩子们在更加自由、开放的环境中学习；忐忑的是，我不知道自己能否驾驭这种教学模式，确保孩子们的学习效果。

在课前准备阶段，我花了大量时间设计课程内容和任务。我试图将知识点融入各种有趣的任务中，让孩子们在完成任务的过程中自然而然地掌握知识。我也考虑到孩子们的年龄特点和兴趣爱好，努力让课堂变得更加生动有趣。

当课堂教学正式开始时，我将主动权交给了孩子们。我告诉他们，今天的学习任务是什么，然后让他们自己组队、分工、讨论和探究。一开始，孩子们显得有些不知所措，但很快，他们就投入各自的任务中。

我仔细观察着每一个小组的学习情况，时而给予一些指导，时而记录下他们的精彩瞬间。我发现，当孩子们遇到问题时，他们并没有立刻向我求助，而是选择自己查阅资料、相互讨论。这种自我解决问题的能力让我深感欣慰。同时，我也看到了孩子们之间的合作与互助，他们共同解决问题，一起分享成功的喜悦。

然而，自主导航式课堂的开展并非一帆风顺。在实践中，我也遇到了一些困难和挑战。有时，孩子们会偏离任务，做一些与学习无关的事情；有时，他们会因为意见不合而产生争执。面对这些问题，我并没有急于干预，而是选择观察、思考，并在适当的时候给予引导。我逐渐意识到，作为教师，我的角色正在发生转变。我不再是一个单纯的知识传授者，而是一个引导者、支持者和合作者。我需要学会放手，让孩子们在自主导航的过程中找到属于自己的学习之路。

随着时间的推移，我逐渐适应了这种新的教学方式。我更加注重与孩子们的互动和交流，鼓励他们大胆表达自己的观点和想法。我也学会了如何更好地引导孩子们学习，如何为他们提供有针对性的支持和帮助。

回顾这段实践之旅，我深深地感受到，自主导航式课堂不仅锻炼了孩子们的能力，也使我自己得到了成长。我学会了如何更好地引导孩子们学习，如何与他们建立更加平等、和谐的关系。我也更加深刻地认识到，教师不仅要传授知识，而且要培养孩子们的独立思考能力和创新精神。

在实践中，我也有一些深刻的思考。我意识到，自主导航式课堂并非放任自流，而是需要教师在背后进行精心的设计和引导。教师需要深入了解孩子们的学习情况和需求，为他们提供有针对性的支持和帮助。同时，教师也需要不断更新自己的教育理念和教学方法，以适应时代的发展。

此外，我还认为，自主导航式课堂需要营造一种相互尊重、相互信任的氛围。教师要尊重孩子们的选择和想法，鼓励他们大胆尝试和创新；同时，孩子们也需要尊重教师的权威和指导，认真完成学习任务。只有在这种相互尊重、相互信任的氛围中，自主导航式课堂才能发挥出更大的作用。

展望未来，我将继续探索和实践自主导航式课堂。我希望通过不断地努力和创新，为孩子们创造一个更加自由、开放、有趣的学习环境，让他们在快乐中学习，在探索中成长。同时，我也希望与更多的教育工作者一起分享和交流经验，共同推动教育事业的发展和进步。

五、总结

在自主导航式教学改革中，我深刻认识到扎实学识的重要性。通过深入研究教材，更新教育理念和教学方法，我不仅提高了自身的学识水平，还为学生提供了更优质的学习体验。在实践过程中，我注重知识的系统性和连贯性，努力将知识点串联成完整的知识体系，以帮助学生更好地理解和掌握知识。同时，我也学会了将理论与实践相结合，不断探索和创新教学方法，以激发学生的学习兴趣和积极性。

这次改革让我更加明白，作为教师，我们需要不断学习和更新自己的知识，以应对不断变化的教学需求。只有拥有扎实学识，我们才能更好地引导学生，帮助他们成为具有创新精神和实践能力的人才。未来，我将继续深化自己的学识，不断提升教学水平，为学生的成长贡献自己的力量。

（北京市海淀区红英小学　曹煜供稿）

第六章

构建阳光课程，

支持学生多样化成长

1

阳光岛课程，成就生命的无限精彩

课程是人才培养的重要介质，是构建教育生态的基本落脚点。为党育人、为国育才，这样的教育使命落在学校，就是为学生的未来奠基，课程建设的最终目的也是成就学生生命的无限精彩。

扎实学识不仅包括教师对所教学科知识的深入理解和掌握，还包含教育教学理论、学生心理学、教育法律法规及现代教育技术等多方面的知识储备。这样的学识应该体现在教师的备课、授课、学生评价以及教育研究的各个环节中。同时，教师还要能够根据学生的个体差异提供个性化的教育指导，帮助学生建立系统的知识体系，培养其独立思考和解决问题的能力。这对于学生全面素质的提升以及终身学习习惯的养成具有积极影响。

课程是教与学的直接载体，是教师传授知识、技能和价值观的主要途径。通过参与课程设计、实施和评价，教师运用自己的扎实学识来指导学生的学习，解决他们在学习过程中遇到的问题，并根据学生的反馈和教学效果不断调整和优化自己的教学方法和策略，不断更新和深化自己的专业知识，提升教学能力。因此，学校以课程建设为核心来发展教师的扎实学识，既能够帮助教师拥有扎实学识，又能够确保学生接受高质量的教育，从而实现师生的共同成长和进步，成就师生生命的无限精彩。

一、探索·迭代

从 21 世纪初至 2012 年这段时间，学校对课程的理解还比较粗浅。学校在按照规定开齐国家课程和地方课程的基础上，探索开发校本课程，如当时开设的"时尚课程"，聚焦于英语和信息素养等学科。回想起来，当时我们没有树立起完整的课程观，前方的道路并不十分清晰。

在初期探索中，我们确立了红英阳光教育理念，形成了红英精神内核，红英"人人观"的理念在实践中逐渐显现，即每一个人都是与众不同的，每一个人都不是旁观者，每一个人都能获得成功。2012 年，我们学校成为海淀北部唯一的课程改革实验校，我们开启了红英课程的变革之路。

(一)晨曦：课程体系 1.0 版

依据加德纳多元智能理论，我们初步构建了红英课程体系 1.0 版。在课程实施方式上，安排了必修课程、选修课程与自修课程，必修课程着力于共同发展，选修课程追求学生的个性化发展，自修课程强调学生的自主发展。

(二)旭日：课程体系 2.0 版

随着海淀北部城乡一体化的建设，北部逐渐担负起前沿科创发展轴的重任，环境日新月异，AI智能时代来临。2014 年，红英开始了集团化办学的探索，四校一园，生源结构复杂。如何让阳光真正抵达每一个红英孩子的心田？如何让他们能跟上时代发展的步伐？

我们认识到，只有课程才能满足学生们的多元需求，只有课程才能使得红英四校优质均衡发展。于是，我们再次审视学校的课程。

2015 年，我们开启了红英阳光岛课程体系 2.0 版，聚焦必修课程的改革。无论社会如何迭代，教育的根本属性都不会变，那就是坚定以"学生为中心"的信念不会变，培养一个完整的、立体的、丰盈的人这一终极目标不会变。我们的课程体系建构始终关注一个完整的人所必备的素养：独立的生存能力、健全的人格、持续的学习力，最终指向培养"德智体美劳全面发展的社会主义建设者和接班人"，培养"有理想、有本领、有担当"的时代新人。

我们结合未来人才需求，再次具化了红英的育人目标——培养拥有"四大核心能力""七大阳光特质"，"健康、尚学、明理"的阳光少年。因此，我们将必修课程延展为基础课程、拓展课程、活动课程三个层次。基础课程是基石，夯实学生学业基础；拓展课程是延伸，为学生面对未来的多元变化提供支撑；活动课程为学生提供多元实践平台。

学校开设礼乐、箜篌、古琴等国学类课程，用中华优秀传统文化为学生培根铸魂；开设网球、击剑、高尔夫、皮划艇等身体运动类课程，奠定学生健康与社交的基础；开设 KOOV、Python、STEAM 等创新实践类课程，赋予学生改变世界的可能；开设包含科普、科研和科创三个维度的科技教育课程，为未来人才奠基。

活动课程是整个课程体系的综合汇集，通过输出将知识内化为素养，涵盖了学科实践活动（如班级合唱节、班级舞蹈节、美术双年展等），主题类实践活动（如"感恩月"活动、"今天我 100 岁"活动、阅读嘉年华等），以及生存力课程（如一元钱城市生存、陆地营、冰雪营等），让学生感悟生命的意义，让经历铸就学生的生命之书。

基础课程、拓展课程和活动课程互相促进、互为支撑，既注重知识传授和能力培养，又关注学生的兴趣爱好和个性发展，实现学生德智体美劳全面发展。

二、实践·深化：阳光岛课程实施

党的教育方针非常明确地指出，教育要与生产劳动和社会实践相结合。习近平总书记提出，努力让每个孩子都能享有公平而有质量的教育，让每个人都有人生出彩的机会。教育家陶行知先生提出的"六大解放"思想，体现在课程实施中，即注重培养学生的实践能力，让学习活动与真实生活相结合。这些都指向深入挖掘课程的育人功能并有效落实。

我们再次思考：如何在课程实践过程中深化"人人观"？如何将思想转化为行为？通过什么样的路径实现思想刻痕、行动刻痕？

我们继续以红英哲学的三大核心支柱作为阳光岛课程实施的依据。不仅关注一群人，如我们看到的舞蹈表演是一群人，童声合唱也是一群人，而且要关注一个人，我们始终认为高质量的教育应当是给予每一个学生丰富的成长体验。

(一)以学生为主体搭建多元实践平台

我们构建了"做中学，学中做"的课程实施模式，将教育的目的隐含于学生们喜闻乐见的活动之中。我们架设机会与平台，探索学生发展的多种可能，构建"班级—年级—学校"、同龄与混龄展示形式，开展小课题项目研究、演讲大会、经典诗文诵读等活动，让每一个学生都有经历、有体验、有收获。

在红英，每一名学生在六年之中，都担任过升旗手，有过主持人的经历，掌握了一种民族乐器，至少具备两种特色体育技能，有属于他们的5分钟。我们开启了独属于学生的5分钟活动。基于统编版语文教材口语表达主题而诞生的"未来领袖者"演讲，让每个学生都拥有了自己的舞台。学生将自己的发现、思考、探索与大家分享，每学期都有3000多人次的演讲。从2019年到现在，累计有3万多人次演讲，时长达到15万分钟。"未来领袖者"演讲，因为年龄不同，主题策略途径不同，所以我们又构建了整个六年的体系，体现积累、体现成长，体现教育的美学。

通过多年的实践，我们也构建了红英学生学习力的三层发展模型，既要关注知识经验的积累，更要创建实践的平台，最后才能实现知行合一。

通过多元的课程建设与实践，我们让每个学生感受到不同的优秀。学生已成为学习的组织者。

"所谓成长，就是经历。所谓卓越，就是经历非凡。"红英学生的每一场实践经历，都是在实现马斯洛需求层次理论中的最高层次——自我实现；每一名学生都得到了"成就激励理论"中的最高奖赏——价值感。因此，教育，从来不是说教，而是身体力行。

(二)以学生为中心探索学习方式变革

1. 用"对话"使每一个生命成长和发展

教师、学生和文本是对话教学中的三个主体，对话教学是三个主体之间相互交流的过程。根据对话主体的不同，可将对话划分为师本对话、生本对话、师生对话和生生对话四种类型。学校多年聚焦对话教学的探索，通过对话教学范式，落实高效课堂；通过构建对话课堂文化，实现学生主动学习，主动探索，主动思考。

2. 自主导航，从数学家课堂到广泛的学习方式变革

2012 年，以齐迎春老师为核心的团队，探索出了数学家课堂，开启了学习方式的新变革——将学生放在主体地位，让学生自己学会学习、学会探索。学生根据生活中的实际问题，制订计划，尝试实验，创作作品，最终解决问题。

经过团队的不断探索，我们构建了自主导航式学习方式。学生们主动规划学什么、从哪儿学起、和谁一起学、以怎样的方式学。

3."大项目操盘手"，全方位的学习方式变革

在学科课程之外，我们也在思考将这样的学习方式融入主题活动课

程。学校面向全体学生发布招募令，招募学生担任"大项目操盘手"，鼓励学生自主进行活动项目的组织、策划、实施及改进。

学生借助 PDCA 模型，以项目思维自主策划开展活动。实施过程通常经历以下阶段：项目发布—自主报名—组建团队—商讨策划—实施调整—复盘反思。学生们的创意独特，干劲十足，成就感满满。这样的学习方式变革，让每个学生都有自己的位置，发挥着越来越大的主动性。

学生们的深刻认知同样发生在海岛研学之中。当我们和学生们探讨"什么是规则"时，他们在很短的时间内，相继作出了这样的回答："规则是我们共同遵守的行为准则"，"规则是红线，不能跨越"，"规则将会成为我们一生的习惯"……这些高阶思维都源于经历和经验带来的认知提升。

其实，早几年我们就开展过"基于社会生活的主题研究"，引导学生关注社会生活，培养其探究和解决问题的能力，增强其社会责任感和公民意识。最近，在小课题研究基础上，学生们提出"商业企划案"，举办了"未来企业家"招商引资会。他们与企业家对话，为校园宠物、老年服务中心、世博园招商引资；他们规划学校课程，为学弟学妹拓展活动空间。我们也让学生们看到，他们的构想是可实现的。

(三)学习组织者的功能角色变化

教师不仅是课程的实施者，还是教育理念的践行者。他们的价值判断与实施路径对于高质量教育的实现起着至关重要的作用。因此，学校致力于通过各种途径来赋能教师，促进他们的专业成长，让他们成为引领学生探索世界、认识自我、发展能力的向导，以专业的教育素养去影响和启迪每一个学生。

为了提升教师的学科教学能力，学校成立了不同主题的研究工作室。在这里，教师们深入交流教学经验，探讨教学方法，共同提升教学水平。通过不断地实践、反思和研讨，教师们的学科教学能力得到了显著提升，涌现出一批又一批具有扎实学识的优秀教师。

为了进一步促进教师的领导力发展，学校推行了首席教师制。在各学科实践活动中，推选首席教师，让其统筹负责。在组织主题活动时，一线教师突破自我角色，纷纷组建自己的执行团队，其责任感和主人翁意识得以增强，他们在活动中学会了策划，学会了组织，学会了思考，学会了管理。担任首席教师的经历，使教师站位更高，想得更全。他们从根本上认识了学校开展各项活动的目的，从而能够创造性地开展自己的工作。可以说，首席教师制拓展了学校教师队伍培养的新途径和新思路，为教师的成长搭建了平台，树立了教师的主体意识，创造了和谐、共荣、团结的学校氛围，帮助教师实现了个人的职业理想，使教师的生命价值在教育实践中得以提升。

同时，学校还借助师徒制度来激发团队的力量。资深教师与青年教师结成师徒关系。在这一过程中，资深教师的扎实学识和教学经验得以传承，青年教师也在实践中不断磨砺自己，逐渐形成自己的教学风格。多年来，学校的年轻教师在师傅的精心指点和个人努力下取得了很大的进步，很多年轻教师已成长为学校骨干。

此外，学校还通过项目驱动研修制度来推进课程领导力的探索。教师们以项目为载体，共同研讨课程设计、实施和评价等方面的问题。在这一过程中，教师们的课程领导力得到了显著提升，他们不仅能够独立完成高质量的课程设计，还能带领团队共同研发新课程。

名师工作坊制度则是我们推动教学风格形成的重要途径。在这里，学校的骨干教师纷纷成立不同主题工作坊，如清源工作坊、新 π 工作坊等。坊主分享自己的教学经验和教育理念，引领其他教师形成自己的教学风格。通过名师的引领和示范，教师们的教学风格逐渐鲜明，最终形成了各具特色的教学风格。

最后，我们还借助学术节平台助力实践型教师走向专家型教师。创立于 2011 年的红英小学学术节，至今已经举办了十届。在学术节上，教师们可以展示自己的研究成果和教学经验，与同行进行深入的交流和研讨，不仅能促使其对日常教育教学工作进行总结与反思，还能拓宽其学术视野，最终助力其成为专家型教师。

总之，我们通过多种途径来赋能教师，促进他们的专业成长。在课程研发、实践和反思的过程中，教师们不断学习、收获和成长。这些优秀的、具有扎实学识的教师为学校的高质量教育提供了有力支撑。

值得一提的是，学校也涌现出了一批优秀的有扎实学识的教师。他们凭借深厚的学科素养和卓越的教学能力，赢得了学生和家长的广泛赞誉。例如，齐迎春老师的数学家课堂生动有趣且富有挑战性，注重培养学生的逻辑思维和问题解决能力；刘怡老师在科学教学中善于引导学生自主探究和实验，培养学生的科学素养和实践能力；牛建宏老师在语文教学中注重阅读指导和写作训练，以提高学生的文学素养和表达能力……这些优秀的教师用自己的实际行动诠释了扎实学识的内涵和价值。2024 年，学校有

6位教师被推荐为市级骨干教师，这是对他们专业素养和教育成果的充分肯定。学校也将继续致力于教师队伍建设，为培养更多具有扎实学识的优秀教师而努力。

三、评估·发展：阳光岛课程评价

学校课程体系的建构与实践，离不开评价。红英小学围绕课程评价、教师评价、学生评价，进行了一系列基于课程的评价探索。

课程评价方面，红英课程研发中心在课程体系实施过程中，帮助教师发现问题，不断推进课程体系调整完善，确保课程体系合理、科学、有效。

教师评价方面，借助"教师基本功考核评价"，考查教师对课程的理解；通过学科日常专项检查、主题汇报、四校联查、过程性档案等来考查教师的课程实施能力。

学生评价方面，由于学生的发展呈现出差异性、多元性，因此具体到每个学生，成功标准也应是不同的。学校为不同学生"量体裁衣"般地制定看得见、摸得着的不同的"成功"标尺，用多把尺子评价学生。

四、关于课程建设的思考

红英阳光岛课程体系2.0版打破了学科界限，以校本化课程实施为抓手，兼顾过程性评价、增值评价与结果评价，通过实证材料，有效引导和规范教师的教学行为和学生的学习行为。

育人目标的实现也离不开家庭与社区的支持。因此，我们构建了"家校共育课程"，统筹社会资源。我们将"非遗"项目引入劳动教育之中，依托"勇士家庭会议"促进家庭教育场域氛围的提升。

红英阳光岛课程的建构与实施，始终围绕立德树人根本任务和阳光教育理念，在经历中不断迭代，每一个人都在课程、活动的迭代中成长。

课程何以赋能？课程的设置要符合时代的需求，要满足人的可持续发展；课程的实施，要搭建"五育并举"的实践平台；课程的评价，要建立多样、多维的评价标准。

我们的教育决定着孩子未来的样子！陶行知先生说："敢探未发现的新理，即是创造精神；敢入未开化的边疆，即是开辟精神。创造时，目光要深；开辟时，目光要远。"

积极探索、不忘初心，通过课程建设让高质量教育主动、持续发生。用教育的力量塑造未来，仍是我们不竭的动力！

（北京市海淀区红英小学 张杰利供稿）

2

传统工艺我推荐，"非遗"技艺的校本化实施

一、项目实施背景

《义务教育劳动课程标准(2022年版)》要求中小学生通过劳动课的学习发展初步的筹划思维，形成必备的劳动能力，培育积极的劳动精神，弘扬劳模精神和工匠精神。我校积极探索劳动课程实施方案，以帮助学生获得更好的成长。

二、项目实施意义

通过参与劳动，学生不仅能够学习实际操作技能，而且能够提升团队

合作能力、问题解决能力等。这些能力对于学生未来的社会生活和职业发展同样重要。因此，劳动课程不应被视为次要的教育内容，而应该是教育体系中不可或缺的一部分。

劳动课程的开展，对于教师角色的转变具有深远的意义。在劳动课程中，教师必须具备包括实践技能在内的更为全面的学识，以便在教学中为学生提供有效的指导。教师在实践中不断提升自己的学识，不仅能够增强自身的教学能力，而且能够为学生的成长提供更加坚实的支持。

三、项目实施过程

(一)招募"非遗"引进人

一些学生可能对非物质文化遗产缺乏足够了解和认知。为了有效帮助学生们认识"非遗"、了解"非遗"，我们招募了广泛涉猎"非遗"相关资料的赵俊涵同学作为"非遗"项目引进人。引进人组织学生们观看《非遗里的中国》纪录片精选部分，观看手艺人制作的视频，引导学生们初步了解"非遗"的特点和魅力。

(二)确定"非遗"主理人

在促进学习方式变革的背景下，为发挥学生的主动性和创造性，我们招募了有"项目操盘手"经验的十位"非遗"主理人，组成主理团队，进行研究和探索。我们鼓励学生通过查阅资料、问卷调查、访谈等方式找到自己真正感兴趣的课程和实施方法，突出学生主体地位，落实育人目标。

(三)梳理"非遗"项目

如何从上千个"非遗"项目中筛选出适合落地红英小学的项目？哪个项目适合哪个年级的学生学习？基于以上问题，学生团队梳理了"非遗"的类型，从操作难度、成本、喜爱度、历史价值、课程意义五个维度设计评分量表，结合总分，筛选出近30个适合进入校园的项目(见表6-1)。

表6-1 "非遗"项目评分量表

序号	非遗项目	类型	非遗级别	可行性	操作难度	成本	喜爱度	历史价值	课程意义	总分
1	蚕桑丝织	传统技艺	世界	是	3	2	5	5	5	4.50
2	皮影戏	传统戏剧	世界	是	5	5	5	5	5	4.00
3	面塑	传统美术	国家	是	2	1	4	4	4	3.90
4	种子画	传统美术	国家	是	3	1	4	4	4	3.80
5	风筝	传统技艺	国家	是	4	3	5	4	4	3.75
6	剪纸	传统美术	世界	是	3	2	3	5	4	3.70
7	草编	传统美术	国家	是	4	2	3	4	5	3.65
8	珠算	民俗	世界	是	3	1	2	5	5	3.55
9	秦淮灯彩	传统美术	国家	是	4	3	4	4	4	3.50
10	刺绣	传统美术	国家	是	5	3	4	4	4	3.40
11	叶雕	传统美术	国家	是	4	2	3	4	4	3.35
12	麦秆画	传统美术	国家	是	4	3	3	4	4	3.25
13	竹编	传统美术	国家	是	5	4	5	4	3	3.25
14	糖画	传统美术	国家	是	4	3	4	4	3	3.20
15	缠花	传统美术	国家	是	5	3	4	4	3	3.10

序号	非遗项目	类型	非遗级别	可行性	操作难度	成本	喜爱度	历史价值	课程意义	总分
16	盘扣	传统技艺	省级	是	4	2	4	3	3	3.05
17	篆刻	传统美术	世界	是	5	4	3	5	3	3.00
18	中国结	传统技艺	省级	是	3	2	3	3	3	2.90
19	花馍	传统技艺	国家	是	2	1	2	4	2	2.80
20	马勺脸谱	传统技艺	省级	是	5	4	3	3	3	2.50
21	竹节人	传统技艺	国家	是	2	2	4	1	2	2.45
22	宫廷团扇	传统技艺	省级	是	5	3	3	3	2	2.30
23	锤草印花	传统技艺	省级	是	5	3	3	3	2	2.30
24	定胜糕	传统技艺	省级	是	3	2	3	3	1	2.30
25	叶脉画	传统技艺	市/区县级	是	4	4	4	2	2	2.30
26	太平绣球	传统技艺	省级	是	5	4	2	3	3	2.25
27	布老虎	传统技艺	国家	是	5	4	2	4	2	2.20
28	洛房泥塑	传统美术	省级	是	5	4	2	3	2	1.95

(四)主理团队研究

根据调研情况，主理团队中的每个成员选择一个"非遗"项目进行研究和课程设计。从项目操作的难易程度、不同年级的喜好、物质条件等多方面进行综合考量，最终每个年级分别选定了两个适合进入劳动课的"非遗"项目。

接下来，主理团队采用实地体验、文献阅读、问卷调查、访谈等多种方式进行"非遗"技艺进校园研究。研究内容包括该项目进入劳动课的意义、适宜入选的原因、具体的操作细则、成果的商业销售、项目成本测算等。家长导师协助主理团队形成完整的商业企划案并提交给学校,由学校进行评估遴选。下面以蚕桑丝织项目为例,说明主理团队从开展研究到形成结果的过程。

1. 实地走访,记录关键技艺

学生走访了北京东韵丝绸文化艺术馆,通过操作体验蚕桑丝织技艺,记录了如下四个关键技艺步骤(见图 6-1)。

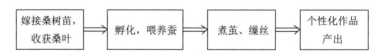

图 6-1　蚕桑丝织技艺步骤

在四个关键技艺步骤的基础上,结合具体的操作安排,确定了时间跨度为一个学期,每周 1 课时,共计 14 课时(授课和操作 12 课时,校园活动 2 课时)的时间方案。

2. 问题导向,促生落地方案

在编排每个步骤的操作方案时,学生又遇到了新的问题。学生的动手能力、学校的环境与传统技艺的要求存在一定的差异,不是每个步骤都能完全按照手艺人的标准和方式操作。主理人进行了推想,发现了很多问题:我们并没有种植桑树的场地,且桑树长成需要三年之久,桑叶从何而来?一个蚕茧缫丝需要 30 分钟之久,如何在有限的课堂时间内高效缫丝?煮茧需要沸水操作,如何避免烫伤?面对这些问题,主理人有针对性地提出了可行的解决办法,形成了以问题为导向的落地实施方案。每一个关键技艺步骤都按照"传统方案—问题提出—解决方案—成果和收获"四步进行设计，最终得出了适合我校的落地实施方案。在整个过程中，学生主动思考、质疑，主动寻求解决问题的途径，深入学习新的知识技能，体现了学习方式变革的思想。

3. 专业人士，助力测算与规约

主理人寻求财会专业人士的帮助，使用公式进行成本和收益测算，并根据预计盈利额度，逆向推出需要使用的原始材料。

另外，蚕桑丝织、皮影戏等在内的"非遗"技艺在操作过程中都存在一定安全风险。为提升主理人的风险意识和法律意识，我们还特别咨询了法律专业人士的意见，并根据意见拟定了安全公约。

四、项目实施成果

通过一系列的活动，学生们对"非遗"项目产生了浓厚的兴趣，深入了解了"非遗"的技艺和文化内涵，形成了十余份"非遗"项目入校园的策划案，分别为1～6年级选定了"非遗"技艺项目。学生的调研能力和实践能力得以提高。

在实践的反馈循环中，教师的扎实学识得到了淬炼和升华。当教师将理论知识与实际操作相结合时，他们不仅在传授知识，而且在感悟和体验知识的深层价值。例如，化学教师在实验室指导学生进行实验操作时，不仅需要讲解化学原理，还需现场解决实际问题，这种双重角色要求他们拥有更为精湛的实验技巧和应变能力。同样，学生在实际操作中遇到的问题，也会激发教师进一步学习和探索新知识，形成一种教学相长的良性循环。

学生在实践活动中的收获和成长同样不容忽视。他们在教师的指导下，将书本上的理论知识转化为动手能力，这不仅增强了他们的理解能力，而且提升了他们解决实际问题的能力。这种由理论到实践的转变，使学生的扎实学业得到了全面的提升。

实践的过程不仅是知识和技能提升的过程，而且是价值观和人生观塑造的过程。通过劳动，学生学会了尊重每一份劳动及其背后的劳动者，合作、坚持和负责任等品质将伴随学生一生。

（北京市海淀区红英小学　刘资源供稿）

3

小学演讲进阶宝典

　　2019年统编版语文教材在全国推行使用。教材将"口语交际"单独设为单元的一个板块，凸显其重要地位。然而学生口语表达能力的培养，绝非一两节课能够完成，需要长时间、多场合的反复训练。实践中，我们逐渐意识到，与课堂上的表达相比，有仪式感的演讲更能带给学生综合的历练。

　　因此，红英小学构建了口语表达课程体系，人人都要经历"未来领袖者"演讲。1～2年级关注语言的积累与运用，通过模仿他人来学习如何讲好自己的故事，在这一过程中可以学习演讲的方式、方法；3～5年级关注语言和思维的发展，即在低年级学习的基础上，尝试表达自己的思考、分享观点。在导师的帮助下，每学期每一名学生都会面向师生、家长，用生动的故事表达对自身、他人、社会、自然的理解，以从容的演讲交流认知，用规范的课题研究分享智慧、启迪思想。

一、演讲的意义

（一）演讲促进学生素质发展

演讲可以激发学生的创新精神，鼓励他们勇于尝试新事物和解决新问题。同时，学生也可以从演讲中汲取灵感，将所学知识应用于实际生活中，进而提高实践能力。演讲通常以独特的视角和深入的思考来解读各种社会问题。通过观看和讨论演讲，学生们学会从不同角度思考问题，批判性思维和创造性思维能力得以发展。

（二）演讲促进教师角色转变

对于教师而言，我们从传授者转变为引导者，帮助学生筛选、解读和讨论演讲内容，引导他们思考和探索。我们引导学生进行选材、撰稿的过程，其实也是不断学习各种知识，不断更新自己的认知结构，与时俱进的过程。演讲主题包罗万象，其选材的多元化有助于我们增强跨学科整合能力。教师在教学中融合不同学科的知识和观点，有助于提升学生的综合素质。

综上所述，开展演讲对于丰富教学内容与教学方式、拓宽学生视野、提升学生兴趣和参与度等都具有重要的意义与价值。同时，它也有助于教师角色的转变与扎实学识的提升。

一个活动，赋能教师成为活动的组织者；一个演讲，赋能家长拓展亲子方式、参与家校共育；属于每个人的 5 分钟，更是赋能每个学生。每个人都是与众不同的！每个人都能获得成功！

二、借演讲选材，助力学生成长

学生初次进行演讲时，最大的问题就是选材了。还记得跟学生说要举办演讲活动时，他们都积极踊跃地来找我报名。看到学生对演讲充满兴趣，我感到无比欣喜。可是一看到学生选的题目，我一下子蒙了，他们给出的大多是对世界充满好奇的"十万个为什么"科普类选题，且大多在网络上就可以直接找到答案，而对于现象或问题会给我们带来什么样的思考，他们并不在乎。

此外，还会出现演讲主题太过宽泛，很难对当下的生活和学习产生实际指导的问题。成长启示类的主题存在"老生常谈""扣帽子"的情况，容易陷入思维定式，很少有学生会去思考这些成长经历除了能培养自己的意志品质外，从其他角度看还能对成长产生什么新的启示。

因此，我经常对我的学生说，老师相信你们已经很认真地去想演讲内容了，可是如果你们讲的内容可以在网络上查到，那么就失去了对观众的吸引力。我们要想吸引观众，就一定要在选材上下大功夫，要打破常规，有所创新。

(一)借学生示范，提供方向

为了让学生的选材更有针对性，我先选取了一批学生，并进行一对一辅导。拿其中一个学生举例，这个学生在最初选材时特别迷茫，于是我就启发他，说："想一想，你喜欢玩什么？"他听完后眼睛一亮，说："那可多了！我喜欢车灯！喜欢卫生间的管子！喜欢太阳能！我还喜欢蚕……"于是，我再次启发他，说："从里面选出一种除了喜欢玩，还能有自己的感受的吧。"他思考了一会儿，说："这两个月我一直在养蚕，每天早早起床，观察它们的变化，并记录下来，对养蚕的感受非常多。"

我好奇地问他观察到了什么。他一脸骄傲地跟我分享道："它们的变化可惊人了！不过我更好奇它们的嘴里能吐出丝线，而且几根丝线就可以缠结，固定在任何地方，非常牢固，我还听说这些丝线最重要的用途是做丝绸衣服和被子。对了，我就有个蚕丝被。那天晚上我特意好好地感受了一下蚕丝被的魅力，不冷也不热，轻轻薄薄的，真是特别舒服。"见他打开了思路，我便问道："你想过蚕丝被为什么会那么舒服吗？"

于是，他跟妈妈查阅了很多资料，研究蚕丝的理化特性。他特别激动地跟我分享了他的小蚕房的构想，我继续启发他："制造这种房子有什么用途？"他突然想到了在丝绸之路上旅行的艰苦经历。他说："当时路过戈壁滩和荒地时，很难找到住宿的地方，那里远离城市，如果在这样的地方有类似蚕茧一样的休息站，那不是非常舒服吗？"

他还认为，在旅行时很多路段都有观景台，因此，在丝绸之路上设计蚕房休息站一定是可行的。我对他的想法表示了肯定。他迫不及待地拿出画纸，将想法画在了上面，又乐此不疲地反复修改。在妈妈的帮助下，他整理了所有的思路，写出了他的第一份新想法、新思路。在确定选材、梳理思路后，他的妈妈还把思维路径做成了可视化的视频，这个视频给班级学生提供了很多思路。

(二)借班级热搜榜，聚焦问题

班级热搜新闻，简直是学生火眼金睛下的精彩发现集！比如，"端午节归来，谁在课堂上偷偷打盹了？"学生先是发现了重大节日后的秘密——大家回来后课堂状态特别低迷。有个聪明的学生就瞄准了这个问题，探讨起如何迅速从节日的懒散中"满血复活，回归课堂"！

还有那条让人捧腹的班级热搜："今日，某瑞、某辉等人试图搭建'豆腐渣'工程，作业惨遭退货。"事情起源于班里两名学生的数学作业太乱了，被老师退回并要求二人重写。然后一名学生脑洞大开，想出了"数学草稿纸的七十二般变化"，分享怎样在数学"战场"上巧妙运用草稿纸！

班级热搜榜，就像是把大问题拆解成了一个个有趣又接地气的小挑战。这种方式，不仅让学生轻松上手，还让他们在演讲舞台上大展风采，真是既锻炼了思维能力，又提升了表达能力，一举两得。

到了高年级，演讲选材要有一定的深度，这就需要学生有独立思考的能力。3～4年级时，学生是通过收集资料、筛选组合信息来解决自己的问题的，而这些信息大部分是别人的分析，缺少了自己分析的过程。到了高年级，学生需要发展独立分析、评价、思考和判断的能力。学生通过收集、分析数据，来验证观点是否正确，而在验证的过程中，他们可能发现与预期不一致的情况，进而产生新的思考。

我们惊喜地发现，不少学生已经拥有思辨能力，能自己分析问题了，甚至很多学生已经展现出出色的思辨能力，能够自主地分析现象并进行问题探究了。

一个有趣的选材是"信息茧房"。一个学生在使用家人的手机时，发现平台推送的内容总是围绕着同一个主题。这个学生凭借敏锐的洞察力，在上网查阅资料后了解到，这种现象被称为"信息茧房"——即平台会根据用户的兴趣和浏览历史，持续推送相似内容，导致用户接触到的信息越来越局限。

为了探索如何突破"信息茧房"，这个学生采取了调研和实验的方法。他通过实际操作和数据分析，努力寻找解决方案。这种勇于探索和求知的精神，值得我们大力赞扬。

当我看到学生勇敢地走上讲台，那么从容，那么淡定，他们口齿清晰，表达流畅，语言自然、生动。时间在一点一滴地流逝，那些有趣的经历使得观众听得津津有味。台下掌声不断，观众们也数次开怀大笑，不知不觉中演讲结束了，观众们意犹未尽，我也真实地感受到了他们的成长。

一场充满仪式感的演讲活动，不仅让教师挖掘出学生的无限潜能，家长们也为孩子的成长感到衷心的喜悦，并尽自己最大的能力给予孩子支持。学生一次次的新突破，让教师明白不应该给他们的能力设限，他们本就拥有无限可能！学校用心举办的演讲活动，为学生创造了一场不同凡响的历练和一份精彩的回忆，让他们找到人生的新起点、新方向。

三、演讲的收获与反思

(一)演讲给学生带来了什么

演讲使学生保持永不熄灭的好奇心与热情，这也是他们成为终身学习者的关键；发展了学生基于跨学科信息整合的创新能力和批判思维，这也是最难被人工智能取代的高阶能力；提升了学生的团队协作能力，帮助他们解决了靠单打独斗很难解决的许多问题；坚定了学生永不放弃的信念，引导他们将理想变为现实，这也是他们获得成功的关键。

成长意味着挑战。演讲使学生在不断提升自我的过程中获得成就感，是他们通往成功路上的桥梁。演讲让一个人变得开朗，变得大胆，让一个人有勇气站在属于自己的舞台上，绽放出更加精彩的光芒！最重要的是，教育要赋予学生在任何时候都能去热爱的能力、为人生找到意义的能力，也要让他们相信：越努力越幸运。

(二)演讲给教师带来了什么

教师应结合课程内容培养学生的演讲能力，丰富学生的演讲经验；做好教学评价指导，巩固学生的演讲能力。教师应不断深入研究，积累理论和实践经验，为学生提供有针对性的指导和锻炼机会，促使学生的演讲能力不断提高。学生的演讲能力不是一朝一夕形成的，在日常教育中，也要关注学生思维的进阶，针对不同阶段的学生帮助其建立不同的思维模式。

(三)展望未来

一场演讲绝不是选题、撰稿这么简单。它包含了确定主题、构思讲稿、调动情绪、善用工具，甚至着装等一系列问题……教师即使教也不能一次性兼顾所有，学生更不能一口吃个胖子。我们可以根据学生思维特点、班级的具体情况将这些问题分散到不同年级、不同学段去教。低年级由教师给学生讲授演讲技巧，到了高年级可以发挥学生的主观能动性，选取学生擅长的领域对他们进行指导。

演讲不仅改变了学生，也改变了教师。教师从行动者转变为思考者，目光更深远，更广阔。我们不再把演讲看成一个活动，而是挖掘它背后的价值。红英小学的口语表达课程，不仅为学生提供了充满仪式感的舞台，让每个学生都有属于自己的 5 分钟，实现了思维发展、学科融合、家校共育，而且帮助学生、教师、家长树立了正确的世界观、人生观、价值观。

（北京市海淀区红英小学　张景雯供稿）

4

劳动课程，铸就美德

一、指导思想

红英小学教育集团坚持以习近平新时代中国特色社会主义思想为指导，全面贯彻党的教育方针，坚持立德树人根本任务，把劳动教育纳入人才培养全过程，贯穿家庭、学校、社会各方面；充分挖掘劳动文化、劳动精神和劳动教育资源，全面加强劳动教育工作，探索开展劳动教育的有效举措，培育学生的劳动观念、能力、精神、习惯和品质，充分发挥劳动教育在树德、增智、强体、育美等方面的育人价值，不断创新和完善立德树人教育体系。

《义务教育劳动课程标准（2022年版）》指出：劳动课程要培养的核心素

养，即劳动素养，主要是指学生在学习与劳动实践过程中逐步形成的适应个人终身发展和社会发展需要的正确价值观、必备品格和关键能力，主要包括劳动观念、劳动能力、劳动习惯和品质、劳动精神。结合课程标准提出的劳动素养，同时为了深入贯彻落实《中共中央 国务院关于全面加强新时代大中小学劳动教育的意见》，促进教育部《大中小学劳动教育指导纲要(试行)》落实落地，以及充分发挥劳动教育树德、增智、强体、育美的综合育人价值，红英小学教育集团探索出一套符合本校特色的劳动教育模式。

二、总体目标

第一，准确把握劳动教育的价值取向和劳动技能水平的培养要求，聚焦发展核心素养，通过劳动教育，引导学生树立正确的劳动观念，培养具有鲜明时代特征的劳动精神，获得满足生存发展需要的基本劳动能力，形成良好的劳动习惯。

第二，弘扬学校品正精神，充分发挥学校自然环境、校园文化的特点和资源优势，培育有学校特色的劳动教育课程，发挥劳动教育示范学校作用，将劳动教育打造成我校的品牌课程。

三、课程实施计划

我校于 2021 年打造了红英小学教育集团阳光劳动教育课程体系(见

图 6-2)，课程核心理念为"我出力，我流汗，我动手，我快乐，我成长"，即通过劳动实践提升学生的生存新技能、培养其积极向上的精神。

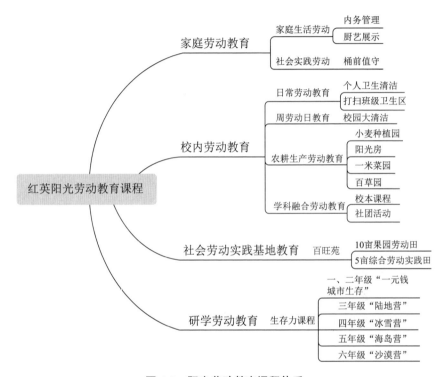

图 6-2　阳光劳动教育课程体系

学校在课程实施方面做了下安排。

(一)课时安排

劳动教育课每周每班不少于 1 课时，每周 1 个主题，每学期组织 2～3 次分年级的劳动技能比赛。

(二)组织形式(家校社研)

劳动教育课通过家庭、学校、社会劳动教育实践基地、研学营组织进行。

(三)活动方式及课程内容

根据阳光劳动教育课程体系,劳动课程分为校内、校外两大板块,校内劳动课程包括校内日常劳动课程、周劳动日课程、农耕生产劳动课程、学科融合劳动课程;校外劳动课程有家庭劳动课程、社会劳动实践课程、研学劳动课程。

四、课程实施案例

每个班级都要按照以上安排,开展一系列劳动课程。接下来以一个班级在百旺苑播种蔬菜为例,开展劳动课程,共计2个课时。

(一)课程背景

参与本次劳动课程的是四年级学生。纵观学生的劳动能力发展情况,发现个别学生的劳动观念薄弱,自己的一些事情都不能单独做,缺乏责任感。本次课程是以去百旺苑为切入口的综合实践活动。

我校与百旺苑签订了长期合作协议,包揽了一亩水稻田、一亩耕地、一亩果树地、一块农业劳动实践用地、一个现代科技农业大棚作为劳动教育实践基地。百旺苑每学年为学校提供开展劳动教育实践、志愿服务和公益劳动的场地，助力学生全面发展。

希望通过本次活动，学生能在劳动能力、自理能力、责任感、小组合作能力等方面有进一步的发展和提高；让劳动最光荣、劳动最崇高、劳动最伟大、劳动最美丽的观念蔚然成风；引导学生明白劳动创造美好生活的道理。

(二)课程目的

第一，通过习近平总书记对少年儿童的嘱托及不同岗位劳动者的故事，引导学生形成尊重劳动、尊重劳动者的意识，并引导他们明白自己的事自己做、他人的事帮着做、公益的事争着做的道理。

第二，以小组形式开展研究性学习活动，在活动中培养学生的动手能力，引导他们在实践中掌握劳动技能、养成合作意识和创新意识，全面培养新时代学生的核心素养。

第三，弘扬身边榜样的劳动精神，激发学生对劳动者的崇敬之情，引导他们体会劳动的美好，为投身于中国特色社会主义事业的伟大实践做好准备。

(三)活动准备

1. 教师准备

第一课时：

第一，组织中队委员策划本次劳动课的形式、内容和步骤；

第二，帮助班级各小组，通过查阅、收集关于劳动模范的资料，了解劳动教育的精神内核，学习劳动模范的榜样事迹；

第三，联系劳动基地、劳动模范等社会资源。

第二课时：

第一，组织学生走进百旺苑劳动实践基地，以参观、聆听、体验等形式引导学生了解劳动的不易，感受劳动精神；

第二，指导学生完成劳动实践。

2. 学生准备

第一课时：

第一，以班级各小组为单位策划具体劳动实践方案；

第二，各小组根据任务要求进行分工合作，具体任务包括进行采访、实地学习、收集资料、整理资料等；

第三，做好收集资料、实地参观学习和劳动体验等准备工作。

第二课时：

第一，准备绘画作品、手工制作、学习感受等多种形式的作业呈现方式；

第二，准备好劳动工具以及其他用品，如遮阳帽、手套等；

第三，参与百旺苑劳动实践基地的参观学习及实践活动；

第四，准备动手实践用的植物、种子等。

3. 引导学生思考

第一，劳动模范身上的哪些优秀品质值得我们学习？

第二，什么是劳动精神？为什么要传承劳动精神？

第三，如何以自己的实际行动践行伟大的劳动精神？

(四)活动过程

1. 第一课时：劳动精神我传承

环节一：学习习近平总书记嘱托　传承劳动精神

教师导入：同学们，你们觉得现在的生活幸福吗？你们知道现在的幸福生活从何而来吗？希望这两个问题能带给大家一些思考。曾经老师也和你们中一些人的想法一样，智能化时代已然到来，机器人开始进入我们的生活，那么劳动还有必要吗？但是深入认识劳动之后，我发现我的想法变了。现在我就要大声地告诉所有同学——人世间的一切成就、一切幸福均源于劳动和创造。

(1)观看视频：习近平总书记对少年儿童的嘱托

人世间的美好梦想，只有通过诚实劳动才能实现。习近平总书记的身体力行，激励着无数追梦者，以劳动开创未来，用奋斗实现梦想。

(2)学生谈自己对劳动的看法

学生在小组内讨论：劳动的意义与价值。经过激烈的讨论后，各小组选出一位代表与全班同学进行交流。结论：无论是在当下，还是在任何时候，劳动都是不可或缺的。

环节二：握握"特别"的手　致敬劳动先锋

(1)劳动精神我发现

学生在周末寻访不同岗位的劳动者，以自己的视角拍摄劳动者的工作状态，并在课上进行分享。视频呈现学生录制的各行各业劳动者的工作状态，引导学生发现劳动者的专业精神和实干精神，进而引导他们理解人人都需要通过自己的劳动去创造美好生活的道理。

（2）劳动榜样我感悟

劳动者的手或纤细灵巧，或粗壮厚实，或坚强有力，或伤痕累累……劳动者用双手在各自的岗位上奋战，他们的双手留下了劳动的痕迹，写满了奋斗的故事。每一个平凡的岗位上，都绽放着普通劳动者的点点星光。这些手见证品质匠心，传承劳动精神、工匠精神。

通过采访劳动模范，提炼劳动精神的内涵：崇尚劳动、热爱劳动、辛勤劳动、创造性劳动、团队合作、集体主义等。

2.第二课时：劳动精神我体验

环节三：身体力行实践　争做劳动能手

学生迎着朝阳，踏进了百旺苑劳动实践基地，怀着激动与期盼的心情，体会劳动的快乐与集体力量的强大。

（1）农事工具体验

学农体验第一步是认识和使用农具，学生们在教师的带领下，仔细听完校外辅导员的讲解，便跃跃欲试了。瞧！有学生推独轮车学习掌握平衡，有学生巧用玉米棒作工具剥取玉米粒，还有一些学生齐心协力用碾盘制作玉米粉……在劳动中，学生们掌握了基本的农事技能，体会到"一粥一饭当思来之不易"的道理，树立了节俭意识。

（2）智能温室基质栽培

在校外辅导员的解说中，学生们知道了水培蔬菜的种种好处，了解了智能温室最具特色的共生循环系统，领略了现代农业科技带来的成果，增强了保护生态环境的责任感。新时代少年在劳动中感受幸福、创造幸福。

（3）体验劳动之乐

"乡村四月闲人少，才了蚕桑又插田。"（翁卷《乡村四月》）当学生们真正在教师和校外辅导员的带领下，手握铁锹，开始翻土、撒种、浇水时，试验田里顿时变成了欢声笑语的海洋。

艳阳高照，晒在身上火辣辣地痛，学生们才工作了一会儿就满头大汗，小脸儿通红；粗糙的铁锹把小手磨出了水泡。但是，他们依然很开心。当学生们满怀着希望，将种子播撒进地里时，他们仿佛看到了种子生根、发芽、长大——再多的辛苦也烟消云散了。

通过这次劳动课，学生们走出校园，走进农田，在集体活动中学会创新和合作，在具有教育意义的劳动实践中收获成长。从他们洒着汗珠，却又笑容满面的脸上，我们知道，他们一定体会到了劳动的快乐。

（4）学生收获

实践结束后，学生们纷纷以手抄报或课堂分享的方式记录和表达自己的感受。

就像一名学生分享时所说的："一个种子的生长真不容易啊，它需要适合的温度、肥沃的土壤、温暖的阳光以及充足的水分。我第一次深刻地体会到了农民伯伯的辛苦。我以后再也不轻易浪费粮食了。"

还有一名学生说："我非常喜欢学校组织的春耕活动，我发现流过汗水的付出才能使人快乐，才能使人有收获。"

这次课程一方面让学生有机会走进农田，体验传统农耕文化的乐趣；另一方面磨炼了他们的意志品质，增强了其团队精神。在劳动实践中学生形成了正确的劳动观念，收获了属于自己的成长。

(五)活动后续

1. 家长感言

很多家长也跟着孩子来到了田间地头。有家长表示，不必说孩子的成长，就是自己这个年近四十的人，都经历了人生的许多第一次：第一次拿起了耙子，第一次用了铁锹，第一次体验了浇地，第一次播撒了种子。虽然有些手足无措，但是要装成简单自如，因为要给孩子做榜样。"春种一粒粟，秋收万颗子。"让孩子们带着春的种子，在美好的四月天里尽情地成长。

2. 收获成长

经历了春天的播种，到夏天来临时，当初种的菜已然可以端上餐桌了。学生们带着小篮子，再次来到菜地。

说起自己种的菜，学生们都在感慨：我们生逢新时代是无比的幸福，但幸福绝不是凭空而来的，而是千千万万中国劳动者用双手创造出来的。从现在起，我们就要用实际行动践行强国有我的铿锵誓言，从身边的小事做起，从坚持一项家务劳动开始，让劳动变成一种习惯，从劳动中感受幸福，努力成长为德智体美劳全面发展的社会主义建设者和接班人。

习近平总书记说："生活靠劳动创造，人生也靠劳动创造。你们从小就要树立劳动光荣的观念，自己的事自己做，他人的事帮着做，公益的事争着做，通过劳动播种希望、收获果实，也通过劳动磨炼意志、锻炼自己。"劳动是一切幸福的源泉，劳动最光荣。

(北京市海淀区红英小学　张振华供稿)

第七章

仁爱之心做教育，
积极心态助成长

1

用爱的音符架起师生沟通的桥梁

教师的爱是滴滴甘露，即使枯萎的心灵也能苏醒；教师的爱是融融春风，即使冰冻了的感情也会消融。

——巴特尔

"没有爱，就没有教育。"爱是师生双方相互信任的基础，是教育成功的关键。亲其师，信其道。教师只要有一颗仁爱之心，真诚地关爱学生，通过言传身教将对学生的爱表达出来，学生就会信任教师，主动与教师沟通，形成良好的师生关系。

这学期我接手了一年级的音乐教学工作，办公室的王老师说："一班的小凯很调皮，很有个性，你上课时要多注意点。"

　　果然，我一上课，他就给我来了个"下马威"——参加活动时，他竟然坐在了课桌上，我请他下来，他却置之不理。同学们说他，他也不听。我好不容易把他请下来，问他原因。他却摆出了一副无所谓的架势，任凭怎么问，他就是不开口，最后才大声地喊道："我不喜欢上这个音乐课。"

　　皮格马利翁效应，通常指一个人对另一个人行为的期望成为后者自我实现的预言的现象。教师如果能够真正地爱护学生，关心学生，那么学生就会如教师希望的那样进步。苏霍姆林斯基说，音乐教育并不是音乐家的教育，而首先是人的教育。我深受启发，我决定以一颗真诚的心，去温暖小凯冷漠的心灵。可是，小凯拒绝与我面对面交谈，那么能不能通过音乐的方式来沟通，从而将我的关爱传递给他呢？

　　喜爱音乐是孩子的天性。在音乐课上，我让小凯带头唱他们喜欢的歌，让他在音乐的旋律中感受到爱。第二天我在教室门口站着，他出乎意料地叫了我一声："胡老师！"尽管声音很轻，但是我还是向他竖起了大拇指，微笑着回答了他。

　　我们平时要多关爱小凯，使他感受到我们并没有抛弃他。在音乐活动中，我引导其他同学积极与他互动，让他感受到合作的快乐。课后我会从生活上给予他关心，如雨天借给他雨伞，天冷提醒他加衣服，等等。另外，我鼓励他参加班级的各项活动，让他感受到班级中的同学都是他的朋友，帮助他建立安全感。我还会培养他上课的自觉性，运用表扬、鼓励的语气激励他，引导他逐渐养成认真上课的好习惯。

　　教师要有仁爱之心，就是要以仁爱之心，传递仁爱教育，赓续仁爱传统。仁爱既是教育情感，也是教师的德行。爱是教育永恒的主题，没有爱就没有教育。作为一名音乐教师，我结合自己的教学实践，谈一下体会。

第一，用爱的音符去呵护学生。爱是教育的灵魂和生命。教师要用爱滋润学生幼小的心灵，要用心捕捉学生的闪光点，让他们在温暖与爱的环境中成长。班上有一个叫小胤的学生，作业经常做不全或不做，还有点破罐子破摔的意思。在一次音乐课上，我发现他很喜欢架子鼓。因此，课后我与他开玩笑说："如果你学习有进步，我就奖励你，让你练习架子鼓。"果然，连续几天，他都按时完成了作业。我也兑现了承诺，让他单独练习架子鼓。没想到他却流泪了，原来他特别想参加学校的音乐队。从那以后，他上课认真听讲，作业及时完成，学习也有了很大进步。他也很认真地练习架子鼓，还加入了学校的音乐队。

爱是连接师生心灵的纽带，是进行成功教育的基础和前提。一个班级中总有这样那样的学生，只有教师认真对待每一个学生，认真关爱每一个学生，他们的问题才能被解决。

第二，用爱的信任去尊重学生。宋代程颐说，以诚感人者，人亦以诚应。真诚是一种教育力量，学生只有感到被信任，才愿意去接纳教师。学生对教师的信任度和接纳度有多高，对教师所传递的教育内容的接受度就有多高。接纳和尊重是一种心理品质：教师要相信学生是一个有价值的人，并想尽一切办法让学生相信自己是一个有价值的人；教师要帮助学生相信他的教师即使对他的某些行为和想法不认同，但他在教师的眼里仍是一个有潜力和有价值的人。简言之，让学生相信，即使自己有缺点和不足，但是教师仍然喜欢他，仍然接纳他。事实上，许多学生在他们成长以后，常常会说是教师起初对他们无条件的接纳，才让他们产生了改变自己的力量。他们是在这种正面心态下才有了真正的进步的。对小凯的教育，也是一种爱的信任和尊重。我信任他，他也信任我；我尊重他，他也尊重我。"教育无小事，事事是教育。"可能教师不经意的一句话、一个动作，就会印入孩子们的心田，从而产生巨大的力量，甚至会影响他们的一生。

第三，用爱的合作去鼓励学生。学生会合作很重要。在音乐教学中，我经常用合唱、社团等活动，培养学生的合作精神。学生在合作中相互鼓励、共同进步。在合唱教学中，学生的音量、气息、口型以及表演姿态等都要尽量保持一致，学生之间要学会协调合作。在合唱过程中，每个学生都有自己的位置，不管是高声部还是低声部，不管是领唱还是伴唱，都要恪尽职守，不断努力，以达到和谐统一的合唱效果，给观众带来一种美的享受。在社团活动中，我要求学生相互配合、相互帮助，因为只有这样，才能取得好成绩。我用爱的呵护，鼓励他们成长。

第四，用爱的沟通去理解学生。谁爱孩子，孩子就会爱他。用爱和学生沟通，就能更好地理解学生。有的学生生性怯懦，平时应多一点询问，表达对他的关心。课堂上，多让他回答几次容易的题目，帮他树立信心；批改作业时，用一些语重心长、循循善诱的评语，使他被人尊重和自我尊重的情感需求得到满足。教师要善于接近学生，体贴和关心学生，要和他们进行思想交流，让他们感受到教师的爱。沟通时要运用语言艺术和发自内心的动作和表情。有的教师在批评学生时，不会使用语言技巧，只会直截了当、直奔主题，反而起不到良好的教育作用。在向学生表达一些否定性的意见时，应使用委婉的语言，如此，学生更容易接受。除了委婉的语言外，"只须意会，不必言传"的含蓄手段有时也可以起到积极的作用。可以说，教师在教育学生时进行的合理有效的沟通，是学生身心健康全面发展的重要前提。让教师的爱去感化学生，并成为他们学习的动力。相信今日含苞欲放的花蕾，明日一定能成为绚丽的花朵。

用爱的音符架起师生沟通的桥梁。"做好老师，要有仁爱之心。"我们要牢记习近平总书记的嘱托，以仁爱之心对待每一名学生，促进学生的成长。只有爱自己的学生，尽情欣赏学生的创造，才能更好地与学生沟通，才能促进他们的全面发展。

（北京市海淀区红英小学　胡赛男供稿）

2

仁爱之心育桃李，于无声处润万物

教育是爱的事业，教师是爱的使者。勤修仁爱之心，是教师站稳三尺讲台、躬耕教育事业、培养时代新人的必然要求。在孔子看来，教育的目的是培养具有仁爱之心的人，通过"仁者爱人"的率先垂范，引导学生成为具有仁爱精神的人，担当"修齐治平"使命，为整个社会的稳定与和谐作出贡献。"仁爱"是一种仁人的博大情怀，是自古以来师道传承的重要精神内核。师爱的最高境界是仁爱。

教育家既是"人师"，也是"仁师"，用大爱书写教育人生。仁爱之心体现为热爱教育事业。热爱所教的人、所教的内容和所教的方式，是从事教师这一职业最基本的要求。陶行知以"爱满天下""学做真人"诠释大爱情怀，于漪老师用生命的"红烛"为教育散发光亮。仁爱之心体现为关爱学生。教师要有乐教爱生、甘于奉献的仁爱之心。教师只有爱生方能乐教，才能对教育工作永葆热情。

我于 1997 年 7 月参加工作，如今已在教育这条路上走了 27 年。回想这些年的点点滴滴，我觉得作为一名教育工作者，不仅要教好书，而且要育好人。我一直认为，爱是教育的灵魂，有爱才有责任，有责任才有奉献。正是因为饱含着对三尺讲台的热爱、对莘莘学子的关爱，教师才有了"择一事，终一生"的执着坚守，才有了"只为桃李竞相开"的无私追求。

作为一名教师，我尊重、关爱每一名学生，在教育中做到严中有爱、爱中有严。作为一名普通的教育工作者，我在日复一日的工作中，始终保持初次踏上教坛的激情与诺言——用高度的爱心和耐心呵护每个学生的成长。

从教 27 年来，我坚守教育初心，牢记育人使命，对待工作细致认真，勇于创新，重视班级文化建设，深入开展爱国主义教育、理想信念教育，关注学生身心健康，因材施教，培养出了一批批品德高尚、健康向上、自信乐观、学业优异的学生。

面对每一名学生，我用仁爱、鼓励和锲而不舍的躬耕态度，实现了"一个都不掉队"的诺言，用一堆堆琐碎的日子铸造了学生的明亮未来；面对一个个全新的教学难题，我通过不断反思和创新实践一次次将其解决，用智慧和思想提升学生的学习质量；我的座右铭是"让学生因我的存在而感到幸福"，我努力去做一个对学生的内心产生"影响力"的教师。

一、以仁爱之心树师德表率

习近平总书记说："爱是教育的灵魂，没有爱就没有教育……好老师要用爱培育爱、激发爱、传播爱，通过真情、真心、真诚拉近同学生的距离，滋润学生的心田。"

教育的本质是一棵树摇动另一棵树，一朵云推动另一朵云，一个灵魂唤醒另一个灵魂。是的，教育的目的不就是帮助人成为人——活泼的，自由的，内心丰盈的，能够自我成长、自我成就的人吗？教育学生是一个漫长而复杂的过程。教育应该是有温度的。从教多年的我，教了一届又一届的学生，我越来越感受到爱是教育的基础，是教育的良心和底线，没有爱就失去了教育的本性，没有付出与奉献也就谈不上温度。

在一个班级里，每个学生都是与众不同的，教师需要因材施教。作为一名班主任，我坚信对待学生应采用和善而坚定的态度，尊重他们，关心他们，更多地着眼于他们的优点而不是缺点，这样才是有爱有温度的教育。

在我眼中，学生没有好与坏的差别，只有"暂时领先"和"暂时不领先"。我平等而真诚地对待每一个学生，以真心和真情化解他们的每种"小情绪"。我始终把"关注差异、尊重个性"放在首位，针对学生个体差异，我从组建班级伊始就为每个学生建立起了"个性化成长档案"，对那些各方面都有待优化的学生更是给予更多的关心。我为一个又一个暂时迷惘、找不到自己能力所在的"待优生"安排了"班级责任田"，努力唤起他们的尊严感和责任感；我"蹲下来"和学生交流，真诚地与学生分享自己的感受，提出可行性建议；我打破固定的"师生谈话场景"，根据学生的不同个性特点，让"陪伴式的散步"发生在校园的每一个角落。毕业生筱筱对我说："我永远忘不了那天与您在操场上散步的场景，阳光洒在我身上，很暖和很舒适，您拍着我肩膀说我将来一定会是您的骄傲……"

担任班主任的这些年，在我眼里，每一个学生都是栋梁之材，每一块"顽石"都能被雕琢成美玉。我善于发现学生的长处，捕捉每一个教育良机，适时表扬和鼓励。我认为，班主任不只是一名教育者，更应该是学生的良师益友。要用细心密切关注每个学生，用爱心温暖每个学生，用真心感染每个学生，教师给予他们的不仅仅是仁爱之心和学科知识，还包括人生的感悟、性格的完善、道德的成长。班上有个学生叫小语，她学习基础较弱，但细心懂事，是一个养花高手。我发现小语的这个长处后，就把班级绿植养护的任务交给了她。小语精心护理着这些绿植，给它们浇水、让它们晒太阳。植物角成了班里一道亮丽的风景线。小语让教室变得漂亮、温馨，这也让她充满了成就感，自此以后她有了自信心，学习也有劲儿了。看到学生的进步，我由衷地感到高兴。

我尽力做一名懂学生的教师，不丢下任何一个学生，并为每一个学生提供帮助，给予学生更多的可能。课余时间，我总是学生理想的倾诉对象，大课间时我也总是学生快乐游戏的伙伴。在我的教育信条中，从来没有"放弃"二字！我始终从学生的长远发展出发，想办法，想策略，与各位科任教师及时交流，和每一位家长及时沟通，尽可能地关注到每一个学生，让每一个学生都能感受到班集体的温暖。桃李无言，下自成蹊。正是我对学生无私的爱，才赢来了众多学生对我的爱与尊重。

二、以身作则做学生的引路人

车尔尼雪夫斯基说："教师把学生造成一种什么人，自己就应当是这种人。"身教胜于言教，教师的一举一动、一言一行都对学生起着潜移默化的作用。教师希望自己的学生成为积极向上、勇于创新、不怕困难、以诚待人、有同情心和责任感、能尽力做好任何事情、有一定心理承受力的全面发展的有用人才，教师首先就要使自己成为这样的人。多年来，我坚守着正人先正己，时时事事做学生表率的信念。例如，教育学生不迟到，我就做到早到绝不迟到；教育学生不怕脏、不怕累，我就亲自动手，做好带头工作；教育学生写字要认真，我的板书就工整、美观、大方；教育学生讲卫生、保清洁，我就不乱丢纸屑。当然，教师要在学生心目中树立崇高的威信，首先就要具有丰富的知识和严谨的治学态度。学生只有佩服你，才能尊重你、信服你，主动接近你和求教于你，如此才能达到教书育人的效果。

"以身作则，做最好的自己。"我用自己的行动让学生们理解了"最好"的含义，它是由一个个的"更好"汇聚而成，是在自己的工作和学习中达到力所能及的最好程度。多年来，我习惯了利用周末时间对学生一周的情况进行小结性分析，再整理到自己随身携带的工作笔记本中，新的一周我会以"订单式"的方式一一解决这些问题。我会耐心地与家长沟通学生的问题，并跟踪记录学生的变化，及时与家长进行反馈交流。

我用心与学生交流，走近学生，了解学生，引导他们学会自我调节、学会学习的技能、学会做人的道理，我觉得这才是我应该做好的本职工作。这些年来，我时刻保持满腔的热心和责任心，倾注更多的关心、爱心和耐心，我觉得这样做才能对得起自己的良心，才能成为一名培育学生成长成才的引路人、践行者。

三、以敬业奉献展理想情操

"言为士则，行为世范。"我努力传递正能量，激发学生对真善美的向往，使社会主义核心价值观浸润学生的心田，并率先垂范、以身作则，将自己的理想信念融入教学工作之中，忠诚地热爱着教育事业。

"让学生因我的存在而感到幸福"，我将这句座右铭化为教育中的点滴行动。每天清晨，我很早就会出现在校园里，总是带着急匆匆的步伐，面带微笑地回应向我问好的学生。我用朝气蓬勃、阳光乐观的精神，感染着身边的每一名学生。

儿童节这天，天晓却闷闷不乐，原来是他的父母要加班不能陪他去玩。得知原因后，我便打电话与他的父母商量，由我带着天晓和自己的女儿一起去玩。天晓度过了一个难忘的节日。多年后，天晓回想起此事时还是非常激动。

每一个学生，对我来讲都和自己的孩子一样，我希望自己这种无声的陪伴和默默的支持能够在学生心中生根发芽，潜移默化地影响他们的人生观和价值观。

四、以创新实践助学生成长

教育的根本是让学生学会自我管理、自我反思、自我教育、自我完善。我不断探索班级管理的奥秘，放手让学生进行自我管理，让凝聚起来的班集体通过丰富多彩的小组活动、组长会议、班级"夸夸墙"等来培养学生的合作精神和团队意识……学生们收获的不仅有学习的进步，还有团结、自信、健康、向上的人生精神。

我从班级实际出发，努力创建特色班级管理体系。根据本班学生实际，讨论制定班级规则与构建班级评价体系；创建班级书架，购买适合学生阅读的书籍，开阔他们的视野，创设书香班级。每一学期我都会创建实用性强的学习园地。学习园地不是壁画，而是学生学习与生活的见证。其中，必不可少的栏目有"好人好事栏"等。学生把自己发现的好人好事登记在栏目里，比较谁发现的多，谁被发现的多。学会发现美，才能创造美。此栏目开设得好，班级会其乐融融。在班级集体活动方面，我坚持以少先队为核心设计和开展丰富的班队活动，如主题班会、讲故事比赛、读书交流会等，以引导学生在实践中多锻炼，发挥自己的才能。

我始终以"做最好的老师"的标准要求自己，把教书与育人相结合，努力思考、努力积累，用智慧和汗水为广大教师树立榜样，也让自己的青春绽放出最美丽的火花。我在最朴素的起点上，见证了与学生的彼此成长，在领悟、认同、实践教育家精神的奋斗中不断向人民教育家看齐，真诚而纯粹地坚守教育情怀，实践教育理想，享受教育幸福！我要始终以行动展示拼搏风采，甘为人梯，甘做春蚕，甘当螺丝钉，甘做绿叶，奉献在岗位，建功在岗位，成才在岗位。用仁爱之心育得满园的桃李芬芳，于无声处滋润孩子们的心田！

（北京市海淀区红英小学　刘平供稿）

3

以熹微星光，汇聚璀璨星河

　　每个孩子都是一粒种子，花期不同，开花的方式也不一样。教育就是让每一个孩子都开花，让每一个孩子都发光。再渺小的星也能发光，再微弱的光也能汇聚璀璨星河。这是我坚守在心里、贯彻于行动中的教育理念。在教育教学工作中，我时刻铭记这句话，努力成为学生追光路上的提灯人。我怀抱一颗仁爱之心，关心学生的身心健康和全面发展，并认真对待与孩子们在一起的每一天，以熹微星光，汇聚璀璨星河。

一、提灯引路，育梦成光

　　冰心说："世界上没有一朵鲜花不美丽，也没有一个孩子不可爱。"在我的班级当中，就有这样一朵带刺的小花，虽然鲜艳夺目，却总是难以自控地刺伤周围的人。还记得那是一年级入学的第一天，孩子们满怀着期待与喜悦，排着整齐的队伍参观校园。突然，一句尖锐的质问声吸引了所有人的注意。"我的裙子是新买的，摸坏了你赔得起吗?!"这样的一句话，无形中让她给周围的同学留下了小气、骄纵、难以相处的印象，也让我牢牢地记住了她。

就这样，一身"公主病"的玥玥开启了她似乎并不顺利的小学生活。上节课刚刚因为前桌动了她的橡皮而大发雷霆，下节课又因为没有回答出老师的问题，觉得面子上挂不住而放声痛哭，大喊着："你们都欺负我!"昨天才因为插队盛饭被同学们指责而摔饭碗绝食，今天又因为受不了老师的批评而直接跟老师针锋相对……她就像一只小刺猬，不断地伤害周围的人，而我就只能像个小护士，帮助治疗那些被她伤害的人，帮助处理各种各样的问题。我曾经一度将玥玥这种以自我为中心的性格归咎于家长的娇惯、放纵和溺爱。直到那天早上看她一脸不高兴地走进教室，然后对着上前关心询问的我不住地掉眼泪时，我才意识到自己的"自以为是"。

此刻的她就像一个破碎的洋娃娃。我把她带到了操场后边的小花园，找了一处台阶陪她一起坐了下来。那一天我们聊了很长时间，也是通过这一次的交流，我才了解到玥玥的家庭情况。玥玥的爸爸和妈妈虽然年轻，思想也很开明，但是妈妈对她的要求其实非常严格，而爸爸的脾气也很暴躁，甚至会因为早上起晚了、忘带作业本而惩罚她。玥玥表面上好像强大到要与所有人对抗，但内心缺乏安全感，很害怕受伤，也很渴望获得爱与关注。她时刻都想向别人证明自己的优秀，但总是不能以一种恰当的方式让别人感受到，于是本该耀眼的光芒反而变得异常刺眼。

经过那一次深入交流，我也更加理解玥玥的想法，开始转变自己的态度和方式。作为一名教师，我深知应该尊重学生的个性差异，用心关注学生的需求和困惑，为学生提供有针对性的指导和帮助，成为学生的良师益友。于是，我首先帮助玥玥建立校园生活的规则意识，让她明白在学校里什么事情能够做，什么事情不能做。在她能够遵守规则的基础上，再结合出现的具体问题，帮助她分析到底应该怎么处理与同学之间的矛盾，引导她学会尊重、理解和包容他人。在这个过程中，玥玥也越来越信任我，愿意跟我沟通各种各样的事情。看着她慢慢敞开心扉，有了越来越多的朋友，更加有安全感和归属感，我也感受到了为学生提灯引路的成就感。

二、点灯守护，共同成长

随着年龄的增长，玥玥的语言表达天赋越发凸显。毫不怯场的她开始参加班级、校内和校外的各种比赛，在舞台上的她阳光、自信，散发着独属于她的耀眼光芒。二年级上学期，玥玥在笔记本上写满了有趣的童话故事，带到班级中跟同学们分享，还收获了一波小粉丝。看她在语言表达上获得成就感，我也觉得很欣慰。可是好景不长，古灵精怪的她又开始打起了自己的小算盘。

记得那是某一天的午读时间，本该安静的教室，却隐约听到玥玥周围总是有说话的声音，学生们好像在传看着什么东西，而且一边传一边写。观察了一会儿后，我悄悄地走过去拿起马上要传回到玥玥手中的一个小本子。那是一本不太规范的"订阅登记本"，上面写着日期和十几个同学的名字。好奇的我把玥玥带出教室询问。这一问，我才知道原来本子上记录的是订阅她写的"故事书"的同学，而且还是"付费阅览"，每次一百积分。知道这件事后，我的第一反应不是批评她扰乱课堂纪律和使用不正当方式获取奖励积分，而是感叹于她超强的宣传能力和组织能力。于是看着怯生生地低着头的她，我首先表达了对她的写作能力的赞扬，同时为了让她认识到自己的错误之处，我也非常公平公正地以影响其他同学午读为由没收了她的记录本和故事书。

兴趣是最好的老师。作为学生的引路人，我意识到可以抓住学生的兴趣和特长，并以此为契机促进学生的发展。在思索片刻后，我和玥玥的妈妈进行了沟通。这次沟通不是为了责备玥玥违反纪律，而是为了让玥玥的妈妈也看到孩子的特长与能力，并共同商讨怎样给予玥玥一个正确的展示自己的平台，让她既能够锻炼自己，还能够在班级中起到正向引导作用。经过思考，我们决定成立班级编辑部，而玥玥就是编辑部的主编，我和她的妈妈做编辑部的副主编。说干就干，短短一个周末的时间，我们确定了编辑部的名字，绘制并打印了征稿海报，还对班级刊物的版面进行了设计与规划。仅一周的时间，编辑部就收到了二十多篇投稿，稿件有长有短，有童话还有小诗歌。在玥玥的宣传和带动下，同学们都积极踊跃地参与其中，玥玥也在整理、修改稿件和与同学们的沟通中获得了满满的成就感。

经过两周时间的准备，我们"芝兰编辑部"的第一期班刊正式发表了。那天早上玥玥像一只欢快的小鹿，兴奋地跳跃着，刚进教室就从书包里掏出打印好的五份班刊递给我，骄傲地告诉我："袁老师，你快看！你快看！

我先印了五份放在班里，我妈说可以给每个同学都印一份！"我微笑着接过班刊，封面是班级中擅长绘画的同学所投稿的一只凤凰，翻开第一页，简洁的排版、精美的插图，配合着不同版块所使用的各种文字，每一处都离不开玥玥的努力和她妈妈的支持。虽然一本只有十几页的班刊并不算重，但拿在手里依旧感觉沉甸甸的。那一刻，我感觉到玥玥找到了自己的价值与方向，而我也为自己守护住了她心中的小小梦想而感觉到幸福与快乐。

三、星光熠熠，锦绣辉煌

"追光之人，身披万丈光芒。"这句话在玥玥的身上得到了完美的体现。成立班级编辑部这一契机使得玥玥变得越来越自信，也越来越有进取心。每天的课余时间，玥玥都专注于编辑部的"经营"和她自己的写作，与同学之间的矛盾变少了，心胸变得更加开阔，学习效率也提高了。同学们不再以一种"敬而远之"的态度与她相处，而是主动与她探讨写作问题，甚至还投票将她推选为了班级的文艺委员。

为了能够让班级编辑部更好地运转，玥玥找到我说准备扩大编辑部的团队。随后，我们发布了招募启事，吸引了更多的学生参与进来，并成立了宣传部门、文字编辑部门、设计部门、多媒体部门等。于是我们的编辑部团队由原来的3人，扩大到了现在的15人，我和玥玥的妈妈也顺利"退居二线"，作为学生们的后援。编辑部制作的班刊也开始由班级内部传播到了其他班级，还借助公众号平台发布到了网络上。线上发布的第一期作品在第一周就获得了两千多次的阅览量，这对学生们来说是极大的鼓舞。

　　有了这些经历，玥玥也发现了自己在组织活动和语言表达上的优势，于是当学校招募校级诗文诵读活动策划团队时，她踊跃报名，并且顺利担任了三年级策划团队的首席学生。在组织召开第一次策划会议前，她皱着眉头找到我说："袁老师，我开会的时候要跟大家说什么呀？而且我也不认识他们，这可怎么办？还要给大家分工，那我分的大家能同意吗……"一大堆问题像连珠炮一样地从她的嘴里吐出来，我感觉到了她内心的紧张与焦虑。我拉着她的手帮助她平复心情，不断地鼓励着她。因为我知道她并不是不知道怎么做，而是第一次带领一个完全陌生的团队让她有些惶恐。在帮助她缓解了内心的不安后，我们一起梳理出策划会议的主要内容和环节，她也结合着笔记自己准备了发言稿，整个策划会议最终顺利开展，诗文诵读活动也在她的组织和带领下圆满结束。

　　当我把学校为玥玥制作的首席学生海报发给玥玥的妈妈时，她看着女儿的照片，发了长长的消息给我，话语中所透露的都是对于玥玥这三年来成长的感叹以及对我这个班主任的感谢。经过这一年多的历练，玥玥在上个学期参评红领巾奖章时，以超过半数的支持率获得了一星章。结果公布后，她忍不住趴在桌子上哭了起来，没有小时候的声嘶力竭，却让人感慨万千。课下我问她为什么哭，是因为评上了太高兴了吗？她告诉我，她评上了确实高兴，但更重要的是这是第一次有这么多的同学支持她。是啊，一纸奖状固然代表着一份荣誉，但大家的认可与鼓励又何尝不是千金难换的褒奖呢？

玥玥在自己的习作中写道:"袁老师就是我生命中的一束光,照亮了我前行的道路,让我不断进步。"但她又何尝不是我教育生涯中的一束光呢?她让我明白了不同孩子的天性禀赋各不相同,就像不同的花朵,花期各不相同一样;每个孩子又都像天上闪闪发光的星星,却有着与众不同的光芒。作为一名班主任,我们在面对学生的各种问题时要从容淡定,心平气和地给予他们一些成长建议,为他们留足成长空间。同时,我们还要努力做一名眼里有光的教师,用自己的慧眼去看见学生,发现学生,尊重学生,相信学生,挖掘学生,让每一个生命都能被看见,让花成花,让树成树,让每一颗星星都能发出耀眼夺目的光芒。

陶行知先生说,真正的教育是心心相印的活动,唯独从心里发出来的,才能达到心灵深处。爱是教育的基础和开始,更是教育的灵魂,没有爱就没有了教育。正如红英小学始终坚持的阳光教育理念一样,教育的价值在于唤醒每个孩子的潜能,帮助每个孩子发现自己独一无二的优势,让他们能够看到自己。只有心中有爱,才能够真正地做到用欣赏的眼光看待每一个孩子,真诚地去倾听每一个孩子心底的声音,帮助他们拥有更美好的明天。

教育的力量是伟大的,良好、科学的教育对一个孩子的发展至关重要。好老师要用仁爱之心拉近同学生的距离,滋润学生的心田;好老师应该把自己的温暖和情感倾注到每一个学生身上,用欣赏来增强学生的信心,用信任来树立学生的自尊,让每一个学生都能健康成长,让每一个学生都能享受成功带来的喜悦。作为一名班主任、一名教育工作者,我将用自己的言行诠释一名人民教师的使命和担当,做学生成长路上的点灯人,做照进学生内心的一缕阳光，一路陪伴，一路守护，用温暖点亮每一颗星，用信心守护他们的能量，让每个学生都能收获爱与成长，让每颗星都能熠熠生辉。

（北京市海淀区红英小学　袁丽丽供稿）

4

用爱心构建家校共育的桥梁

在家校共育这片充满生机与活力的原野上，"仁爱之心"如同温煦的阳光，不仅滋养着每一名学生的心田，使他们在成长道路上步履稳健，而且照亮了家校共建和谐教育生态的宏伟画卷。我深刻地体悟到，教师不仅要将仁爱之心倾注于对学生的无私关怀与精心培育中，而且要在家校协作的每一细微处使之潺潺流淌。教师要以深厚的仁爱情怀、真切的同理心态和赤诚的坦荡之心，构筑起家校共育坚如磐石的基础。

面对教育环境的不断变革与发展，家委会已然成为助力学生成长为德智体美劳全面发展的人的核心纽带。通过家委会这一有力的联络机制，我们得以将学校与家庭的力量更加紧密地汇聚，共同跨越从陌生到默契、从疑惑到共识的合作旅程。在这条满载仁爱之光的家校共育旅程中，我们怀抱炙热的关爱之心、秉持深刻的共鸣意识和坚守诚信的态度，齐心协力，共同为学生的健康成长洒下阳光雨露，赋予其恒久的动力源泉。

一、初识家委会：困惑与摸索

家长委员会成立之初，我对于如何与家委会成员进行有效的沟通与合作感到十分困惑。作为新任班主任，我担心将班级事务交给家委会处理会增加他们的负担，同时也担心自己在与家委会的沟通中表现不佳。因此，我常常采取"不给他人添麻烦"的态度，独自承担着班级的大量工作。

与此同时，家委会成员们也同样感到迷茫。他们虽然被选为家委会成员，但对于自己的具体职责并不十分清楚，也缺乏应有的责任感和使命感。抱着"避免打扰老师工作"的心理，他们往往选择保持沉默，很少主动与我联系。

由于缺乏有效的沟通和互动，家委会在很大程度上形同虚设，成员们的积极性和主动性都受到了极大的限制。这种情况不仅影响了家校共育的效果，也让我深感焦虑。

二、心连心交流：建立信任与合作

为了改变这一局面，我决定采取主动措施。我积极向经验丰富的教师请教，学习如何与家委会建立更加亲近和融洽的关系。我了解到，真诚地倾听家委会成员的意见和建议，尊重他们的角色和贡献，是建立良好关系的关键。

　　为了加强沟通，我召开了家委会会议。在会议上，我明确了家委会的作用、目的和分工，并鼓励家委会成员们畅所欲言，分享自己的经验和看法。同时，我也积极分享自己的想法和建议，让家委会成员们感受到我的用心和尽职。这次的沟通让我知道了以前的担忧都是多余的，我和家委会成员没有那么陌生了。

　　在平时，我还尝试通过微信、定期电话等方式与家委会成员保持联系。我关心他们的工作和生活，跟他们分享班级的点滴进步和欢乐时光，畅聊孩子们的一些问题，与他们共同想办法。这样一来，家委会成员们感受到自己与班级紧密相连，更加愿意为班级的发展贡献力量。

　　通过"心连心"交流，我与家委会成员们建立了更加亲近和融洽的关系。家委会成员们开始主动承担起班级的各项事务，与我密切合作，共同为班级的发展出谋划策。班级氛围越来越和谐融洽，家校共育的效果也得到了显著提升。

三、携手共进：班级活动的创新之旅

　　班级活动不仅是孩子们展示自我的舞台，还是家校之间情感交流的纽带。为了加强家校合作，我和家委会利用儿童节的机会，精心策划了一场班级才艺展示活动。

　　在与家委会成员深入沟通后，我们确定了活动的主题和形式。家委会成员们充分发挥自己的优势，有的负责购买装饰物品，有的负责在班级群中宣传活动，还有的鼓励孩子们准备精彩的节目。在筹备过程中，我也积极参与，与家委会成员保持密切沟通，确保活动能够顺利进行。

终于，在儿童节当天，我们的才艺展示活动如期举行。家委会成员们和教师紧密合作，共同营造了欢乐祥和的氛围。孩子们在舞台上自信地展示着自己的才艺，现场充满了欢声笑语，洋溢着温馨和谐的气息。

这次活动的成功让我深刻体会到家校合作的重要性。家委会成员们不仅在活动中发挥了自己的特长，还深刻体会到参与班级事务的乐趣和成就感。他们纷纷表示，将继续积极参与班级的各项活动，为孩子们的成长和发展贡献自己的力量。同时，其他家长也受到了家委会成员们的感染，更加关注和支持班级工作。

然而，我也意识到此次活动仍有一些不足之处。虽然家委会成员们积极参与，但活动的流程和内容仍然以我的想法为主，家长的智慧和创造力没有得到充分发挥。于是，在策划"十岁成长礼"活动时，我决定放手让家委会成员们主导活动。

在"十岁成长礼"的策划过程中，我将发言权交给家委会成员们。刚开始，有些成员不敢表达自己的想法，但在家委会会长的引导下，大家纷纷提出了自己的建议。经过激烈的头脑风暴后，我们共同确定了活动的流程、内容和形式。家委会成员们主动承担起做主持人、撰写台词等任务，还积极与我沟通确认各种细节，只为给孩子们呈现一个难忘的成长礼。

活动当天，当看到自己成长的照片、听到父母真挚的祝福时，许多学生流下了感动的泪水。当他们一起许下愿望、品尝美味的蛋糕时，他们的脸上洋溢着幸福和快乐的笑容。

通过这次活动的成功策划和实施，我更加了解家委会的成员了。他们不仅拥有为班级付出的热情，还具备创新精神。他们成为与我并肩前行的伙伴。同时，我也学会了信任和放手。家长们的智慧和创造力，能够为班级活动增添更多的色彩和活力。在未来的日子里，我将继续与家委会成员们紧密合作，共同为孩子们的成长和发展贡献自己的力量。

四、学校活动：深化家校共育

积极参与班级活动，不仅使家委会成员深刻认识到自身的重要性，而且激发出他们为孩子们创造优质成长环境的热情。他们的积极示范，带动了本班的家长们纷纷参与学校活动，共同为孩子们的成长和班级建设贡献力量。

四年级的合唱节上的家长节目便是一个生动的案例。家长们克服各种困难，利用业余时间排练、磨合、调整，只求为孩子们呈现一场精彩的表演。这场表演不仅展现了家长们的非凡才艺和团结精神，而且传递了家校合作、共同育人的理念，让孩子们见证了家长们的付出和努力，进一步增强了班级的凝聚力，为学校活动注入了新的活力和动力。

五、奉献与回馈：增强家校合作

随着一次次参与班级活动和学校活动，家委会成员们为班级服务的意识不断增强。他们不仅积极参与家校合作，还通过具体行动为班级和学校的发展贡献力量。

家委会成员们用实际行动传递着对孩子们成长的关爱和支持。他们会结合各种节日积极发起和组织各种活动，让每一个特殊时刻都充满温馨与感动。他们还会利用周末时间，组织丰富多彩的班级活动，如爬山、参观博物馆等，孩子们在欢乐的氛围中增进了友谊、锻炼了能力，家长之间也越走越近。

家委会的奉献精神，不仅体现了家委会成员们对班级和学校的深情厚意，而且传递了家校之间的爱与温暖。他们的付出和努力，让学生们感受到了家庭的温暖和支持，是家庭为他们的健康成长提供了坚实的后盾。

六、家委会的再认识：深化合作与共赢

时光荏苒，我与家委会的关系逐渐升华，仿佛冬日冰雪渐融，汇入春水，流淌出温暖的情谊与坚实的合作力量。这一演变历程是"有仁爱之心"这一价值观在家校共筑教育长城中的鲜活展现。在家委会这个平台上，成员们饱含着博大的仁爱情怀和敏锐的同理感知，全身心地投入班级管理与文化塑造的事业之中，行动上的参与远非仅限于组织各类活动，而是以炽烈的情感去关爱每一个独特个体，关注孩子们的全面发展，既重视知识积累与学业进步，又着眼于品格陶冶与人格修养的完善。

家委会犹如一座坚实的桥梁，连接了家庭与学校，促使家长与教师形成强大的教育合力，共同守望孩子们的每一次微小进步和成长瞬间。他们肩扛责任，弘扬团结协作的精神，展现出忘我奉献的大爱情怀，这些都令

我感动。正是这源于心底的关爱，家委会如同熠熠生辉的火炬，激发出源源不断的活力，引导班级管理步入健康有效的正向循环，为孩子们构建了一个和谐温馨、充满积极向上气氛的成长天地。

回首过往，我深感家校合作中蕴含的仁爱之心犹如沃土，滋养着每一棵幼苗，并使其茁壮成长。在今后的日子里，我将秉持这颗仁爱之心，与家委会伙伴们携手共进，致力于深化合作，共同播种更多关爱与智慧的种子，为每一个孩子的幸福成长和全面发展倾注不竭之力。

（北京市海淀区红英小学　李彩霞供稿）

5

阳光·赋能

阳光是一切生命之源。生命的成长是一个吸纳、蓄积与释放能量的过程。教育就如同阳光，为生命赋能。

红英小学创造性地提出了红英阳光教育理念，希望所有的孩子都能享受如阳光般透明、平等的教育。教育应像太阳一样温暖、纯净而又博爱，抵达每个学生的心灵深处。我们致力于用爱创办一所温暖的学校。

阳光教育理念的提出，正是源于对学生、对教育事业的热爱。我们一直期待用仁爱之心做有温度的教育，不忘初心，方得始终。从仁爱之心出发，用阳光教育理念为每个红英学生、每个红英教师、每个红英家庭赋能。

一、第一阶段：种子——找寻阳光

人的本质是一切社会关系的总和。无论人的发展还是学校的发展都离不开社会大环境。2000年伊始，我接任红英小学的书记、校长时，正面临社会上的"择校风"。红英陷入了生源困境。当时学校只有339人，是红英小学建校以来最艰难的时刻。

对此，我们进行了深入的思考："择校风"产生的根源在于，区域内城乡之间、学校之间教育投入、发展水平、办学条件、师资队伍的不均衡状况，也就是校际教育质量的差异、优质教育资源的差异。

对于红英而言，当时的首要问题就是解决"生源危机"——留住学生。每一个孩子都是红英生存的种子。要想留住孩子，就先要赢得家长和社会的认可。如何才能做到呢？红英不具备天时、地利，唯有人和是破局的关键。只有提高教育的质量才能打破困境。

当时，根本没有时间去想高深的教育理念和育人目标。只要是有可能留住学生的方法，我们都愿意尝试。为了满足家长的要求，学校开设了学前班、英语班、计算机班。为了解决学生上学路程远的问题，学校租车开设了两趟班车接送学生。教师们排好班，有的做司机，有的做班车管理员，每天天没亮就跟着班车到周边村落的大街小巷接学生上学，放学后再送他们回家。

回头再看，我们应该感谢当时的生存危机。"危机"反而促进了教师共识的凝结。因为怕失去，所以我们非常珍惜每一个机会，我们像呵护种子一样呵护着每一个学生及其家庭。这种对失去的恐惧、对机会的珍惜、对愿景的渴望，形成了红英的精神内核：敢于尝试，敢于"亮剑"，不放弃每一个人，不放弃对教育质量的追求。

2003 年，教育的大环境迎来了对课程改革和素质教育的推进。作为教育大区，海淀区开展了素质教育先进校、教学管理先进校、德育管理先进校等一系列先进校评选活动。当时的红英虽然度过了生存危机，但仍然迫切渴望得到家长和社会的认可。为此我们几乎参加了所有项目的评选。我们认为，每一次上级领导以及同行的检查与评估都是学校进步的机会与机遇，继而我们提出了"不是旁观者"的理念。

在践行"不是旁观者"理念的过程中，教师与学生都感受到"参与"的意义，收获了"参与"后的"果实"。在一个又一个先进校评比的总结中，每一位参与者都表达了自己的收获。经过不断总结与反思，我们将"不是旁观者"逐渐深化为"每一个人都不是旁观者"，红英的"人人观"在理念与实践中逐渐显现。

当时还没有出现"赋能"这个词眼。但现在回想起来，正是这些评选活动在为红英赋能。在这个过程中，我们逐渐地从"眉毛胡子一把抓"为生存打拼到开始聚焦教育本身。我们开始关注学科教学、关注学生的行为习惯、关注教师的专业发展。在这一阶段，我们开始聘请专家为教师培训，开始探索学生行为习惯的养成，红英的核心理念也渐渐破土而出。

二、第二阶段：破土——遇见阳光

经过五年的奋斗，2005 年，红英终于迎来了发展的稳定期。我也开始静下心来思考：红英到底要"办什么样的学校？""培养什么样的人？""打造什么样的文化？"此时学校的关注点从满足家长意愿、获得社会认可逐渐转向教育的逻辑起点和基本问题。

一所学校想要在名校林立的海淀立足，就必须挖掘自己的特色，形成自己的办学愿景。学校的办学愿景是指引学校一切行为的灯塔，由办学愿景衍生出教育理念，进而衍生出学校文化。

回首过去五年的奋斗经历，我们认为，红英能够度过生存危机，源于对阳光、温度、平等、博爱的追求。红英阳光教育理念成为学校生存和发展的原动力。在阳光教育理念的基础上，我们进一步明确了"为孩子一生打好底色"的教育使命，提出了"心中有阳光"的积极乐观态度，提炼出了学校中的每一个人都应该是参与者——"每一个人都不是旁观者"，每一个人都有自身的独特性——"每一个人都是与众不同的"，应该尊重每一个人对于收获的渴望——"每一个人都能获得成功"的红英"人人教育观"。

对于学校来说，阳光教育理念将红英品牌描画得更加清晰，学校的发展方向更加明晰。

阳光教育理念明确了红英的办学方向，解决了"做什么"的问题。但如何让阳光教育理念落地？如何将思想转化为行动？我们结合红英小学的地域特点、生源结构等诸多因素思考了很多问题：

如何让每一个孩子享受到优质公平的教育？

如何为孩子一生打好底色？底色到底是什么？

……

当一个人把在学校里所学全部忘光了之后，留下来的东西才叫教育的成果。我们也可以将这些积淀下的东西称为能力、素质、素养，用阳光教育理念来解读，这些就是孩子一生的底色。增长智慧、打好底色，这就是教育的真正目的和价值。

结合红英的"人人教育观"，我们认为底色应该是能够使孩子未来获得成功的基础，是能够使孩子未来与众不同，是在日常生活中获得幸福的品质，包括学科知识和技能、良好的行为习惯、沟通协作的能力、解决问题的能力、管理情绪的能力等，还应该包括勇于挑战、坚持不懈等品质。

我们经过长期的思考和讨论，最终确定了红英小学希望培养学生的着眼于未来时代的四大核心能力。

观察和探索自然的能力——不仅能帮助学生更好地了解、认识自然，了解地球上生物的多样性，还能启发他们探索自我与自然、自我与他人乃至自我与社会之间的关系，并致力于促进人类与自然的和谐发展、永续共存。引导学生欣赏自然的多元化，了解不同文化之间的差异，这种能力还有助于他们尊重和包容不同的文化。

批判性思考以及解决问题的能力——批判性思考是一种自省的能力，也是一种独特的认知技能。批判性思考意味着不盲从、不迷信书本和权威，对获取的信息持有求真求实的态度，善于发现问题、分析问题和总结问题，进而作出理性的判断，找到解决问题的最佳方案。

沟通与协作的能力——沟通有助于促进智慧的发展，协作能够聚合众人的力量，充分调动多方资源，实现优势的最大化。未来社会，需要人与人联系、配合的工作是最有可能不会为机器所替代的工作。沟通与协作的能力，对于未来公民而言非常重要，是一项必需的基本能力。

辨别价值和作出恰当判断的能力——辨别价值的前提是对价值有一定的理解和认知。例如，关于品格的价值，其中包括勇敢、责任、诚信、友爱等；关于智识的价值，其中包括对学习的热爱、对真理的不懈追求；关于美学的价值，其中包括提升自己的审美素养等。通过对于人文科学、自然科学以及社会科学的了解，红英注重培养学生将普遍规律运用到具体环境中的能力，帮助他们对事物作出恰当的判断。

我们希望每一个红英学生都"心中有阳光"，故而将学校称为阳光岛，活跃在其中的每一名红英学生都是"阳光少年"。我们凝练出"阳光少年"应该具备的七大阳光特质：勇敢、独立、友爱、尊重、责任、诚信、幽默。

今天，"阳光少年"已成为"行走的文化符号"。在阳光岛上，孩子们身着不同颜色、不同样式的阳光战袍，象征着每一个人的与众不同，象征着自由、开放、多元的育人文化，孩子们在这样的校园中遇见阳光，畅想阳光，成为阳光。

在行为习惯养成方面，我们结合阳光教育理念和七大阳光特质，确定了二十条阳光密码，此后又将阳光密码细化为五十条行为细则。

基于以上的一系列定位，红英的阳光教育理念不断深化，育人目标越来越清晰。

三、第三阶段：变革——多元赋能

随着阳光教育理念的不断深化，我们开始更加关注育人的载体。2009—2014年，恰逢国家推进课程改革，在不断学习课程改革精神的过程中，我们逐渐明确了课程育人的核心地位，在借鉴北京市课程改革经验的基础上，初步构建了红英"阳光岛"课程体系。

在借鉴加德纳多元智能理论的基础上，学校课程总体上划分成六大领域：数学领域、语言领域、科学领域、综合领域、运动领域、艺术领域。在实施方式上，每个领域都安排必修、选修与自修三种学习方式，以支撑红英阳光少年"健康、尚学、明理"三个维度的发展，让学生的身体、学识、道德等各方面都得到系统的培养。

在课程建设上，我们以促进学生发展为着力点，从学生的需要、兴趣、价值观出发，重视课程内容的开发与实践，力求让每个学生的能力都得到培养、提高；以学校特色文化为生长点，充分汲取宝贵经验和文化，发挥自身优势打造独特的校本特色；充分调动教师的主动性和创造性，发挥教师特长开发校本课程。

同一时期，我们提出了"为孩子而改变"的教育口号，开展了以"人人的革命"为主题的系列教研活动。在"每一个人都不是旁观者，每一个人都是与众不同的，每一个人都能获得成功"这一核心理念的引领下，我们在课程内容、教学方式等方面进行了积极探索。

(一)课程内容变革

一所学校有什么样的课程观,就有什么样的人才观;一所学校有什么质量的课程,就有什么质量的人才。红英阳光岛课程体系建设的初衷与目标一以贯之,但课程的形成并非一蹴而就,而是历经十余年的探索,期间不断调整逐渐固定成型的。

2005 年,我校开设了国际交流访学课程,其后相继与澳大利亚、瑞典的学校开展互访交流,5~6 年级的学生都可以自愿参与,以此引导学生走向了世界,了解了不同国家地域的文化、风俗习惯,真正拓宽了学生的视野。

2006 年,我们认识到,仅将教材作为学习内容是远远不够的。例如,课外阅读、影视作品、社会热点问题⋯⋯都可以是语文课的"大教材"。于是,我们组建"书评影评工作坊",进行了书评、影评等多种形式的语文综合实践活动的探索。至今,书评、影评活动已经发展为全校 3~6 年级每个班级每个学期都要开展的经典活动,已累计召开经典书评、影评活动96 场。

2008 年,我们开设了经典诗文诵读课程,旨在增加学生诗文积累,涵养学生的文化底蕴。从一开始每年学生完成 3000 字的诗文积累,到如今每年完成 10000 字的诗文积累;从一开始各年级围绕课本适度拓展古诗文到如今形成 1~6 年级有层次、有主题的积累提纲。课程的关注点也从单纯的诵读走向理解下的诵读,经典诗文诵读课程正在发挥越来越大的育人功效。

就是在这样一次次的体验中、一次次的经历中、不断的支持与引导中，我们看到了学生的成长和生命的蜕变。因此，学生最需要的是自由的空间和时间。这些空间和时间让他们得以去感受和接触世界。我们的责任，就是通过一系列研学活动，让他们在实践活动中"边研边学"，让他们在"未来领袖者"演讲、小课题研究、滑雪、海岛生存、沙漠徒步、毕业大戏等一系列研学体验中，发现世界，同时发现自己的闪光点。

教育最大的挑战不是教会学生如何获取知识，而是教会学生如何应对未来的不确定性。教育的价值就是让学生学会面对未来不可预估的变化，学会发现问题、解决问题，学会探寻生命的意义。"如何活着，如何以适合自己的方式活出生命的价值"，一直是红英设计研学活动的出发点和归宿。

早在2010年，六年级的红英少年便开始体验小课题研究。我们先后开展了"三进宜家""金砖五国"等主题研学活动，后逐渐演变为"聆听城市的声音"小课题研究。每年三四百名六年级学生在几十位导师的引领下，围绕环境、健康、交通等领域进行深入研究。至今，"聆听城市的声音"小课题研究已经开展到第四季。"身边饮用水源的保护情况调查""点外卖的利与弊""学校附近交通拥堵的调查分析"……这些课题体现着学生作为一个公民的社会责任感。学生们必须通过理性思考，发现身边的问题，并通过观察事实、分析数据，有理有据地呈现解决问题的完整路径，使课题研究的过程成为一场思维缜密、逻辑严谨、关注事实与论据的"城市冒险"。

如果说小课题研究是一场理性思维之旅，演讲则更侧重于思想价值的传递和表达能力的培养。我们越来越意识到，属于学生独有的经历太少，课堂 40 分钟，终归只是小部分学生的舞台。如何才能了解学生真实的学习获得？如何看到学生思维认知的发展？基于这样的思考，2019 年 3 月，学校首次推出"未来领袖者"演讲口语表达课程体系：1～2 年级开展"故事大王"演讲活动，学生从讲故事模仿开始，关注语言的积累与运用；3～5 年级开展全员参与式的班级演讲活动，促进学生语言和思维的发展，培养责任与担当意识；六年级仍是开展"聆听城市的声音"小课题研究，关注学生对知识的综合运用，促进学生的系统思维发展。每学期，3000 名学生都在讲台上有属于自己的 5 分钟。在演讲活动中，学生们站在教师、家长的肩膀上看世界，站在学校的肩膀上表达自己，展现自己的独特思考，每一场演讲都有无数闪光的思想传播出来。"什么是悖论""小公式大道理""生活中的蝴蝶效应"……学生们的批判性思考和辩证性分析，无数次让我们惊叹。在这个过程中，他们得以认识自我，唤醒了内心的种子，不仅成为能量的接收者还成为能量的给予者。正如柏拉图所说，学生内心深处天生就有的种子，通过教育或其他方式被唤醒，于是萌芽成为知识。

或是传递一种价值，或是讲述一个道理，或是介绍一个事物。虽然只有短短的 5 分钟，但是学生必须选择有意义的主题、梳理自己的表达逻辑，不仅要考虑语言逻辑的严谨性、语音语调的感染力，还要自己查阅资料、制作 PPT、选择服装……舞台上的 5 分钟，是对学生全方位的锻炼。他们从第一次的胆小怯懦、磕磕绊绊，到后来的自信满满、侃侃而谈，每个学期的 5 分钟，见证了他们的成长。

2015 年，恰逢冬奥会申办成功，滑雪项目成为红英的生存力课程的重要内容，自此我校逐步建构了生存力课程体系。一、二年级的"一元钱城市生存"、三年级的"陆地探险"、四年级的"冰雪奇缘"、五年级的"极目海洋"、六年级的"沙漠之舟"等生存力课程，成为学生们每年最期待的课程。至今，已有近四千名"阳光少年"掌握了滑雪技能、五百多名学生体验了沙漠徒步。海岛求生课程中，学生不仅要学会生火、取水、结绳、在荒野里扎帐篷露营等专业的生存技能，还要学习环境识别、方向辨别，乃至海洋动植物识别等知识。技能只是这些经历产生的附属品，对生命的理解、对自然的敬畏，以及坚定的意志力、忍耐力，才是学生未来需要具备的软实力。

每年六年级的毕业大戏都以剧组招募的形式开展，通过组建核心成员团队，鼓励学生从自己的兴趣出发领取任务。策划、筹备、实施等多个环节，促进了语文、数学、科学、音乐、美术等多个学科的融合，更促进了学生主动学习。在这一过程中，学生学会了沟通、妥协、合作，教师、家长只发挥"智库"的作用。今天，阳光剧场楼顶的绘画，成为学校文化的独特一景，那是基于项目式学习的杰作。

红英相信，走在什么样的路上，就会遇到什么样的自己，每一次的体验都会成为参与者的关键经历。经历非凡，才能拓展学生见识的广度与深度，才能让学生成就卓越。经历会内化成学生的感知力、生存力、学习力及领导力，让他们更好地和这个世界相处。所以，红英要创造一切可能，搭建多元平台，让学生感受不同的优秀！今天的经历，是为了未来的成长。

课程教会学生如何学习、思考，引导其获得成长所必需的知识与能力，支撑一个生命拥抱更好的未来。丰富而高质量的课程为学生走进社会做准备，让学生在纷乱繁杂的选择与重重机遇之中找到属于自己的道路。

"所有的学习都是为了更好地生活。"教育的成功与否，应该以人一生的综合生活质量来衡量。未来的学生不仅要会生活，还要能享受生活、创造生活。

红英的课程尊重每一个学生的个性，为每一个学生提供发展的机会和平台，成为学生成长的"赋能之舟"。

(二)教学方式变革

如果把红英的课程比喻成载人渡河的"赋能之舟"，那么教师就是"摆渡人"。红英有一批甘于付出、乐于奉献的高水平、高质量教师，他们用行动使学校结出丰硕的教育成果，使学生们各自成才。

在推进课程变革的过程中，学校以丰富的课程和活动为学生搭建了多元发展的平台，新的课程引出新的活动，新的活动又进一步丰富了课程。丰富的活动改变了教学的方式，对教师的策划能力、管理能力、综合能力提出了新的要求。

为了让教师成为掌控能量的"魔法师"，我们做了很多尝试为教师赋能：从最开始的走出去、请进来，到后来的师徒捆绑、小课题研究、工作坊、标志课、对话课堂、青年教师"韺韶杯"、双师课堂等，都是红英教师队伍专业发展的重要途径。在实践中，我们深刻体会到"做中学，学中做"才是成长的重要模式。因此，我们创设了多个"解决问题"的真实教育情境，引导教师在解决问题的过程中不断调整自己的教学行为、改变自己的教育观念，在解决问题后再进行有效的反思。如此循环往复，不仅有助于教师的专业发展，而且促进了教师自身对教育、课程、学生更深入的理解。

1. 首席教师制，让人人绽放精彩

管理咨询大师拉姆·查兰提出，很多组织期待发展关键管理者和员工的领导力，而如何发展领导力却非常有挑战。领导力的发展不只是简单的知识掌握、技能获得，而且是优秀领导行为的娴熟掌握，是外在管理技能和内在人性特质的有机结合。我们认为，有一句话非常好地总结了领导力发展的方法——真正有效的领导力培训就是不断展现领导力本身。

2007年，红英开始尝试首席教师制，将原本由学校德育主任负责策划、组织、实施的主题月、学科节等活动交由首席教师负责，教师成为一个个主题活动的"执行官"。

首席教师在执行活动过程中，需要突破固有"角色"意识，从学科教师转型成为"项目负责人"，全面负责整个主题月活动，包括策划、设计和组织等。在首席教师牵头成立的领导小组内，学校的校长和主任等管理干部皆为小组成员，接受首席教师的领导，认真配合其工作。"角色"的确立提高了教师活动的积极性、自觉性和主动性。首席教师要负责任地对待每一次活动，精心策划、合理安排，这样才能让参与者有的放矢，活动开展有条不紊。首席教师要站在全局的角度考虑每一项工作的安排、每一个人员的优势，把每一个人放到合适的位置上。一言以蔽之，就是让每一块金子都发光。

经过几年的实践，首席教师制愈加成熟：一是目标的清晰性，按照红英主题月开展活动，符合学生身心发展规律，践行阳光教育理念，具有形象性和趣味性；二是任务的可控性，能够保证学生完成，便于教师评价、监督与指导；三是思维的生成性，挖掘活动中的学科因素，保证通过活动能够促进学生认知结构的发展，达到知行合一。这一制度促使教师主动思考，主动阅读、获取知识，主动学习对话、协调，努力实现个人的自身价值。在这一过程中，教师走上了探索儿童个性化发展的前瞻性研究道路。每一次活动都是对教师个人研修方式的重构，促使他们成为实践者、设计者和开发者。通过自身观念的转变，教师提升了与教育的时代变革同频共振的使命感。

在红英文化的影响和历练下，第一批首席教师已成长为学校的灵魂人物，他们有的成为北京市骨干教师，有的成长为分校区执行校长，都获得了很好的专业发展和事业上的进步。在首席教师制的基础上，我们又进一步发展了阳光岛"岛主论见"，强调思维认知的更新。教师基于多领域、多层次、多角度的见闻获得，经过自我的消化吸收，形成个人对于某一事物、现象、观点的见解，在不断梳理、提炼、优化过程中，最终形成更为理性的判断及认知。"岛主论见"成为丰富教师专业知识的新组织，打破了学科、年级、领域的多种界限，开拓了教师乐于主动研究、主动分享的发展方向，推动了家庭、学校、社区教育的协同联动，进而助推学生健康成长。

"每一个人都不是旁观者"，这是红英人一直努力做到的。成为合格的首席教师，需要树立信心，只有把自己当作学校教育积极的参与者和组织者、教育理想的实现者，才能更好地从学生未来可持续发展的角度来改进自身的教育行为，树立正确的教育观。

2. 项目制，实现深度专业耕耘

2012 年，在首席教师制的基础上，学校开始尝试项目制管理方式，即通过项目驱动教师专业发展。项目制不仅明确了教师的职责，而且给出了一条科学管理的路径。从承担任务开始，要站在全局的层面制订计划，包括人员的选定、工作的分配、时间的安排、成果的呈现等，所有与这个任务相关联的细节都要考虑在内，并成为一个统一整体。这样就要求负责人有全局意识，团队成员同心协力。

因此，学校将需要教师合作开展的重点工作进行了梳理，最终确定了几项核心工作作为项目任务，并选定了相应的负责人。例如，在教学方式变革方面，有"小组合作研究项目""思维工具研究项目"等；在课程内容建设方面，有"阅读课程开发项目""戏剧课程开发项目""力翰科学课程项目"等；在学科内容研究方面，有"数学高年级解题能力研究项目""英语绘本阅读研究项目"等。教师可结合自身的兴趣及特点，自主选择进入上述项目组，也可由项目负责人推荐或选择。

这种任务驱动方式，让每一位教师都被看见、被激励，改变了教师的研究方式和行动方式。这种个性化研修经历，拓展了教师思路，拓宽了教育视野，形成了同学科或跨学科的研究组织。在这一过程中，教师获得了研究和创造所带来的价值感和成就感，从而获得了成长的内驱力。

项目制的实施，激发了教师持续发展的原动力，教师能力有了更大、更自由的施展空间，教师潜力被不断挖掘，教师成为具有扎实的学科素养、规范的教学行为、专业的研究能力、独特的教学风格的阳光教师。好的教育背后是对教育正确的认知与理解。好的教师既要深入了解学生，也要正确理解教师这一职业、教育这一事业。唯有理性而科学的理解，才能使教师摒弃功利心，对自己的职业心怀崇敬，遵守教育规律。

红英从引领师本对话、师生对话，到建立首席教师制、举办学术节、完善教师研修制度、探索项目制，这些尝试都旨在让教师与学生平等相处、平等互动，师生一起观察、思考，一起发现问题、解决问题，真正达到"为理解而教"。红英坚信，行动式学习是教师成长的重要途径，教师在参与中，知晓和理解新理念、新方法，通过实践转化、反思内化，达到真正的学习和提升，同时实现了为学校赋能、为学生赋能，创造属于教师自身的价值。

赋能，不仅仅是付出、给予受教育者成长的能量，亦是在付出中实现自我赋能，自我成长。

四、第四阶段：生态——系统重构

如果从系统论的角度来看，学校是一个生态系统，各个要素之间相互影响，相互制约，相互推动。阳光是绝大多数生态系统最直接的能量来源，阳光能赋能万物，源于其蕴含的能量。一所学校能赋能师生，源于其自身生态系统中蕴含的能量。在这个生态系统中，有能量的生产者、转化者、传递者和消费者。校长、教师、课程、活动、环境、文化，这些构成元素以学生为核心进行着各种复杂的能量交换，通过多种途径或直接或间接地为学生成长持续赋能。

在这个能量场中，我们坚持让阳光的能量惠及每一位参与者。"每一个人都不是旁观者，每一个人都是与众不同的，每一个人都能获得成功。"我们强调每位红英人的经历与体验。例如，经过六年的学习，每一名学生都有机会成为主持人、升旗手，都能掌握2～3项体育技能、1项器乐演奏技能，都能参与到演讲大会、班级合唱、小课题研究等活动中。在红英的六年，每一名学生都能在经历中成长、绽放。

我们倡导身体力行，在经历中探索和习得。既然是探索，就必然会在过程中遇到各种问题。无论是课程、方法还是制度都需要不断地调整、完善。红英的发展规划以问题为导向，在"发现问题—解决问题"的过程中，不断地迭代、重构。

(一)课程迭代——殊途同归

2015年是北京市基础教育课程改革的元年。2016年9月，中国学生发展核心素养总体框架正式出台。"核心素养"推动了课程升级，从核心素养到关键能力、从素养到课程、从课程到课堂，一步一个脚印稳健推行。红英小学的"十三五"发展规划，着重强调国家课程校本化实施，致力于培养阳光少年接纳、谦让、合作、分享等良好品质，不断深化红英阳光岛课程体系。

在这一阶段，学校在原有课程体系基础上，探索国家课程的校本化实施，挖掘自身特色资源，形成了具有鲜明红英特色的系列课程群：生存力课程群、运动健康课程群、国学课程群、科学学科课程群、阅读课程群。在课程内容的选择上，打破学科界限，整合各学科的学习资源，整合校内外的教育资源，为学生核心素养的发展提供支持和空间；在课程实施的过程中，努力转变教师的教育观念，以校本化课程实施为抓手，提升教师的课程执行力和课程领导力，从根本上促进教师专业化发展；在课程评价的过程中，兼顾过程性评价、增值评价与结果评价，建立开发性的过程性实证档案，有效引导和规范教师的教学行为与学生的学习行为。

自 2019 年起，学校在已有课程实践基础上，开始思考课程育人功能的深入挖掘与有效落实。阳光教育注重立德树人这一教育根本任务的落实，不断追求教育本质，办好人民满意的教育，培养德智体美劳全面发展的社会主义建设者和接班人。在这个阶段，我们不断探索并深化高质量教育的内涵，逐渐构建了"做中学，学中做"的课程模式。

在这个模式中，以学生为主体，注重学习的获得，同时强调学习的组织者概念，即在教育中，学生的教师不仅是学校的专业教师，而且包括社会教师，如社区工作者、企业经营者等，当然也包括家长。在课程实施的过程中，红英尽可能给予学生丰富的学习体验、广阔自主的学习空间，在活动中培养他们的学习策略，引导他们将学业知识和学科能力内化为核心素养。在课程探索过程中，我们进一步整合了学校学科综合实践活动的内容资源，打通了学科之间的壁垒，研发了"小学生全学科阅读实践活动手册"，既满足了学科素养发展需求，又具有较强的综合实践性，培养了学生的综合素养，切实践行了五育并举。

在课程不断迭代的过程中，我们不断细化教育目标，关注方法论、思维建模、规划能力、问题解决、责任担当、身心健康、表达倾听、传承文化、内在品质等。随着中国学生发展核心素养和 21 世纪核心素养 5C 模型的陆续出台，我们突然发现自己已走在了前沿。红英的教育不仅覆盖了中国学生发展核心素养的三个方面——文化底蕴、自主发展、社会参与，而且基本契合了其中的学会学习、健康生活、责任担当、实践创新、人文底蕴、科学精神。

由此也可以看出，虽然教育的方式、方法在变革，载体也各不相同，但是教育的目标是一贯的，一定是指向学生未来所需的核心素养。这也是教育赋能的目标，也是红英阳光教育理念中所说的底色。

(二)管理迭代——机制创新

在学校这一生态系统中，协调系统中的各种元素，挖掘系统内的力量，实现赋能的最大化，这就是管理的价值。红英一直在积极探索有效的管理措施，让管理助力学校生态能量场的建设，让阳光教育理念能够在集团校的每一处得到有效落地与落实。

1. 借助多元评价，加强能量供给的指向性

2020 年 10 月，《深化新时代教育评价改革总体方案》出台，首次系统性地提出了教育评价的新理念、新思路、新方案，力图破解教育改革的"卡脖子"难题。

红英一直在探索有效的评价方式，以统一的标准促进四校区教育质量协同发展。

(1)综合素质评价，让学生成长更加均衡

红英在阳光教育理念的引领下，力图培养"健康、尚学、明理"的阳光少年，关注学生的综合素质培养和个性成长。自 2002 年起，依托"良好习惯储蓄卡""20 条阳光密码""55 条道德细节""7 个阳光特质""40 个阳光微

习惯"等评价标准，引导学生养成良好的思想品质和行为习惯，促进学生核心素养提升和全面发展。

(2)多维考核评价，让教师发展更具获得感

学校不再只用学科成绩衡量教师工作成果，而是注重过程性评价，关注教师在教育教学过程中的各种探索与付出。每学期学校都会基于教师提供的过程性实证材料，从个人发展、教育教学工作、特色支持等角度进行多维考核，促使教师更加关注学生的全面发展。学校摒弃统一标准，注重发展性评价，针对青年教师、骨干教师等不同发展阶段教师具有不同的评价标准，以激发教师的自我实现与发展需求，提升综合素质。

(3)全场域评价，让学校生态更加和谐

每一个教职工，不管身份是什么，都不是旁观者，都在红英的校园里扮演着重要的角色，担负着教育并服务于学生的重任，都应当被关注、被尊重。学校通过举办"舌尖上的红英"，为优秀厨师搭建展示激励平台；借助"红英感动人物"，关注教师、保洁、后勤等在学校中的辛勤付出者……这些评价措施营造了大家庭的氛围，构建了和谐、温馨的学校文化环境。

2. 找到组织架构支点，提升校区内生动力

继 2006 年承办冷泉校区以来，2013 年、2014 年又相继承办了唐家岭新建校、六里屯新建校，红英小学成为海淀北部第一所一校多址的学校。这离不开教育两委的信任、认可与大力支持。如何办一所人民满意的学校？如何实现各校区的高质量发展？我们一直在思考和探索。

(1)依托制度建设，促进学校发展

基于红英共同教育理念，建立执行校长负责制，下放管理权，让各校

区执行校长统筹各校区课程建设、教师发展、后勤管理等各项具体工作。在这个过程中，执行校长以校区负责人的视角与身份，树立全局观，拥有更多自主探索发展权，锻炼了干部领导力。借助四校区联查督导评估机制，以统一标准诊断各校区教育教学实效，发现问题、寻找对策，促进校区间同步、均衡发展，提升学校整体教育教学水平。建立社区、家长联席会议制度，进一步提升教育同盟内的理解力，推动学校教育不断影响家庭文化与社区文化，提高教育实效。

(2)以"核心课程—特色课程"撬动校区发展

在保障学校核心课程基础上，鼓励各校区结合自身特色探索特色课程，形成各自的品牌课程，如本部的击剑课程、唐家岭校区的跆拳道课程、六里屯校区的羽毛球课程、冷泉校区的足球课程等。

(3)给予校区优质人力资源配置，传承红英文化

从本部向各校区输送优秀管理者、优秀年级组长等，将本部教育实践的优秀火种传播到各校区，发挥其辐射带动作用，保障四校区落实统一的学校文化、学校理念，促进各校区共同进步。探索双师课堂，打破时空界限，高效利用优秀教师资源，统领课程改革，探索新型教学方式。

(4)建立教师发展中心，打通队伍建设的校区壁垒

探索不同的教研组织形式，形成"年级校区内小教研—年级间四校区教研—学科四校区大教研—基于项目主题研究教研"的模式，既关注学科日常教学研究探索，又鼓励基于共同兴趣爱好的自由教研，满足教师不同的发展需求，促进教师专业能力提升。同时从专家、名师引领下的教研模

式，转向以学校教师为主体的研修工作坊模式。以我校齐迎春老师为例，经过多年实践，齐老师探索出基于项目式学习的数学家课堂，成立了自己的工作坊，且带领更多的数学教师参与其中，学校也借此机会推进项目式学习在更多学科中应用。

红英的教育就是这样，努力实现让阳光照亮每一颗心灵，激活每一个生命个体的内在潜能。学校创设能够引导师生自主参与的教育环境，激发学生学习和教师工作热情，满足每一个生命个体的不同需求。通过强调鼓励、引导、启发，支持、欣赏、包容，学校逐渐成长为"和而不同，各美其美"的命运共同体。

（三）家校共育迭代——共建、共治、共享

随着《中华人民共和国家庭教育促进法》的出台，越来越多的教育工作者开始意识到教育生态的重要性。学生生存在一个多层次的系统环境里，地缘性特点、原生家庭，都在影响学校教学目标的制定，影响学校的教育行为。红英积极打破学校教育的时空界限，引领家庭、社区、学校中一切教育资源为学生构建多维、多样的学习环境。通过与家庭、社区的联络与合作，学校的教育内容得到了很好的补充，学生的认知界限被打破，思维和能力也得到发展。

一直以来，红英都在坚持探索家校共育的更好途径，建构家校共育联盟。每年一度的家长论坛已成为常态，邀请家长走进课堂、进行学校教育评价，建立家长联席会议制度，我们在第一时间掌握了家长的内心需求、对教育的困惑和对学校教育的意见，这些促使我们不断厘清工作目标和工

作方向。

2018 年，学校在六年级"聆听城市的声音"小课题研究活动中，挖掘家长资源，调动热心、有情怀、有责任感的家长同教师一起指导学生的课题研究。这次尝试，成为我们创新家校共育路径的契机。后来，对于那些有能力并且愿意助力学校教育的家长，我们赋予其家长导师这一新的角色。

家长导师包括志工妈妈(爸爸)、家长讲师、学术导师三类。

志工妈妈(爸爸)，指家长以志愿者身份参与到学校日常教育工作中，如学校门口值守、班级活动布置、活动中化妆整理服饰等。在参与学校活动过程中，家长们自觉规范言行，在倾心服务学生的同时，也成为学生学习的榜样。

家长讲师，或结合自己的工作研究，或立足自己的兴趣爱好，为学生打开认识世界的一扇扇窗户，拓宽着学生的视野，用生活的激情与智慧为学生的人生发展提供规划与支持。

学术导师，具有一定的多媒体技术能力、较强的思维能力，在学校"未来领袖者"演讲、"聆听城市的声音"小课题研究等主题实践活动中，用自身的专业知识与能力引导学生认知、思维等能力的提升，让学生得以站在家长的肩膀上全面、深入地学习、发展。

每学期家长导师申报时，都有 20％～30％家长积极参与，踊跃报名。家长导师制的实施，使得家长深入参与学校教育，建构了家校学习共同体。家长导师制让家长成为学习的组织者，通过在指导者、学习者、辅助者等角色间不断转换，家长与孩子共同成长。

在红英的教育生态中，学生的导师不仅指教师、家长，也包括每一位保洁人员、保安人员、食堂工作人员，还有社区的工作人员，甚至包括学生自己。教育生态并非封闭结构，而是一个开放的系统，必须不断地与外界交换能量。在探索家校共育的过程中，我们越来越清晰地认识到打破教育边界的重要性。家长能否有效助力，极大影响着学校教育活动的育人效果。家校合作不是 $1+1=2$，而是 $1+1>2$，效果甚至会呈现出指数级增长。

红英联合家庭、社区，在构筑教育同盟的路上不断实践，且日行日新。我们相信，通过共建、共治的协同供给方式，最终必将实现共享、共赢。

从时间上看，任何目标的实现都需要一个过程，唯有经历过，方能赋能成长。从空间上看，教育是一个生态化的能量场，赋能需要多种因素的同频共振。从结构上看，教育是一个复杂系统，复杂系统虽由无数渺小的个体组成，却能源源不断地涌现出智慧。

杜威在《明日之学校》里指出，未来学校教育的重点非知识本身，而是教会学生学习的能力与完善的品格，并指明了最恰当的教学方式是"做中学"。陶行知先生基于国情，将其发展为"做中学，学中做"的教育理论。

红英的阳光教育理念一路发展的历程，恰恰是对此教育思想的实践。如今，世界发展日新月异、变幻莫测。社会发展正经历百年未有之大变局。我们的下一代，将面临与我们完全不一样的挑战和压力。

对于一个复杂系统来说，想要梳理出一条因果关系线非常困难。每一个教育家对教育的定义和理解皆不相同，这也说明了教育的复杂性。我认为，教育应该是理性思考与感性认知的平衡，在保证大方向正确的前提下，一定要积极探索、勇于尝试。正如红英阳光岛课程体系的不断迭代、重构：从游学手拉手活动的一次启发到传统文化课程，从《生存家族》引发的思考到生存力课程，从认识到社会责任感与问题解决能力的重要性到"聆听城市的声音"小课题研究，从想要为学生提供舞台到属于每个人的5分钟演讲……一次次的探索，都是我们为实现红英愿景所做的努力。

先积蓄能量，然后再由点到线、由线到面，勾勒出自己的教育体系。我们教育孩子勇于挑战、不怕失败，并称之为成长型思维。我们对待时代变迁和教育变革又何尝不需要成长型思维。

有时候，智慧不是设计出来的，而是涌现出来的。一个人的能力是有限的，一群人在一起则能涌现出更多的智慧。正是我们的教师、学生、家长形成了这样一个强大的生命体组合，才使得我们的教育不断焕发着蓬勃生机。

教育意味着一棵树摇动另一棵树，一朵云推动另一朵云。我相信，只要我们从事教育工作的战友们同心协力、怀着对这一事业的热爱，发挥主观能动性和创造力，勇于改变、不忘初心，高质量的教育终将得以实现。

（北京市海淀区红英小学 任欢供稿）

第八章

家校共育有温度，人人心中有阳光

1

特殊之花的绽放之旅

一、一朵特殊的花儿

在充满欢声笑语的校园里，每个孩子都是一颗独特的种子，在阳光和雨露的滋养中茁壮成长。然而，在这片生机勃勃的土地上，也有像轩轩这样的孩子，他们的成长之路并不是那么平顺，每一步成长都充满了挑战。刚见到轩轩时，她给我留下了深刻的印象——巴掌大的小脸上一双大眼睛，头上扎着两个小揪揪，天真可爱，然而她是一名重度感统失调患者。

感统失调，即感觉统合失调，是指大脑不能有效地将身体各部分的感觉信息整合起来，导致个体在学习、运动、社交等方面出现困难。轩轩就是这样一名重度感统失调患者，这不仅严重影响了她的学习和生活，也让她承受了巨大的心理压力。

二、困境中艰难生长的花儿

对于一年级新生来说，他们需要适应全新的学习环境，需要与新同学建立友谊，融入新的社交圈子；与幼儿园以游戏和活动为主的学习方式相比，一年级的学习内容更加系统和深入，学科知识的难度和广度都有所增加，他们需要逐渐适应更加正规和系统的学习方式，适应学习强度的提升、学习习惯的养成，以掌握更多的知识和技能。但是这些对于轩轩来说难如登天。

开学第一天，我通过观察发现，轩轩不能独立完成下楼梯的动作，需要别人搀扶或扶着栏杆，两腿颤颤巍巍，速度极慢；上厕所时由于无法跨过小便池，大小便都解在了便池外；午餐时饭菜撒得到处都是。不仅生活上的事情不能自理，学习上的事情对她来说也是无比艰难：课堂上不能集中注意力听老师讲课；语言表达也是一个词一个词往出蹦；书写能力更是一言难尽，一张 A4 大小的练习纸，轩轩歪七扭八的名字就占了一大半……

为了更深入全面地了解孩子，我及时与轩轩的父母沟通，以了解她在家时的情况和表现。通过沟通，我发现，与在校观察的情况大致相同，轩轩在家也表现出一样的问题，但她的父母却将原因归结为孩子年龄小，胆子小。

作为一名从事教育工作近二十年的教师，我立刻意识到轩轩问题的严重性。通过查找资料，进行咨询，分析孩子行为表现的根源，我发现轩轩可能患有运动协调、触觉和本体感觉、精细动作协调、注意力和语言发展等方面的障碍。轩轩不能独立完成下楼梯的动作，可能是她的肌肉控制能力和平衡感缺乏。这种运动协调障碍是由于中枢神经系统处理运动指令的能力不足。上厕所时由于无法准确判断跨步的距离和力度，因此无法跨过便池，这可能是触觉和本体感觉异常的表现。这种异常会影响她对环境的适应能力和日常生活的自理能力。午餐时饭菜撒得到处都是，表明轩轩在精细动作协调方面存在困难。由于手部肌肉控制不精确，因此无法稳定地操作餐具。这种障碍也会影响她的书写能力，导致其书写困难和不整洁。轩轩在课堂上无法集中注意力听老师讲课，语言表达困难，可能与她的注意力和语言发展障碍有关。注意力不集中是由于大脑处理信息的能力受限，语言发展障碍则是由于听觉处理、语言理解和表达能力的不足。

三、为花儿保驾护航

分析过后，我及时将发现的问题向学校领导反馈，执行校长和德育主任了解到轩轩的情况后非常重视。我们深知轩轩这种情况需要的是个性化的教育和关爱。因此，我们决定针对她的特殊情况，制定一套切实可行的教育教学方案，以帮助她走出感统失调的困境。首先，在班级氛围营造方面，教师们要付出更多的耐心和爱心去关爱和帮助她，同学们不嘲笑她且能积极主动地帮助她、和她交往。其次，在课堂教学方面，制定适合轩轩的学习目标和方式，我们注重采用游戏化教学方式，即通过有趣的活动，激发轩轩的学习兴趣，提高她的参与度和专注力。再次，在课后辅导方面，我会每天利用课余时间对轩轩进行一对一的辅导和训练，帮助她逐步克服感统失调带来的困难。最后，当然也是最重要的，我们积极与家长沟通，建议家长尽早带孩子就医，以共同促进轩轩的成长。

（一）家校合作，促花儿成长

1. 巧用方法与家长沟通

方案制定好后，我立刻联系了家长。执行校长和德育主任都非常关注轩轩，他们和我一起去家访。当我刚反馈轩轩的一些情况时，她的奶奶立刻反驳："我们孩子年龄比其他孩子小，大一点儿就好了。"后来在执行校长耐心的讲解中，轩轩的爸爸同意带她去看医生，然而也是一拖再拖。后来，我又找到轩轩幼儿园时的老师了解情况。原来，幼儿园老师早就和她的家长反馈了孩子的情况，但是每当老师提及轩轩在幼儿园遇到的问题时，他们总是以宠溺的目光看待，轻轻摇头，嘴角挂着微笑，仿佛在说："她只是个小孩子，长大就好了。"当我再次和家长反映轩轩的问题时，他们立刻就竖起了一道防线，就像一道高高的城墙，将我们的担忧和建议挡在了外面。家人的宠爱固然温暖，但也可能让孩子错失成长的机会。如何打破障碍，使家校双方携手合作，共同为轩轩的成长助力，成为亟待解决的问题。

既然直接沟通不能解决问题，我就采取缓和的方式。我利用一切可以利用的机会让家长自己发现孩子与同龄人之间的巨大差距，从而认识到孩子的问题。放学时，轩轩总是我最后单独送出来，因为孩子收拾学具和书包、穿外套等事务完成得很慢，我就一点一点地教她；学校开展活动时，我积极邀请轩轩的家长进校园，使家长近距离观察孩子的表现。家长慢慢发现了孩子与同龄孩子的差距。家长从拒绝接受到发现问题再到能听进教师的反馈，用了将近一个月的时间。在多次沟通后，轩轩的爸爸终于带孩子到医院进行检查。

2. 鼓励与陪伴促家长坚持

治疗重度感统失调，是一场持久战，考验着每个家庭成员的毅力与决心。轩轩和她的家人，正在这条坎坷的路上前行。

第一次治疗训练结束后，轩轩的爸爸立刻把训练的视频发给我，迫不及待地告诉我孩子的情况。我能感受到他的心情，便及时与他沟通，为他的正确选择点赞。但是在训练初期，轩轩的进步如微弱的星光，难以察觉。可作为她的老师，我深深地知道如果孩子没有进步，家长就可能丧失信心。在学校我秉持着一份信念，用专业的眼光，去捕捉轩轩那些细微的改变。每当发现轩轩在某个方面有了小小的突破，我都如获至宝，并第一时间与其家长分享这份喜悦。一张照片或一小段视频配一两句话——"轩轩今天收拾书包比之前速度快了，真是太棒了!"我的话语中充满了对轩轩的肯定与鼓励。我知道，这些细微的进步，对家长来说，是无比珍贵的动力来源。

然而训练刚刚持续两三个月，疫情就将我们都隔离在家里。不能去专业的感统训练馆进行训练，我很是为轩轩着急。一天，轩轩爸爸发给我一段视频，是轩轩在客厅里利用鞋盒子、瑜伽垫等物品自行进行感统训练。视频中孩子略显笨拙的蹦跳的身影和孩子爸爸坚定的话语——"老师，您放心，我们在家里坚持练呢"，使我的眼睛湿润了。

　　就这样，从家长对孩子问题的纵容抗拒、避而不谈，再到现在的积极治疗，我用真心、细心与耐心，架起了一座家校间沟通的桥梁，照亮了轩轩走向康复的道路。

(二)多管齐下，助花儿进步

　　学校新成立的资源中心如同一片充满希望的绿洲，轩轩幸运地成为这里的第一位受益者。每周二下午，专业的教师如期而至，他们带着耐心和智慧，为学校里和轩轩一样需要帮助的孩子进行辅导。他们为轩轩制定了个性化的辅导方案，有时是欢乐的团体活动，轩轩与小伙伴们携手合作，共同成长；有时是针对轩轩独特需求的个别辅导，教师悉心指导，轩轩认真聆听，用心体验。每次辅导结束，轩轩总是带着满满的收获和快乐的心情回到教室。学校的这份特别的关爱，如同温暖的阳光，照亮了轩轩前行的道路。

　　课堂上，老师们也格外关注轩轩，数学老师教轩轩从一根一根小棒摆起，英语老师让轩轩举着卡片和大家一起读单词，舞蹈老师牵起轩轩的小手一步一步慢慢跳……他们知道，这个孩子需要更多的耐心和关怀。在课余时间，总能看到老师弯下腰，轻声细语地为轩轩解答疑难，那画面温馨而感人。班里的同学们，也像小小的守护者。他们从不嘲笑轩轩的笨拙，总是第一时间伸出援手。有几个孩子甚至自发成立了小组，将对轩轩的关心融入日常。在课间，他们会陪伴轩轩玩耍，帮她整理凌乱的课桌；午餐时，他们会耐心地教她如何稳稳地握住餐具，不让饭菜撒落。

在这个充满爱的集体中，轩轩仿佛找到了属于自己的温暖港湾。她的笑容不再羞涩而躲闪，而是变得灿烂而真挚，如同初升的太阳，温暖了每一个人的心房。

(三)锲而不舍，花儿终绽放

经过一年的不懈努力，轩轩如同一只蜕变的蝴蝶，从重重困难中挣脱，展现出全新的自我。曾经那个在楼梯前犹豫不决的小女孩，如今已经不再畏惧，仿佛每一步都在宣告着自己的成长。她的生活自理能力也有了很大的进步，日常的收拾物品、穿衣等对她来说都不再是难题。

更让人惊喜的是，轩轩的语言表达也流畅起来，在故事大王比赛中，她能正确且较为流畅地讲述一个三分钟的故事。轩轩的身体协调性也在这场成长的舞蹈中，有了显著的进步，在广播操比赛中，她能跟上节拍，动作规范而有力，仿佛每一个转身、每一个跳跃都在诉说着她坚持的力量。

这一切都得益于家校之间的紧密合作与共同努力。在家长和教师的关爱与指导下，轩轩用自己的坚持和努力，一步步克服了重度感统失调带来的种种困难，取得了令人瞩目的进步。

四、以爱之名，伴学生成长

虽然轩轩在教育教学方案的帮助下取得了显著的进步，但是我们深知感统失调是一个复杂而长期的问题，需要持续的努力和关注。因此，在未来的教育教学工作中，我们将继续深入研究轩轩的情况，不断完善教育教学方案，为她提供更加全面和有效的支持与帮助。

　　在我看来，仁爱之心应该体现在教师日常工作的每一个细节中。在课堂上，它表现为对每个学生学习需求的敏锐洞察、对不同学生的个性化教学策略的灵活调整，这是教师专业精神和责任心的体现；在课外，它则转化为与学生之间亲密无间的交流，对他们生活点滴的关心。在轩轩的案例中，仁爱之心体现为我们深入地了解轩轩的特殊需求，以同理心感受她和她的家人的感受，以专业精神制定有针对性的教育教学方案，耐心地陪伴和教育，以及在她取得进步时由衷地喜悦和在她遇到困难时坚定地支持。

　　仁爱之心，是教师职业的灵魂，也是学生成长的沃土。它让我们用爱心去滋养每一个孩子的心灵，用耐心去陪伴他们走过每一个成长的阶段。只有我们以仁爱之心去对待每一个学生，才能让他们感受到教育的温暖和力量，从而激发出他们内在的潜能和创造力。在未来的教育教学工作中，我将继续以仁爱之心为指引，努力为每一个学生创造一个更加美好的未来。

　　　　　　　　　　　　　　　　（北京市海淀区红英小学　龙腾供稿）

2

我也曾牵着蜗牛去散步

曾经读过张文亮先生的诗歌《牵一只蜗牛去散步》，其中的一些语句让人印象深刻：

> 上帝给我一个任务，
>
> 叫我牵一只蜗牛去散步。
>
> 我不能走太快，
>
> 蜗牛已经尽力爬，为何每次却总是那么一点点？
>
> 我催他，我唬他，我责备他，
>
> 蜗牛用抱歉的目光看着我，
>
> 仿佛在说："人家已经尽力了嘛！"

　　我拉他，我扯他，甚至想踢他，

　　蜗牛受了伤，

　　他流着汗，喘着气，继续往前爬……

　　…………

　　是上帝叫一只蜗牛牵我去散步。

从开篇的无奈抱怨，到最后的豁然开朗，诗歌中饱含着教育一个孩子的艰辛、焦虑和欢喜。在我的班级里，也有这样一只"小蜗牛"。

一、平等对话，树立信心

　　与"小蜗牛"的第一次见面是在三年前，一进入教室，我便注意到了这个坐在教室最后排的孩子。没有同桌，桌面空空如也，也不像其他同学那样对新来的班主任充满好奇与激动，他只呆呆地望着窗外，神情冷峻，仿若身处另一个世界。很快，我发现他不仅上课奇怪，下课也与众不同。这个年纪的男孩儿正是活泼好动的时候，下课常常三五成群凑在一起玩闹，他却孤身一人待在座位上，偶尔见他在走廊游走，却漫无目的。带着这些疑问，我向他的原班主任、家长和班委了解情况：

　　哦，你说博博啊，我就知道你会来向我了解他！他很"特殊"的，他很少和同学交流，总是呆呆的。学习也是一言难尽。

　　老师，实不相瞒，我带孩子看了很多医生，孩子也没有问题，就是不爱说话，学习也是慢吞吞的……

老师，不是我们孤立他，我们想带着他一起玩，可他总是拒绝我们。无论谁和他说话，他都不理。

谈起这个孩子，每个人似乎都带着无奈的语气。在上课过程中，我会有意无意地观察角落里的博博。通过观察他上课时的表情，我发现他的眼神时常游离在课堂之外，而且时不时盯着课本放空。我忍不住提问他："博博，你能不能说一下大青树下的小学有哪些特别的地方？"没想到他突然回过神来，怯怯地低声答道："老师，我不知道……"同学们哄堂大笑，他则涨红了脸，头低得更深了。

下课后，我来到他的身边，问他："博博，你课前有没有预习新课？"他摇了摇低垂着的脑袋。接着我又追问道："今天上课没有回答上来，可不可以答应我回家复习一下？明天上课老师还要继续讲这一课。"他不自信却诚恳地点了点头。看到他愿意为学习而努力，我又趁机与他聊了聊自己学习的经历。从最开始语文知识记忆困难、不会写作文，到后来语文成绩越来越好，都是因为正确的学习方法发挥了作用。课前预习的方法、课后复习的方法以及阅读积累的具体方法，我都一一和他分享。最后我告诉他一句激励我自己的座右铭："苟日新，日日新，又日新。"目标的达成源于每天点滴的进步。我叮嘱他："博博，一切都来得及，语文的学习在于积累，你从现在开始尝试，看看到底会不会发生改变。如果你能在课前认真完成预习任务，上课积极回答问题，我就会在自己的能力范围内满足你一个小愿望。""小蜗牛"略有信心地点了点头。

第二天上课时，角落里的他表情格外认真，眼神也不再迷离。课间，我把他叫到了办公室。翻开他的语文书，我竟然看到他做了笔记。我刚要表扬他，他却吞吞吐吐道："李老师，我上课想回答问题来着，但是我怕说错了被同学们嘲笑……"我听后，赶忙鼓励道："博博，你要相信自己，你看你已经开始尝试记笔记了，这就是你的成长和进步，坚持下去你会越来越棒！如果明天上课你能主动回答一个问题，我就在全班表扬你。"听惯批评的"小蜗牛"被这种意外的表扬感动了，挺起了腰。

二、家校合力，结伴打卡

在学校我会关注着他，但是"小蜗牛"在家表现如何呢？放学后，我联系了博博的妈妈，询问博博在家的学习状态。博博的妈妈接到电话后，便与我详细描述了博博在家写作业的情形：一会儿翻书，一会儿喝水，一会儿去趟卫生间……总而言之，进入学习状态慢，做作业时间长，根本没时间预习和复习。她的描述和我心里设想得差不多。

但是学习习惯的培养不是一蹴而就的，需要积跬步才能行千里。我首先讲述了"小蜗牛"的进步："博博今天上课的状态比之前要好很多，这说明他昨天能够抽出时间来复习当天所学的内容，这就是很好的开始。"接着我也给出了建议："您每天陪伴他写作业，所以才能观察得如此细致。有一个小小的建议，写作业前，让孩子先把喝水和去卫生间的问题解决好，再抽出5分钟的时间列一个复习、写作业和预习的时间计划，然后按计划投入学习，这样孩子会更有规划性和紧迫感。另外，翻书是因为遇到了不会的题目。如果确实不会，建议不要花太多时间思考，可以翻转一下问答方式，也就是先研究解题思路和答题方法，理解并记住后，再反过来利用作业检验掌握的情况。边看边写效果既不好，又多花时间。"博博妈妈从来没有引导孩子尝试过时间规划和翻转学习的方式，她连忙答谢，并决心陪孩子尝试。

"小蜗牛"对新鲜的作业模式感到很新奇，坚持了两个月，上课状态和作业完成情况都比较好。但是两个月之后，博博又开始恢复以往的拖拉，预习和复习的时间彻底被挤没了。这时我突然想起了博博的好朋友——朱朱和小祖。这两名学生回家后会抓紧时间完成作业。同伴助学不仅能激发三人的学习积极性，而且学习成绩较好的两人还可以与"小蜗牛"结伴，互相帮助，共同提高。有疑问时，我还可以在小组群里及时讲解，集中答疑。于是，三个小伙伴在群里打卡分享自己完成作业的进度，相互督促，效率也越来越高。在这个过程中，"小蜗牛"也和朱朱、小祖成了生活中的好朋友。

三、睿智关怀，精准助力

兴趣是最好的老师，当个体对一定的事物产生兴趣时，他才会积极地去探索，才会心甘情愿地为其付出时间、精力并投入感情。博博之前的学习都是靠任务驱动，现在依靠家校合力和结伴打卡，他能够坚持完成作业，然而其学习主动性的提升需要的是兴趣。只有努力让"小蜗牛"对学习内容、学习活动、学习方式等产生了兴趣，引导他积极主动地参与探索，他才会全身心投入其中。只有正向的情绪体验，才能真正激发他的学习兴趣。

如何让"小蜗牛"从任务驱动型学习转向兴趣驱动型学习呢？我想起了内尔·诺丁斯的关怀理论中提到的"全情全身心的投入"，即关怀者要设身处地地去考量被关怀者的境遇和内心的状态，找出被关怀者的所需。课间，我常常和"小蜗牛"聊天，发现虽然养成了课前预习和课后复习的好习惯，但他还是不喜欢语文，因为语文需要背诵和记忆的内容太多了。我恍然大悟，原来问题出在这里。在语文学习方面，我尝试推荐有意思的书给博博，让他在阅读中找到语文学习的乐趣；在数学学习方面，我们一起研究难题，享受解题后的快乐和满足；在英语学习方面，我带领同学们充当他的学习伙伴，鼓励他大胆表达……

三年过去了，"小蜗牛"的学习越来越好，人也越来越自信。演讲时，他站在聚光灯下，侃侃而谈，那是我三年前从来都不敢想象的场景……虽然他依然会在回答问题时害羞脸红，但是他会勇敢地举起手尝试着回应。其中最大的收获就是他把学习发展成了自己的兴趣，获得了自信和快乐。

日月如梭，转眼我已经在教育之路上走过了四个年头。年龄在变，能力在变，唯独不变的是我想要做好人民教师的初心，唯独不变的是我对教育事业的热爱，唯独不变的是我对孩子们的喜爱。"独上高楼，望尽天涯路"的孤独感终将消散，"衣带渐宽终不悔，为伊消得人憔悴"的坚持，终有"蓦然回首，那人却在，灯火阑珊处"的回报。唯有梦想与坚持能使我成长。

"爱，教育之魂。"教师，是一份平凡的职业，没有轰轰烈烈的外衣，有的只是一份忙碌与充实。泰戈尔说："花的事业是甜蜜的，果的事业是珍贵的，让我们做叶的事业吧，因为叶总是谦逊地垂着她的绿荫的。"

未来，我想我还会继续干我所热爱的事，与此同时，修炼自己的内心，用爱温暖学生，用爱坚守初心，做一位有仁爱之心的新时代好老师，不厌其烦，不悔所选，勇敢阔步向前走！

（北京市海淀区红英小学 李梦宇供稿）

3

守望孤独天使的回归

一、我们班的小挑战者

苏霍姆林斯基曾感叹："从我手里经过的学生成千上万，奇怪的是，留给我印象最深的并不是无可挑剔的模范生，而是别具特点、与众不同的孩子。"我们班也有一名与众不同的孩子——阳阳。刚刚加入我们班级的大半个月里，他的状态是这样的：上课不在教室，满校园乱跑；情绪时常失控，崩溃大叫；动手打同学、老师，我一个人都控制不住他……

一时间，因为这个孩子，班级氛围和家校关系都变得十分紧张，班级管理的难度也增加了。因此，正确认识特殊学生并进行积极的转化，成为班级管理的重中之重。

二、阳阳的独特世界，深入探寻与理解

结合相关资料、与家长的沟通以及我的日常观察，我将阳阳的行为问题进行了归因，主要有以下三点。

(一)心之锁

阳阳在很小的时候就被确诊有轻微的心理问题。他不会和同学们沟通，当同学们想和他聊天时，他就会变得特别暴躁：大声尖叫，双手乱舞，跑出教室。当然，他也不是所有时候都这样。通过几天的观察，我发现他在独自读书的时候，特别安静。这个特点，成为后续对他评价、奖励非常有效的一种方式。

(二)敏感的心弦

阳阳隐约知道自己与众不同。当同学们看他、在他身后小声说话时，他会觉得大家是在针对他。只要发现这样的情形，他的情绪就会失控，并大声喊叫着别人说他坏话。

(三)家庭的庇护与挑战

我和阳阳妈妈沟通阳阳的问题，希望能达成家校共育，但事与愿违。阳阳妈妈只会搂着阳阳轻声说："你不能这样，这样是不对的，下次别这样了……"之后就再无其他方式了。阳阳会挣脱妈妈快速地跑开，妈妈就跟在

后面追他……我能够感受到阳阳在学校的状态,就是家中状态的一种再现。

三、策略之花,归因后的智慧绽放

李镇西老师在《给教师的 36 条建议》中的一句话——转化特殊学生的前提是教师本人先转化自己,即转变自己的心态,为我指明了方向。我将其作为实践的理论指导,并采取了以下策略。

(一)家校沟通的魅力

1. 拒绝陪读,心与心的对话

开学第一天,阳阳妈妈就申请随班陪读。了解了情况后,我拒绝了。一是我不想让阳阳还没有尝试独立上学,妈妈就陪读,以致他太过于依赖妈妈;二是陪读等于承认和告诉其他家长和学生阳阳有问题,也会引发其他学生对他们的围观。综合以上原因,我与阳阳妈妈进行了深入的沟通。我的建议得到了她的认可与支持。我们达成了统一的教育目标,我还给她提供了一些陪伴孩子成长的策略。真诚的沟通让阳阳妈妈动容。之后,上学的每一天,只要有时间,我都会送阳阳放学,并当面和阳阳妈妈聊一聊阳阳在学校里发生了哪些事情,有哪些做得好,又有哪些需要改变。慢慢地,在我和阳阳妈妈的不断沟通中,阳阳被表扬的次数越来越多,阳阳也随之慢慢变了。

2. 风雨同行,家校共筑成长路

阳阳的转变,有目共睹。但阳阳刚来的时候,一些家长的反馈也着实让我头疼。在那时候，班里经常有家长私信我说阳阳有暴力倾向，自己的孩子不愿意挨着他，要求换座位……

面对其他家长的担忧，就我个人而言，我是挺理解的。但既然阳阳在我的班级，我就绝不放弃他，这是我作为一名合格班主任必须要做到的。因此，每天我会与班中不同的家长进行沟通，晓之以理，动之以情。最开始效果并不明显，然而一次"告状事件"让事情有了转机。事情是这样的：小 A 和妈妈告状说阳阳在体育课上拿拳头捶他胸口，可疼了。小 A 妈妈跟我说孩子被阳阳打了。我马上就找体育老师了解情况。体育老师说没有。我意识到这是一个让其他家长亲自了解阳阳的机会。首先我们调取了监控，监控里两个孩子一个在队前另一个在队尾，根本没有挨着，是小 A 说假话了。接下来我们就找小 A 看录像、聊天，请家长。家长看到视频，了解了事情的真相，同时也走进了班里，了解了阳阳在班里的情况，之后找我就相对少了。通过这次"告状事件"，我与家委会的家长们进行交流讨论，引导他们不要用刻板的眼光看待阳阳，希望他们能引导其他家长接纳阳阳，更希望他们能教育自己的孩子，懂得包容与关爱，共同帮助阳阳，给他成长进步的空间与时间，让阳阳在班级内感受到平等，增加积极的情绪体验。

(二)班级氛围的营造——孩子们的力量

我深信，良好的班级氛围对阳阳的积极成长至关重要。因此，阳阳不在的时间，我会和学生们说："别看阳阳长得高，但他年龄特别小，他特别想和哥哥姐姐们交朋友，但不知道怎么去说，所以有时候他才会碰碰你们，不是打你们，而是想和你们一起玩，特别疼、故意的才是打人。"另外，我还会定期在班会中安排"数优点"的活动，且特别注意引导学生关注阳阳身上的闪光点，学生都会说："阳阳爱读书，读了很多书。"我就借机说："读书的时候，汪老师就喜欢安安静静，没人打扰，阳阳也是的。"慢慢地，在其他方法的共同作用下，学生们不再围观阳阳，对阳阳的一些行为也能接受了。阳阳不再孤独，已经逐渐成为班级里和谐而独特的一分子。

(三)正向引导的艺术——四步走向阳光

细数一下，阳阳来到我们班级已满三个学期，除了以上策略，我更注重与阳阳的相处之道。我会抓住时机采用"正向引导四步法"，规范阳阳的言行举止。下面结合具体案例，解释"正向引导四步法"。

第一，解释原因。午饭时，阳阳会和我说："汪老师，我想先去操场玩，一会儿回来吃。"我会平和地告诉他："午餐时间有限，食堂叔叔到点就要推饭车离开，我们不能耽误人家干活。"然后，我会组织其他学生继续吃饭。

第二，拒绝回应。阳阳会嘟囔着抗议，然后回到课桌前摔摔打打。这时我充耳不闻。

第三，协商条件。当阳阳的情绪积累到一定程度，要往外冲时，我会拦下他，心平气和地与他商量，并采用销售学中的二选一法则让阳阳选择：一是先吃饭，吃完饭后自由活动；二是老师看着你吃饭，但吃完后也不能出去玩。阳阳自然会选择前者。

第四，持续鼓励。美国心理学家詹姆斯说："人性中最深切的本质是被人赏识的渴望。"在阳阳作出了合作的行为后，我抓住机会，结合孩子的兴趣、班级评价和学校展示舞台，给予强化刺激，帮助他积淀积极的情感体验。例如，阳阳在某一方面有了进步，我会结合他"爱看书"这一优点，奖励他去树下书屋和图书馆看书、在积分存折上加优，或是结合他的优势给予他上主席台展示的机会。

四、绽放的果实，温馨的转变

一直以来，我们努力营造既温情又充满正气的班级气氛，以唤起阳阳积极向上的信心。

阳阳从一开始在课上乱叫、乱跑、乱打人，逐步到能在课堂上安静读书，不打扰他人，再到现在在课上认真听讲、积极回答问题并认真完成作业……他的学习和行为习惯都在一点一点变好。更令我开心的是阳阳已经交到了属于自己的好朋友，慢慢地融入了班集体。

上学期末，阳阳妈妈给我发微信说，阳阳不再惧怕上学和参加集体活动；这学期的家长会上，阳阳妈妈给大家深深地鞠了一躬。她感谢所有人对阳阳的包容。我看到后，十分感动，我想这就是教育的价值。

在教育的长河中，每个孩子都是一艘航行的小船，而教师则是那座指引他们前行的灯塔。像阳阳这样的孩子，他们只是在成长的道路上迷失了方向。然而，正是教师的仁爱之心，如同一束温暖的光芒，照亮了他们前行的道路，引领他们逐渐回归集体的怀抱。

对于阳阳这样的孩子,我们更需要用爱心去温暖他们,用爱心去包容他们。我们用心去理解他们的内心世界,关注他们的情感需求,让他们感受到来自教师的关爱和温暖。阳阳的改变和成长是螺旋式的,他的进步需要我们耐心等待。我们不急于求成,不轻易放弃,而是用耐心去陪伴他,用耐心去等待他的成长。

回顾阳阳的成长历程,我深深地体会到仁爱之心对于学生成长和教育的重要性。仁爱之心不仅能够温暖学生的心灵,而且能够激发他们的潜能,引领他们走上成功的道路。让我们用仁爱之心点亮学生成长的灯塔,引领他们走向更加美好的未来。

(北京市海淀区红英小学　汪红玲供稿)

4

与爸爸们合作共育

仁爱之心，是教育工作中不可或缺的灵魂。它不仅体现为对学生的关爱与照顾，而且贯穿于家校合作的每一个环节。教师的仁爱之心，具体化为爱心、耐心、细心、同理心、责任心与诚心，这些品质共同构成了教师与学生、家长之间信任的基础。在家校工作中，教师的仁爱之心能够化解家校之间的隔阂，促进家校之间的合作与共赢。

在家校工作中，我尤其重视挖掘爸爸们的积极作用。作为家庭中的重要一员，爸爸对教育的关注和支持对于孩子的成长至关重要。然而，在现实生活中，很多爸爸由于工作繁忙或其他原因，往往忽视了在家校合作中的责任。因此，我积极与家长沟通，强调爸爸参与孩子教育的重要性，并鼓励他们更多地参与到家校合作中来。

同时，在日常教学中，我十分关注孩子们的情感需求，引导他们理解并尊重父母的付出。这些举措不仅增强了家校之间的合作与信任，也让孩子们在更加和谐的家庭环境中健康成长。

一、"爸爸"在家庭教育中的角色现状

父母表达爱的方式不同，给孩子的感受也不同。一般而言，爸爸的陪伴有利于孩子社会性和逻辑思维的发展。爸爸更能培养孩子的冒险精神和创造性，同时有助于孩子健康人格的形成。

作为班主任的这十年，我也真的发现家庭教育中的主角大部分都是妈妈。难道爸爸在家庭教育中的参与性真的很难被激发吗？我想一定有办法的。我开始思考如何让更多的爸爸参与到家校共育中来。于是，我采取了以下策略，给爸爸们更多陪伴孩子成长的机会。

二、与爸爸合作共育实践探索

(一)巧建家委会，调动爸爸积极性

家长与教师在孩子教育成长中应建立良好的同盟关系。建好家委会很关键。我会巧妙地选择拥有正确教育观念、掌握科学的教育方法、热心学校教育工作、富有奉献精神、有一定的组织管理和协调能力的家长参与家校工作。

于是，在2021年暑假，新接三年级时，我便开始通过家访、日常沟

通等，思考家委会成员的调整。在这两年中，我们班不仅实现了家委会中爸爸为"0"的突破，而且有爸爸主动申请担任家委会理事长。在他的调动下，第二学年又有一位爸爸加入家委会。

相比于家委会中的妈妈们，两位爸爸似乎更能调动起其他爸爸的积极性。他们会利用自己的职业特点和兴趣爱好提出一些新的教育方法，进行寓教于"建设成就"、寓教于"文"、寓教于"游"等教育实践的探索，促进孩子的全面发展。

在两位爸爸的带动下，在妈妈们的鼓励下，其他爸爸也更加积极主动，成为助力孩子成长的强大后援团。

(二)大胆寻帮助，挖掘爸爸资源

其实不难发现爸爸在教育孩子方面也有一定优势。爸爸似乎更喜欢冒险，他们会鼓励孩子勇敢探索、独立克服困难。从教育方式上看，爸爸更会鼓励孩子自己动手动脑做事。虽然在孩子的成长过程中，妈妈参与较多，但是当孩子遇到挫折的时候，爸爸给予孩子的精神力量也是非常重要的。

我发现身边的一些老师就非常会挖掘爸爸资源。在定向越野活动中，我就发现四(5)班的一位爸爸带领一个小组的孩子打卡了 24 个点。孩子们在这位爸爸的带领下，勇于冒险的精神被激发了。他们勇敢挑战，坚持不懈，最终完成了令其他小组羡慕的目标。我想，像这样的活动确实应该多招募爸爸们来参与。

在演讲活动中，我也发现了一个爸爸资源。在我的邀请下，我们班梓轶的爸爸欣然承担起第三小组导师的责任。在指导过程中，他广博的知识和独特的视角，使得其中的一个孩子对"性格"这一知识范畴产生了浓厚的兴趣，后来孩子们还积极地探讨起了这位叔叔的性格特质。在演讲当天，梓轶爸爸给予了孩子们理性、全面的评价，好几个其他小组的孩子跑过来跟我说，明年也要找梓轶爸爸当导师。

我想，可能是工作的原因，梓轶爸爸非常愿意参与到演讲的指导中。他对孩子们的指导和理性的思维引领，使得孩子们非常喜欢他、信任他。因此，挖掘爸爸资源，大胆向他们寻求帮助很重要。

除此之外，在合唱节等活动中，我也积极沟通，招募了热爱摄影的爸爸、热衷唱歌的爸爸、擅长视频编辑的爸爸，他们都特别热心地参与到我们班级的活动中来。经过统计，我们发现，这一学期我们班共有15名学生的爸爸参与了家校活动。其实爸爸身上可挖掘的资源还有很多呢……

(三)借沟通契机，提升爸爸教育深度

值得一提的是这学期学校开展的 HBA 篮球联赛。比赛规定，每个班级男女两队都要参加。我是一个非常不擅长体育运动的教师，如何带领学生们在第一次篮球比赛中取得好的成绩呢？我想到了擅长打篮球的明朗爸爸。于是我抓住这个契机，和他一起商讨练习计划、实施方案。

在征得学校同意后，我们利用每周一下午——明朗爸爸可以腾出的这段时间，请明朗爸爸来校带领孩子们训练。但一次训练过后，我和明朗爸爸都发现孩子们的练习进度不理想。我观察后发现，由于孩子的接受程度

不同，男女生的性格特点不同，再加上孩子多，明朗爸爸一个人照顾不过来，因此训练的效率不高。于是，我们开始扩招爸爸教练，后来三位爸爸教练成功组队。

经过两个月的不懈努力，在球场上，孩子们和爸爸教练越发地默契了，孩子们间的矛盾少了，相互间的配合更顺畅了。在几次积分比赛当中，我们班男女两队屡次取得第一名的好成绩。每次比赛，我都给家长们现场直播，爸爸教练们更是催促我通报比分情况。最终我们班不负众望，决赛时取得了男女双冠的好成绩。在孩子们自豪的笑容中，我深刻感受到了爸爸对孩子成长的积极意义。

三、实践之收获与目标规划

用父爱帮助孩子健康成长，正确"导航"，是爸爸的第一职责。通过我的努力，更多爸爸参与到孩子的教育中。很多的事例证明爸爸参与教育，既有助于孩子形成独立的意识，又有助于锻炼孩子的勇敢精神和冒险精神。

作为班主任，我更清晰地感受到，孩子们的成长与我鼓励爸爸合作共育有密不可分的关系。接下来，我将继续和爸爸们探索，打造一批爸爸课堂，如爸爸烹饪课、爸爸露营课、爸爸足球课、爸爸 IT 课……搭建爸爸论坛，让更多除我们班之外的本年级爸爸们参与进来，以解决家庭教育困惑，分享家庭教育经验，结交家庭教育互助组……

在家校合作的探索中，我深感与爸爸们共同育人是一项充满挑战与收获的工作。我深知，只有用仁爱之心去对待每一个孩子，用同理心去理解每一位爸爸，用诚心与真心去交流与合作，用信心和耐心去面对挑战，我们才能共同为孩子的成长创造更好的环境和条件。未来，我将继续秉持仁爱之心，与爸爸们一起努力，为孩子的成长贡献自己的力量。

（北京市海淀区红英小学　常树柱供稿）

5

叶叶连枝，家校共育结硕果
心心相印，阳光岛屿绽光芒

　　教育，不是简单的"教"与"学"，而是一项"仁者爱人"的事业。爱，是教育的灵魂，没有爱，就没有教育。2014 年 9 月 9 日，习近平总书记在同北京师范大学师生代表座谈时指出："好老师要用爱培育爱、激发爱、传播爱，通过真情、真心、真诚拉近同学生的距离，滋润学生的心田，使自己成为学生的好朋友和贴心人。""善之本在教，教之本在师。"

　　小学阶段是儿童性格的塑造期。小学生正处于成长发育的关键阶段，他们喜新好动，情绪容易波动，自控力相对较弱，因此，小学教师需要投入更多的细心和耐心，给予更多的赏识和鼓励，付出更多的坚守和韧劲，在教育学生和家校沟通的过程中努力把自己锻造成具有仁爱之心的合格教师。讲究方法表"爱心"，精雕细琢讲"耐心"，见微知著要"细心"，坚守信念有"恒心",表里如一用"真心",教师要历练"五心",尊重学生的生命个体,了解学生的成长环境,开发家长的教育资源,把教育教学工作当作一种热爱、一种追求、一种奉献,让每一个孩子都在爱的滋润下茁壮成长,让每一个家庭都在爱的浸润下平稳远航。

下面就具体说说发生在我们班那些充满爱的故事吧。

一、设想班级名称

作为小学教师,我们必须有一颗爱心。无论是在学习上、生活上,还是在课内、课外,我们都应该用仁爱之心去温润每一个孩子幼小的心灵,有了爱的滋润,他们就会像小树苗得到阳光和雨露一样茁壮成长。

时间退回到 2021 年 7 月,得知自己要接新一年级时,因为没有低段教学经验,我的内心有些不安。看着即将步入小学的女儿,我陷入沉思,我期待的女儿的老师是什么样子的,我会怎样和女儿的老师沟通,那么,换位思考,我就应该怎样来做一年级学生们的老师。

接班之初,我先了解了学生情况。我新接手的一年级(4)班,共有学生 44 人,男生 22 人,女生 22 人,他们出生于 2014 年 9 月至 2015 年8 月,都是六七岁的儿童。从年龄特点来说,一年级学生正处于从养育期到教育期的转换阶段。对于这一阶段的学生,教师要更加关注其习惯养成。那么,在集体生活中,通过趣味化的方式培养学生的规则意识、行为习惯,教给他们做人做事的道理,就是我们工作的重点。

学校建议在一年级给自己的班级取名。我们结合红英小学"阳光岛"的理念，给班级取名为"阳光岛屿"。学校文化带动班级文化，班级就是在学校这座大的阳光岛上的一座小小的岛屿，孩子们在阳光岛屿上学习、成长，心中充满阳光。同时，我还把44个孩子按8～9人一组，分成了勇敢极地、独立海洋、友爱平原、责任森林、诚信湿地五个小组。阳光特质和探险地域结合，从开学初，这些理念就根植于孩子和家长的内心之中。

其实，这就是班级文化建设，过程概括为"提出—落实—认同"，我提出班级建设的理念——建设阳光班级，然后一步步用具体行动去落实，最后让家长和孩子们认同这样的班级理念，从而为孩子成长和家校共育培育肥沃的土壤。

我们班级家校共育的开展，也是按照"提出—落实—认同"这三步走的，可以说到后期，因为已经形成了共识，所以只需要"提出—落实"两步，后来甚至这个提出的主体也变成了家长。

二、新生见面会

孩子就是一棵小幼苗，需要教师细心呵护。他们的一举一动需要我们认真观察，他们的所思所想需要我们准确把握。

新生见面会上，我们拍下了所有孩子做自我介绍时的照片。见面会后，我把照片一一准确地发给家长，并三言两语简单地说明了孩子在校的表现，帮家长们留下了小豆包们进入小学的第一张照片。这一举动，不仅展示了我们的专业能力，还给家长留下了认真负责的好印象。这样，通过第一次与家长的沟通，我就掌握了孩子们更多的性格特点和爱好特长等。

这些都为以后班主任工作的开展，打下了基础。良好的开端是成功的一半。我努力营造家校沟通良好的氛围，让家长知道自己的孩子以后是由一位什么样的教师来教，沟通的方式和气氛是怎样的。

新生见面会第一天，学校召开了年级家长会，从学校层面宣传我们，引导家长认可我们。随后，我建了一个家委会群，并称之为"智囊团"，里面有我和五位家委会成员。我嘱咐他们按照学校要求成立家委会小群，并尽快把家长成员拉进自己的小群。我又把所有家长都拉进班级的通知群和交流群。相信班主任教师都有一个经验，就是新接一个班，加自己微信最积极的家长一定是妈妈，这次我主动让妈妈通知爸爸添加我的微信，并一定要进入班级的两个群，修改好备注，我设置了进群权限，确保信息安全。至此，班级两个群和家委会智囊团群，就是我和红爸红妈进行家校共育的主阵地。

三、开学典礼

开学典礼给了孩子们和红爸红妈满满的仪式感。他们对学校的期待正一点点变成现实，可以说，孩子们和红爸红妈被学校看见了。他们知道，学校的心中有他们。被看见，很重要。

"冠礼"是红英小学的传统仪式。一顶帽子代表着身份的变化，可爱的孩子们成为光荣的红英学生，家长也成为光荣的红爸红妈。

开学之初，作为红英大家庭的一员，一年级的红爸红妈和孩子们一起，郑重地在"阳光家庭契约书"上签上了自己的名字。这一活动也让他们知道，教育，不是学校一方的事情。

四、活动开展

学校活动的开展，也为我和家长之间的沟通提供了很多话题。有时候，红爸红妈知道班级拿了冠军，他们比孩子们还要高兴。通过活动现场的报道，红爸红妈了解到红英教师的不易——几乎两个星期一个活动，教师既要当策划，又要当编剧，还要当导演和场务。于是，红爸红妈就积极踊跃报名协助教师工作，他们有的协助化妆，有的负责摄影，总之就是"八仙过海，各显其能"。我也学会了示弱，就像一个家庭一样，成员总要有不同的分工才好，所以遇到那些我不擅长的领域，我就在群里发求助信息，就这样，我对班级里每一位家长的特长都非常熟悉。我结合学校的特点，从家委会、芯工妈妈（爸爸）、家长讲师和学术导师四方面，建立班级家长服务机制，力求最大化地调动家长资源，用他们的见识、阅历、专长，更好地服务班级，助力孩子成长。

五、班服和班级文创

教育人总说"牵着蜗牛去散步"，其实就是告诉我们，要陪着学生慢慢成长，切不可操之过急。而班服和班级文创的产生，便是家校共育耐心积累的过程。

开学初，我们班采用倒三角金字塔进行评价。倒三角金字塔是一种带磁力的倒三角板，分为五层，磁力圆片上注明1～44的学号，来对应所有学生。开始时小豆包们都在中间层。在班级学习生活中，不论是努力学习、遵守纪律还是与小朋友友好相处，都会被表扬，注明学号的磁力圆片就会往上升层，反之，则降层。

新入学的小豆包，对于这种侧重于个人评价的方式并不是很关注，一是他们对于身边的同学并不熟悉，也记不住他人的学号；二是升降层的奖励和惩罚，最后要落到实处，需要及时记录，便于一定时间周期内进行反馈和总结。也就是说，倒三角金字塔评价，对于一年级小豆包来说，外显激励不够。

基于以上考虑，我设计了和倒三角金字塔评价方式相配套的评价单——"阳光少年养成记"。全班小豆包，4人一小组，共分为11个小组。小组布局根据班级座位排列，评价单上有小组的序号和组内4人的名字。这样可以在一张评价单上，完成对全班学生的个人评价和小组评价。

想法是好的，然而操作起来，我们又发现一个很重要的问题：班级大部分学生不认识同班同学的名字，所以小班干部们一是在贴贴画进行奖励的时候找不到人；二是在进行总结的时候，不知道谁的贴画最多，感到有点迷茫。

于是，我们又开动脑筋，解决这个现实的问题。既然短时间内不认识字，认识人总是可以的。我们借助家长资源，以小豆包的学籍照片为依托，选取了卡通头像为模板，做成卡通版大头贴，附于评价单上，这样评价起来更加直观，且具有趣味性。每天下了课，总能在教室里看到小豆包们围在评价单前，或指点，或讨论，或欣喜，或沉思，这样新入学的小豆包们，就迅速规范了自己的言行，知道了学校一日准则和自己进步的方向，还有了小组集体荣誉感。

我乘胜追击，在班级文化布置中加入了"标兵榜"和"极地能量站"两个板块，用小豆包们的卡通头像作为评价主体，重点在坐姿、听讲、书写、口算、友爱和纪律几个方面，树立榜样，也引导他们多读书，每阅读到一定字数，就会增加能量，卡通头像就会往上攀升。看到自己的头像被列入标兵阵营，看到自己的头像不断在阅读墙攀升，小豆包们变得更加积极。这比单纯的学号和姓名的激励要更加外显，也更加有效。

家长们听着小豆包兴奋地诉说自己又爬了几个格子，又进了哪个标兵阵营，也对这种评价方式赞不绝口。家长们在交流时提到，有一种手绘的头像目前比较流行，不知是否有家长可以帮忙绘制。恰巧一位家长是学广告设计专业的，对视觉传达也比较熟悉，说可以一试。就这样，手绘头像的小建议开启了班级的文创之旅。

契机还要说到学校的合唱节活动。合唱节除了选曲，也要考虑舞台形式和服装。往年合唱节服装要么是根据所选歌曲风格购买，要么是穿班服进行演唱，但都是定购。定购不如定制。既然要为孩子们设计手绘头像，为什么不将这些头像作为班服设计的元素呢？

想一百遍不如去做一遍。

我首先联系了我们班的设计师——沐希妈妈，跟她表达了设计班服的想法。沐希妈妈表示，如果小豆包们的手绘头像设计出来，其他都没有太大问题。随后，她开始参照孩子们的学籍照片手绘卡通头像，先是手绘了一版普通的，辨识度高，但中规中矩；之后又手绘了一版Q版的，辨识度稍低，但充满了趣味，且更加贴合一年级小豆包的特点。综合考虑，我们决定采用 Q 版头像。

接着，沐希妈妈开始手绘孩子们的头像。由于绝大部分孩子，沐希妈妈都没有见过，因此只能靠照片的特点来绘制。每画一个，妈妈都会让沐希来辨认，如果能被认出，就说明画得很成功；如果没有在第一时间内被认出，就再次调整细节，直到被认出为止。最后，把头像发给家长辨认。

确认完毕小豆包们的手绘头像，我们开始设计班服。

班服袖口设计为班徽，体现班级形象。班徽以阳光岛屿为图形设计，图形中心的太阳，取自红英小学的校徽，其他图形为岛屿、海浪、光线、学校吉祥物巴蒂。图中的光线有 44 道，代表了班级里的 44 个孩子，每一个孩子都是一束光，把班级照亮。四条海浪线代表了（4）班，奔跑的巴蒂寓意老师带领着孩子们向前奔跑。

班服正面设计了 44 个小豆包和 3 位老师的 Q 版卡通形象，孩子们环绕着老师，体现一个班级大家庭其乐融融的氛围。班服在白色 T 恤的基础上制作，图案颜色采用了夏季校服蓝色的相近色，可搭配夏季校服短裤。班服背面添加个人卡通形象和名字，专属定制，看背影就可知道是哪一个小可爱了。

班服设计好之后，家长们在群里讨论设计上的亮点，极力赞扬沐希妈妈。小豆包们也是格外喜欢，尤其是看到衣服上带有自己的头像和名字，那种独一无二的感觉简直太棒了。一个小豆包说，我真想把我的头像印在书上，本子上。听到这句话，我脑中突然闪现：如果以 44 个小豆包和 3 位老师的手绘头像为主图，可不可以衍生出一系列的班级文化符号呢？

或者，可不可以研发出属于我们班级自己的文创产品呢？就像小豆包说的，头像能印在衣服上，也就能印在本子上，印在书包上，印在想让它印在的地方。

事实证明，只有想不到，没有办不到。小豆包们所有大胆的，甚至有些天马行空的想法，都被我们班家长不遗余力地实现了。

家长们经过讨论，以主设计图为依托，设计了抱枕、帆布包、马克杯、笔记本、姓名牌和餐垫等一系列比较实用的班级文创，都属于个人定制。目之所及，身上穿的、肩上背的、手里拿的、背后靠的，都是我们自己设计出来的，统一中又有区别，共性中包含个性。

班级文创带来对班级文化的认同。首先，班级文创中的产品，都是生活中非常实用的，小朋友们穿着自己的班服，用着印有自己头像和名字的物品，特别有归属感和集体荣誉感；其次，班级文化也带动了家庭文化，家长们都在呼吁新的学期可不可以研发班服 2.0 版，争取让每一个家庭都穿上红英亲子装，这也在无形中密切了家校关系。沐希妈妈升级了秋季班服。我们开始走出班级，为学校做一些力所能及的事情。

班级文化包括班级硬文化和班级软文化。所谓班级硬文化，是一种显性文化，是学生可以看得见摸得着的，如教室的布置；而班级软文化，是一种隐性文化，如教室布置中蕴藏着的文化理念。教师在进行班级文化建设时，要"软硬兼顾"，主体不再局限于教师和学生，还可以是家长。《中华人民共和国家庭教育促进法》的颁布，也对家庭教育提出了要求。我们完全可以让家长参与进来，他们是我们的教育合伙人，在对孩子未来的美好期盼上，学校和家长是一致的。他们有能力，有审美，有对美好生活的向往和期待。我们可以一起进行头脑风暴，各取所长。那些为了孩子们更好成长的小想法，总会合众人之力实现。

六、家校共育漂流日志

若有恒何必三更眠五更起，最无益莫过一日曝十日寒。教育孩子除了要有耐心，更重要的是要有恒心，永远积极，永不放弃。不管遇到多么大的困难，都要相信每一个孩子都是一块可以雕琢的玉石，只要坚持去打磨、去修饰、去培育，最终都会成为一件"臻品"。

说起来容易做起来难，我们需要改变的是对待学生的认知。我们要秉承"学生只有差异没有差距"的理念，平等看待每一名学生。我们要相信，每个孩子都会开花，只是花期不同。也许大部分孩子是夏季盛开，但总有个别孩子如冬日的蜡梅，所以我们要坚守教育初心，用心栽培，静待花开。

这里就不得不提到我们一直坚持进行的家校共育漂流日志活动。这个活动，其实在一年级上学期就开始构想了，在一年级下学期初，才正式开展。因为孩子们每一年的状态是不一样的。孩子在家里是什么样子，平常和父母怎样沟通，这些内容以家长的口吻表达出来，可以让我们更加全面立体多角度地了解孩子。我们在跟家长沟通的时候，也可以找准症结，多一些话题，还可以提供解决问题的方法。

说一说具体的做法。我先是写了一篇卷首语，号召大家分享育儿故事，然后我分享到智囊团中，倾听家委会的意见。大家都表示赞成，而且家委会成员梓铭妈妈率先写了一篇，文笔超出我的预期。第一篇日志出炉以后，我分享到交流群，大家纷纷评论。看来聊起育儿，大家有太多的话想说，而且家长之间因为立场一致，角色相同，沟通起来特别顺畅。对于很多话题，都不必教师出场，家长之间就能助力彼此。就这样，家校共育漂流日志就"漂流"起来了，有的是看完上一篇有感而发，写下自己的相同境遇，有的是讲述自己的育儿理念，有的则是表达自己的育儿困惑，交流诚恳，氛围和谐。这一活动的开展，拉近了本班级家长之间的距离，大家纷纷感谢学校提供的交流平台。其实，我更应该感谢他们。

七、设立公众号、研发小程序、家长进课堂

所谓真心，不是仅靠语言表达，而是要用行动承载。把每一个孩子看成一个个灵动的生命。从入学时的懵懂，到会写几个字时的小成就，再到下笔如有神的自信，孩子们每一次的进步，我们都会由衷赞赏。那些看似"理所应当"的进步，对于他们而言都是从"0"到"1"的突破。

班级公众号如约和大家见面。我按照班级文化、班级活动、家校共育和学科探索四个方面，分板块记录，效果很不错。一般都是我写文案，禹诗妈妈排版，我校对，后期就是家长讲师们主讲。我诚挚邀请来自不同行业的家长结合他们自身的兴趣爱好、职业特点、手艺专长等为孩子们带来"社会百科大餐"。不同类型的课堂，不仅让孩子们学到了课外知识，开阔了视野，还让不同家长发挥了自身专长，增强了家校共育的实效性。众人拾柴火焰高，公众号慢慢也有了近 300 个粉丝，越来越多的人关注我们班

级。考虑到个人的公众号不像企业公众号那样可以分板块，我们班家长特意研发了小程序，更加方便教师记录，家长查找。

八、总结

仁爱之心，本身是一种十分宽泛的情感，也可以说是一种以关怀、爱护为底色的奉献精神。我作为一名小学教师，基于心中对学生的关怀、爱护之情，不仅从学校课程入手，还从学校生活中的点滴小事入手，综合家校双方力量，为学生构建了一个以爱为基础、轻松愉悦的教育环境。身边的一花一草一木，同伴、老师和家人，都能激发出学生心底最深层对"爱"的理解与渴望；父母要不断关心孩子内心的情感和想法，注重与孩子之间亲密情感的培养，为他们提供爱的港湾。家校应携手，以尊重之心、同理之心、信任之心，共同支持学生发展。

（北京市海淀区红英小学　赵晶供稿）

6

我眼中的"阳光岛"

我是红英小学家委会理事长——沈菲。又是一年新生入学，阳光岛又迎来了新的闯关小勇士。

回望五年前，当时的我和此时的大家一样，感到有些期待、有些紧张、有些迷茫，还有对未知的不确定的一丝丝焦虑。这些感受的产生，无非就是不知道红英是一所怎样的学校，教育理念如何，孩子能不能适应，作为家长应该做些什么……所以我就想和大家一起分享这五年来我感受到的红英理念，我经历的红英教育，我眼中的阳光岛。

一、做"阳光岛"的建设者

每一个优秀孩子的背后都有父母的奋力托举。孩子的成长离不开父母的教育。所以我想告诉大家的就是,在这里,在红英这座阳光岛上,不只是孩子,我们家长也是主人,是建设者。说到这里,大家可能会觉得,教育孩子是学校的事情,家长没有权利参与学校教育;又或者觉得自己缺乏教育方法和教育知识,老师让干什么咱就干什么。其实不然,在红英你会发现,正如《中华人民共和国家庭教育促进法》里所明确提出的,家庭教育是学校教育强有力的补充,可以不谦虚地说,家校共育的理念是红英教育蓬勃发展的不竭动力!不要觉得我们做不了什么,其实我们很强大!

这就要先说说我们享誉海淀的红英家委会了。在红英小学,家委会是得到了学校领导和教师们高度信任、能够和学校平等对话、家委会成员作为事业用心耕耘、在切切实实发挥作用的家长们的根据地。为了更好地搭建家校共育的桥梁,让每个家庭都能够深度参与孩子的成长、充分了解学校的教育理念,进而助力孩子全面发展,红英家委会一直在努力!

我们将家委会常规工作归纳为四类:"教育的传声筒",将学校的理念、活动的经验、政策的解读传达给每一名家长;"家长的服务台",为大家解决教育中的困惑、政策执行中的疑问、家庭生活中的困难;"学生的补给点",帮助孩子们采购校服、学具、活动用品等;"老师的加油站",为解决老师教学问题努力,为老师专业技能提升助力,为学校重大活动出力。

我们深知，只有和学校"同心、同向、同行"，才能更好地将家委会工作做好，助力每一个孩子成长。因此，我们深入理解学校活动的目的和意义，形成了《红英小学家委会工作细则》《〈红英小学家庭积分奖励机制〉建设方案》《"书香满溢·文润家园"——红英小学书香家庭活动方案》等一系列操作性强的实施办法，助力学校实现"五育并举"的教学目标。

家委会充分发挥主观能动性，引导红英家长向红英校外教育者转变，引导家长从一个孩子的教育者向多个孩子的教育者转变，丰富家长的教育方式，助力教师的教育教学活动，协助学生的有效学习行为。下面就是红爸红妈们辅助学校完成的一些工作。

志愿服务：合唱节、诗文诵读等特色活动开展时，家委会与学校沟通，提供家长志愿者服务，对学生活动进行第三方保障。我们还推出了家长合唱团。活动号召伊始，红爸红妈们就表现出极大的热情并给予了支持，积极出谋划策、献上花式才艺、夫妻双双上阵……沉浸式陪伴孩子成长。大家主动抽出个人时间，认真参加排练，为的就是给孩子们奉上最完美的演出，留下最美好的回忆！红爸红妈们的倾情加盟，让合唱节变成了演唱会现场，孩子们在爸爸妈妈的歌声中齐声合唱……潜移默化地进行了一次美育教育，无形中促进了亲子关系和谐发展。

家长护卫队：根据学校安排，家委会组织爱心家长站岗执勤，为孩子们保驾护航。

家长进课堂：为家长搭建平台，引导他们走进校园、走近孩子，成为家长讲师，助力孩子成长。通过家委会的广泛发动，家长们踊跃报名参加家长进课堂活动。家长授课内容经过家委会、学校德育处、学校教学办公室三级审核。四校区共收集报名表 500 余份，内容涉及天文地理、文化体育、前沿科技等。包罗万象、形式多样的特色课程对于孩子们拓展眼界、提升综合素质大有裨益。

名师讲堂：我们充分调动家长资源，和社区企业联动，推行家长进课堂 2.0 版，让更多热爱教育，对教育有见地、有追求的各界人士，进入"家校社协同育人"的良好教育生态中来。去年，我们就很荣幸地请到"嫦娥之父"——欧阳自远院士为红英学子授课。我们也相信，未来将会有更多专家学者走进红英。

线上课堂：家委会邀请有条件的家长讲师拍摄教学视频，在课后服务中增加家长讲师线上课堂，为家长讲师提供展示的机会，让孩子们在目睹父母风采的同时，获得全面发展。

家长督导员：去年，第一批家长督导员走进校园。督导员既向家长提供孩子们的课堂情况，又向学校反馈家长们的建议，可以说他们是家校连接的重要纽带。

考察餐饮服务供应商："一顿午饭"，这简单 4 个字包含的责任和意义重大而深远。"食品安全无小事"，特别是涉及孩子，每一位家长都非常重视。为此，家委会与学校负责人一起组成考察团，对餐饮服务供应商进行了深入细致的考察，从中我们也看到了学校对学生"餐饮安全"的高度重视和殚精竭虑。

家长学术导师：我们以小课题研究和演讲活动为契机，对校外教育者的内涵进行了升级，酝酿出台了家长学术导师制。去年，全校家长学术导师共有 500 多人次参与了弹性作业指导。每名导师负责 6～8 名学生，帮助他们高质量地完成 TED 演讲、小课题研究等特色活动作业，让每名学生都能拥有人生出彩的机会，真正实现从以班级为单位，变成人人有机会，用实际行动践行红英"每一个人都不是旁观者"的教育愿景。

校长大会研讨：红英家委会通过问卷调查广泛征求学校、家长意见，编制了《〈红英小学家庭积分奖励机制〉建设方案》，积极探索从家长的角度出发，将"五育并举"渗透于家庭教育这片沃土，从家庭教育观的层面，发挥家庭课堂的重要补充作用，让广大家长成为学校教育的监督者和同盟军，为《中华人民共和国家庭教育促进法》落地见效进行有益探索，在去年红英小学举行的"阳光·赋能"北京市海淀区红英小学教育家办学实践研讨会上，得到与会专家一致肯定。

在以上活动开展的同时，家委会也注重活动推广宣传，使得广大家委会成员获得认可，获得更大的参与感和满足感。例如，我们开设公众号，对家长参与的活动积极推广表彰、对家长做的公益性事业大力推广。

这些活动都是学校、家庭以及社区共同作出的一次次重要探索和实践，更是红英贯彻"人人观"教育理念，全面实现家校社同频共振，推进新时代高质量教育发展的协同创新成果！

"每一个人都不是旁观者，每一个人都是与众不同的，每一个都能获得成功"的理念同样适用于广大家长。从我刚才分享的活动中，大家不难看出，只要你愿意，总有一款适合你！你可以是化妆、搬道具、采购校服的志工妈妈(爸爸)，也可以是策划、授课、辅导课题研究的家长讲师、学术导师……即便你没有时间来学校，你同样可以成为与红英"心心相印"的精神导师。所以别担心、别顾虑，因为在这里，每一名家长都能充分发挥自身优势，成为"主角"，为着共同的目标与愿景，做"助力成长的陪伴者、教育教学的监督者、互学互鉴的学习者、家校共育的思考者"。

二、做"仪式感"的受益者

可能报到之前，很多家长都打听过红英小学到底怎么样。是不是很多人都会告诉你，红英的活动特别多，需要家长参与的也很多。可是我想告诉大家，这些活动的内核是红英想传递的满满的仪式感。

引用《小王子》里的一句话："仪式感，就是使某一天与其他日子不同，使某一时刻与其他时刻不同。"仪式感是在平凡的日子里，感受不平凡的气氛所带来的心理满足。

在红英，一年级学生入学后首先经历的就是开学典礼上的"冠礼"。"冠者，礼之始也。"冠礼内蕴丰富，不仅表示对人正式礼教的开始，还涵括了道德品行的训示教谕，在立德树人的人文环境中，孩子们正式走向新的人生征途。

接着，学校会在孩子们入学满一周、一个月、66 天和百天的日子，给予他们不同形式的记录，让他们在仪式感中感受自己的成长、进步。

在数学节、英语节、体育节、诗文诵读节、合唱节、舞蹈节、科技节等校园实践活动中，孩子们把所学的知识和本领，以不同的形式内化于心、外化于行。每年的春节、元宵节、植树节、母亲节、儿童节、端午节……红英同样用丰富多彩的主题活动教会孩子多元的知识和懂得感恩。

当毕业季来临，研学活动、毕业大戏、毕业晚会、毕业典礼等一系列

丰富多彩的活动，展示着六年的教育成果，表达着六年学习生活中结下的
"师生之情、同窗之谊"，让孩子们的小学生活画上圆满句号，并展望美好
未来。

仪式感是最能联结人们灵魂深处情感力量的那些蕴含着文化和意义的
程序、符号、形式。仪式感带给人生更丰富的层次，使人们对生活更加热
爱。人生自强少年始。学校举行的每一次活动，都是一次独特而盛大的成
长仪式，既是不忘来时的路，亦是表达满满的祝福，更是对孩子成长的期
许。让孩子们通过这些仪式感满满的活动，丰盈内心，懂得感恩，记住责
任，树立志向，在阳光下拔节成长，在成长中逐梦远航！在未来人生中的
某个至暗时刻，孩子们或许会记得那些充满仪式感的瞬间和那时的伙伴、
师长们。让这些记忆，带给他们战胜困难、跨越苦难的勇气和力量！

二、做"校服育人"的推动者

我们知道，学校文化可以分为软文化和硬文化。软文化，是一种"隐
性文化"，如学校的办学愿景、育人目标、核心理念。而硬文化，则是
一种显性文化，学生可以看得见，摸得着，如校园环境、教室环境、校服
等，硬文化背后体现的往往是学校的软文化。以往的文化建设主体大多是
学校和教师，而我们认为学生更应该成为校园文化建设的主体，家长更是
学校文化建设不可或缺的力量。

在红英，每周只有一天需要穿自己的衣服，其余四天都是按照规定着
校服即可，这样的安排避免了盲目攀比。学生的家境总是有差异的，统

一的着装可以减少教育阻力，消弭家庭差距，减轻家庭负担。

当然，校服除了象征学生身份外，还被赋予了更多价值，它就如孩子们的美学启蒙老师一般，承载着美育、德育等功能。一件精致、得体、有质感的校服，为孩子们带来的远远不止外形上的美观，还有内在的身份自豪感——校服能够彰显学校的独有气质，也浸润着学校独一无二的文化涵养，在一定程度上体现出学校的育人理念。根据几年来家长们反馈的红英校服改进建议，我们看到，大家希望校服是多元的、美观的、符合孩子生长发育特点的，能够引导学生形成健康向上的人生观、价值观、审美观。

所以，我们家委会和学校一起编制了"红英小学新校服设计调查问卷"，根据问卷结果，与设计公司深度沟通。在大家的期盼中，新校服就要和大家见面了。

中国著名教育家陶行知先生提出"生活即教育"。校服是学生日常生活、学习过程中的统一着装，是美育最有效的途径之一。因此，新校服更加注重设计感，秋季运动服、夏季运动服、卫衣等基本款除注重美观外，均采用落肩袖设计，让孩子们感受到的是宽松舒适的体验，兼具活动的便捷性。礼服、冲锋衣、棒球帽等多样化设计，也给了不同家庭更多的校服选择。

在当代，审美能力也是一种隐形的竞争力，校服作为行走的美学符号，教会孩子如何判断美、感知美、表达美。从这一层面延伸，校服更像一本行走的美育教科书，在陪伴学生成长的过程中潜移默化地影响他们对美的判断。同时还可以培养孩子们爱校之心，增强他们对学校的认同感、归属感与荣誉感。

家长是学校的教育合伙人，在对孩子未来的美好期盼上，学校和家长具有天然的一致性。学校通过沙漠营、冰雪营、演讲等特色活动，通过家委会论坛、家长导师制等机制促进家长了解红英文化，也是在这一次次交流互动的过程里，无形中密切了家校关系、取得了思想认同。家长对学校文化的认同使得他们愿意与学校一起为了孩子而改变。当家长的智慧与学校的智慧产生碰撞、融合、同频，那些为了孩子能更好成长的小想法，总会合众人之力实现。学校的文化与家长的创意和专业相融合，不仅扩宽了学校教育的边界，也为孩子们带来更好的学习体验。

请相信，在红英，无论是孩子还是家长，你永远都不是一个人在战斗，你有团结的家长后援会，有强大的学校同盟军。在今后一天天的学习生活中，在一次次活动的舞台上，在孩子们的一点点进步中，你们一定会发现红英在切实地贯彻着"人人观"的教育思想。在这里，每个人都不是旁观者，每个人都是与众不同的，每个人都会成功。

我特别喜欢陈校长在一次家长会时讲的一句话——"教育一个孩子需要一个村子"。我以为孩子的教育就像一艘行驶的巨轮，外界环境是船身，教师是船长，孩子们是水手，学校教育理念决定了航向，而家长就是一缕缕东风，只有我们形成合力才能帮助巨轮走得更快更稳！

在未来的日子里期待新的家庭力量加入进来，让我们为了共同的目标，齐心协力、以爱护航，携手共育、赋能成长！

（北京市海淀区红英小学家委会理事长　沈菲供稿）

后 记

在整理完《经历即成长》这部书稿的最后一刻，我们的心情无比激动。这部书不仅是对红英小学"四有"好老师的一次深刻挖掘和展示，更是对我们教育理念与实践成果的一次全面总结和提升。

回顾编写过程，每一位参与编写的教师都付出了太多的努力与心血。他们从繁忙的教学工作中抽出宝贵时间，用文字记录自己在教学一线的真实经历和深刻感悟。这些文字，如同颗颗璀璨的珍珠，串联起红英教师对教育的热爱与执着，凝聚成这部闪耀着智慧光芒的书籍。

《经历即成长》不仅记录了红英教师在教育教学中的点点滴滴，更展现了他们如何在平凡的教育岗位上，坚守理想信念，以高尚的道德情操引领学生，以扎实的学识启迪智慧，以仁爱之心温暖心灵。书中每一个生动的红英故事，都是对"四有"好老师的最好诠释，是红英教师用心、用情、用爱浇灌出的教育之花。

我们深知，教育是一项系统工程，需要学校、家庭、社会共同努力。因此，在本书中，我们也特别强调了校家社协同育人的重要性，展现了红英小学如何携手家庭、社会，共同为孩子们的成长撑起一片蓝天。这种开放、包容、协同的教育生态，正是红英小学能够不断取得优异成绩的关键所在。

在此成书之际，衷心感谢顾明远先生为我们提供了宝贵的学习机会，提供了图书编写的重要指导，让我们有幸与教育界各位专家进行深入的交流与学习。感谢红英教育集团的陈淑兰校长，是她多年的引领和付出，成就了学校和教师的发展，铸就了红英的团队文化。同时感谢北京师范大学滕珺教授，感谢北京师范大学出版社的策划编辑祁传华老师和责任编辑杨磊磊老师，你们的专业指导为本书的编写保驾护航，如灯塔般照亮了我们奋斗的方向。

同时，也要感谢胡芳副校长、刘军副校长、赵宗坤副校长、牛建宏副校长、任欢主任、张琦主任、付继新主任、岳锦燕主任、张杰利主任，感谢你们对统稿工作的大力支持。感谢陈曦、栾虹、戴聂瑞、吕学敏、姜金辰、苏春迎、徐莹、王金梅、单婷、弓志红、陈晶晶、何小青、胡静、王嘉卉、边玉函、贾英伟、张慧、杨晓雯、白石云、李琮琮、刘素娟、卫红艳、姜伟平、王惠英、夏曼、郭倩、曹煜、刘资源、张景雯、张振华、胡赛男、刘平、袁丽丽、李彩霞、龙腾、李梦宇、汪红玲、常树柱、赵晶老师，感谢红英小学家委会各位理事，感谢大家提供的教育故事。是你们的真实故事，让这部书稿充满了感人至深的力量。我们相信，《经历即成长》的出版，不仅是对红英小学教师教育实践的肯定，更是对"四有"好老师标准的弘扬与推动。

展望未来，我们将以教育家精神为引领，不断培育"四有"好老师，并积极响应国家"教育强国"的战略号召，不断深化教育教学改革，努力提升教育教学质量，为培养更多德智体美劳全面发展的社会主义建设者和接班人贡献自己的力量。我们坚信，在全体师生的共同努力下，红英的明天一定会更加美好！

卜国超

2024 年 8 月

图书在版编目（CIP）数据

经历即成长/卜国超等著 . —北京：北京师范大学出版社，2025.1.
（"四有"好老师系列丛书）. —ISBN 978-7-303-30135-5

Ⅰ. K825.46

中国国家版本馆 CIP 数据核字第 2024J6D064 号

营 销 中 心 电 话　010-58805385
北 京 师 范 大 学 出 版 社
主题出版与重大项目策划部

JINGLI JI CHENGZHANG

出版发行：北京师范大学出版社　www.bnupg.com
　　　　　北京市西城区新街口外大街 12-3 号
　　　　　邮政编码：100088
印　　刷：北京盛通印刷股份有限公司
经　　销：全国新华书店
开　　本：730 mm×980 mm　1/16
印　　张：24
字　　数：280 千字
版　　次：2025 年 1 月第 1 版
印　　次：2025 年 1 月第 1 次印刷
定　　价：96.00 元

策划编辑：祁传华　　　　　　责任编辑：杨磊磊
美术编辑：王齐云　　　　　　装帧设计：王齐云
责任校对：葛子森　　　　　　责任印制：马　洁　赵　龙

版权所有 侵权必究

反盗版、侵权举报电话：010-58800697
北京读者服务部电话：010-58808104
外埠邮购电话：010-58808083
本书如有印装质量问题，请与印制管理部联系调换。
印制管理部电话：010-58808284